钱穆先生学术年谱

【卷四】

韩复智 编著

一九四七年　丁亥　五十三岁

一　国内大事

一月一日，国民政府正式公布《中华民国宪法》施行。

一月八日，马歇尔奉杜鲁门总统令返国，国共和解至此完全失败。

二月二十八日，台湾因缉烟事发生"二二八事件"。

四月二十日，台湾长官公署撤销，依省政府组织法，任命魏道明为台湾省政府主席。

七月十一日，美国派遣魏德迈为特使，来华调查国共事。八月二十四日，离华返美。

十一月二十一日，选举宪法公布后的第一届国民大会代表。

二　事略

是岁，先生续任教五华学院文史研究所，并兼云南大学教授。在省立图书馆所阅读之书，以宋元明三朝诸禅师撰述，及金元两代之新道教为主。

暑假乘飞机返上海，在熟友家饱食乡食，昔日之胃病并未再犯。适无锡巨商荣家有创办江南大学之议，屡来相邀，为调养胃病遂决意离昆明返无锡。暑假后，另介绍一友人诸祖耿去五华，遂与俱往，半年后，先生一人独返，诸友皆知先生为胃病，故也不坚留。

三　著述

一月，《中国之前途》，刊于昆明《民决日报·星期论文》，收入《政学私言》。二〇〇〇年台北素书楼文教基金会·兰台出版社整理新版印行，页二四二~二四九。摘要见一九四五年出版的该书。

一月,《中国文化新生与云南》,刊于《昆明日报》。四月《五华月刊》第四期转载。收入同前兰台版《历史与文化论丛》页二一三～二一八。摘要如下:

(一)

近代文化论者,莫不谓人类文化,亦不脱生、老、病、死之四境。然独于中国文化绵历四千载,迄今未见衰歇,则无说以处。窃谓兹事非可以一端论定。然有一事较浅显而可资解说者,则为中国之地理。法人瑞克西(Reclus)有言:"历史者,乃自时间上言地学。地理者,乃自地域上言史学。"此言实寓至理。中国土地与欧洲一洲约略相等。然欧洲始终未臻一统,故治西史者,无意中即已连带注意及其地域之划分。其全欧文化之演进,显随地域而转移。故欧洲文化者,仅乃一总词。其间各区域文化力量与其生命之生老病死,则彰彰与人以共见。

今返视中国,则骤若不然。然苟效治西史者之分别地域而观,则汉、唐以前,中国文化中心在黄河之两岸;宋、明以下,中心南迁而在长江流域;挽近世以来,中国文化之生命动力有益向南迁之迹象,而渐达于珠江流域矣。然则中国文化这所以见为生命强、绵历久,而不易衰歇,而又不断有新地域之新人文参加活动,常使之有新生气与新力量,此一层实为论中国文化者所极堪注意之事实。文化与地理之关系,此治人文地理学者,尽能言之,然使忘却历史大趋势,则人文地理之影响亦有不能一概而论者。余所谓人类历史演变之大势者,乃指其与人文地理有密切关系者而言。故就各地域分区讨论其文化之演进,则有两观念当平等注重:一曰气候,一曰交通。气候乃先天之宿命,而交通则后天之机运,必会通二者而观,乃可以发现各地域文化演进先后与其盛衰起落之所以然也。

(二)

若专就气候论,则欧洲文化先兴于希腊、罗马和煦晴朗之区,再向北欧寒冷阴晦之地域演进,此乃文化移动之常态。而中国文化则先兴于北方寒冻阴晦之区,再向南方明朗和煦之地域演进;与欧洲情形适得其反。或再就交通条件会合论之,则知中国文化自北而南,亦自有其不得不然之理由。中国古代文化,则以黄河水系之各支流所灌溉之耕地为其文化产生之基点。此自上游有泾、渭，下至中流之汾、涑、伊、洛，及于下流之漳、卫诸川皆是，而华北平原则为此诸基点相互交通之大平面。故欧洲文化之交通命脉赖诸海，中国文化之交通命脉则赖诸大陆。

今若专就交通条件言，则又有当明辨者。夫环境不宜于僻塞，若僻塞则与外隔绝，此固尽人而知其不利矣。然若地居四冲八达之中心，为交叉之午道，其害亦与僻塞者略相等。故最理想之交通条件，贵能开门即当大道，而闭户又能自守，寓安定于活动之中，备保守于进取之际，此始为最理想之交通条件，亦即最理想之文化条件也。

欲求一国文化之常荣不谢，则先求其疆域之恢宏，为一统之大国。于是某一地区之文化虽由盛而衰，而常有他一地区之新人文、新生气接踵继起。而其继起者仍在其国内，不在其国外，仍不失其本国之传统，则其国之变化始可达于常荣不谢之境。故曰论文化史者，不可不注意于其地理的条件。

（三）

今论中国文化此后新生机之所托命，则大率不外两区：一曰东北，一曰西南。西南以气候言，既较东北为佳，以交通言，此乃国家奥区，为脏腑腹地，居其地，易获安全宁静之感，此尤合于文化滋长之条件。今分论西南诸省，则四川文化开发特早，不当于西南其它诸省相提并论。其次湖南、广东、广西三省，虽较四川开发较为落后，然在中国近代文化史上则已先后露其头角。惟云南、贵州，于西南诸省中，固尤为奥区之奥区，尤为偏隅之偏隅也。然论云南一省之气候山川、土壤产物、风景形胜，则得天之厚、殆莫伦比。故云南省在中国以往文化地位之不占重要，不在其先天宿命之薄，而在其后天机运之迟。若使交通发展早得人事之助，必将高出于西南其它诸省之上。今国内外交通已逐步发展，后天机运已启，云南人文，在最近之将来，宁有不为中国文化新生机、新动力之主要一脉者？爰草此文，预告滇人士，用卜吾言之验否，然亦非二十、五十年不足验吾言也。

二月，《读智圆闲居编》，刊于南京《中央日报文史周刊》第三十七期。一九五九年十月香港新亚书院《学术年刊》第一期重载。收入同前兰台版《中国学术思想史论丛》（五）页八四～九〇。摘要如下：

宋真宗大中祥符九年丙辰，欧阳修方十岁，在随州，见韩愈《遗文》六卷于李氏敝麓，乞得之，其后韩文大行，群推自欧阳氏启之。然余考是年，释智圆自序其《闲居编》于钱塘之孤山。其言曰："释智圆于讲佛经外，好读周、孔、扬、孟书，往往学古文以宗其道。"其言学古文，即是学韩。书中卷三十九有读韩文诗（引文略）。其推挹韩文如此，早在欧阳前。又同卷有《述韩柳诗》，卷二十八《师韩议》等。

《闲居编》卷二十六有《读中说篇》。卷四十六又有《读王通中说诗》："孟轲、荀况与扬雄，代异言殊道一同。夫子文章天未丧，又于隋世产王通。"其在宋初已推尊王通。智圆又极推《中庸》，故自号中庸子，《闲居编》有《中庸子传》三篇，谓："儒、释者，言异而理贯，莫不化民，俾迁善远恶也。儒者饰身之教，故谓之外典。释者修心之教，故谓之内典也。蚩蚩生民，岂越于身心哉！非吾二教，何以化之乎？嘻！儒乎，释乎，其共为表里乎？岂知夫非仲尼之教则国无以治，家无以宁，身无以安。释氏之道，何由而行哉！"盖自唐李翱以来，宋人尊《中庸》，似无先于智圆者。

《闲居编》卷十六《三笑图赞》有曰："释道儒宗，其旨本融。守株则塞，忘筌乃通。"又卷三十七《挽歌词》："平生宗释复宗儒，竭虑研精四体枯。莫待归全寂无语，始知诸法本来无。"时儒学尚未兴，智圆先入空门，晚知尊儒。其以一释子而切慕儒术于举世不为之时，宜为一时所诧怪矣。后人言宋初释子通儒学，辄举契嵩《镡津》一集，然契嵩特承智圆而起，已当仁宗时。慕韩氏之辟佛尊孔，契嵩乃作《原教》、《孝论》诸篇，明儒、释之一贯；岂如智圆方值佛门尚盛，而先诵儒典乎！又二人皆以未及十龄之幼童即入山门，皆通外典，经、子博洽，亦见当时方外风气之一斑。

二月，《读阳明传习录》，刊于昆明《民意日报》。一九六〇年七月香港《人生杂志》第二十卷第四期转载。收入同前兰台版《中国学术思想史论丛》（五）页九二～一〇一。摘要略。

二月，《读康南海欧洲十一国游记》，刊于《思想与时代》第四十一期。收入同前兰台版《中国学术思想史论丛》（八）页四一八～四三一。摘要如下：

余十年前，草《中国近三百年学术史》，于南海康氏，详著其思想先后之激变，顾未称引及其《欧洲游记》。抑南海思想之激变，实亦欧游有以启之也。今年夏，避暑灌县灵严寺，偶于友人家携得此书，翻阅既竟，重加摘录，以补《学术史》之未备焉。

南海早年，实为欧洲文明之讴歌崇拜者，其转而为批评鄙薄，则实由其亲游欧土始。故曰："吾昔尝游欧、美，至英伦，已觉所见远不若平日读书时之梦想神游，为之失望。今来意甫登岸，而更爽然。"又曰："亲至罗马而遍观之，乃见其土木之恶劣，仅知用灰泥与版筑而已。其最甚者，不知开户牖以导光，以王宫之伟壮，以尼罗之穷奢，而其拙蠢若此。不独无建章之万户千门，直深类于古公之陶复陶穴。"又曰："往闻巴黎繁丽冠天下，顷亲履之，乃无所睹。吾居游巴黎之市十余日，日在车中，无所不游，穷极其胜，若渺无所睹闻而可生于吾心、触于吾怀者。厌极而去，乃叹夙昔所闻之大谬而相思之太殷。"又曰："雅典区区片土，实为大地文明诞育之场。而遍游两小时，吞雅典者八九，则意兴与游观萧然而尽。"

凡此皆可见南海亲游欧土后之观感，故曰南海思想之激变，实以欧游为转纽也。今根据《游记》而分析其思想之转变，一则见欧洲各地文物高下至不同，未必一一尽胜于我也。一则知欧洲之治平康乐，乃最近百年以内事，而以前则不然也。故曰："遍览欧土大进化，皆在此百年内，百年前屋多低小，亦与中国同，则亦无可深愧者。"又曰："以巴黎之盛，当我宋、明，尚如弹丸。故时民居多丈许茅屋，学者耳食巴黎之盛，切勿以今日之法比例百余年之法也。"又曰："遍观欧洲各国博物院，皆于十二、三世纪后乃有精巧之物，可以观欧人进化之序。故曰：吾国人不可不读中国书，不可不游外国地，以互证而两较之。当不至为人所恐吓而自退处于野蛮也。"

南海所谓互证相校，而为其所注意流连者，一则在于宗教艺术、古建筑、古器物方面者，又其一则欧洲政治风俗、历史文化演变之迹乃至其所以然之故是也。然论及欧洲政治文化之根源，则殊为南海所不满。乃曰："凡迷信神道者，宫室伟丽；凡多立贵族者，器物精奇。我之宗庙不丽，器物不精，益以见我无神道之迷信，无侯国之压制，尚道德而贵廉让耳。比之欧土之旧，不益见进化之高乎？"

南海谓罗马与中国之比较，不如中国者有五。"一曰治化之广狭。终罗马之朝，皆以意大利境为内国，其余高卢等藩属地，遣都护治之，皆纵恣暴虐，而民得自行其旧俗，实与未开化等。其将相吏士之所自出，文人学士之所发生，政事礼俗之所盛行，图书戏乐之所开发，繁华盛大之集会，实只有罗马一城之内，并不能远及于意大利之封域。我汉时禹域百郡皆为内国，人民平等，不限奴隶。郡国皆有学校，皆立大学掌故，县乡皆有三老以掌教化，特设科举，郡国皆岁举孝廉、茂才，学术遍于全国之乡野，此一也。二曰平等自由之多少。罗马开国千三百年，而贵族、平民之争历数百年。终罗马之朝，意大利半岛奴隶百余万。至末世乃稍予权利，而罗马之纽亦解矣。若我汉世，内国人民，人人平等自由，既无世爵，人人得徒步而至卿相执政权。罗马限于一城数十万人之内，我汉扩之百郡万里五千万人之远，此二也。三曰乱杀之多寡。罗马内政无纪，先则有豪族、平民之争，次则有三头政治之争，又次则有百年内乱。即号称罗马盛世，自凯撒被弑，其开国诸帝自奥古斯都外无一能自保者。其后军队拥立之帝二十五，仅四人考终，而大乱亦频数，于是有三十暴君之代而入于末世之乱。统观罗马一统八百年中，当国有位号者以百数，能保全者不及十主。而争乱分离以数十计。其女后之乱政弑君亦复无数。比之我十六国、五季尚不如。每读《晋书》及《五代史》，哀其时君臣人民之惨杀酷戮，为之掩卷。而罗马一京世载乱离，乃视为朝餐夕饭，岂不哀哉！此其三。四曰伦理之治乱。罗马以家族为治与中国同，而其俗淫乱，则不及我国远甚。观邦湃家人屋壁图书多写淫具，则鸟兽之乱甚矣，此其四。五曰文明之自产与借贷。罗马实为武功之国，不得为文明之国，文明本非其自产，乃借贷于希腊而稍用之。岂与汉世，上承三代，儒、墨诸子，皆本国所发生。百郡人士，生来已习，濡浴已深，无烦假借，此其五。"又曰："来因河畔多罗马古迹，罗马非不刻意经营，而一败不振，并本国而永远沉沦焉。若我国则拓外之力，暗寓于无穷。足知罗马政理不如中国，而今罗马律则有间接而入于我者，此我子孙之不克振拔也。"

南海论欧洲中世，其《来因观垒记》，尤为慨乎言之。《记》曰："以吾遍游欧洲，熟观其博物院及王宫之珍储，则举目所见者，金铁之甲胄戈盾也。游于其国内山野之间，则接目而睹者，巍巍之战垒也。垒也者，故侯之宫，而争战之场，欧人之白骨所筑、赤血所染而成之者也。伤心哉！吾国之古战场可吊者有几？而来因河畔，则接目皆古战垒。五十年前之欧民，何罪何辜而二千年蒙此惨酷，吾至今犹为欧民哀之。"

继而论欧洲中世纪以来之政理曰："以欧洲万里原陆之地，英、德、奥、法四大国，将二万万之人民，而有地农主只此四十余万人，其余皆无立锥。加以旧教愚民之法，压制种种，皆可为种怒之因而种民变之祸胎。中国听人民自有田地，盖自战国，乃在罗马未出现以前。孔子之道，以自然为教，绝无压制，又岂若天主教乎！故中国人早得自由之福，已二千余年矣。革命乃吾国自有之义，岂待译书之人，先卢骚、福禄特尔而力为之矣。"以此南海乃深不乐当日国人之慕效法国、轻言革命。其《法兰西游记》描述法国大革命之经过及其惨祸，尤为详备曰："法国革命，恐怖狂戮，贤革同焚，流血百二十九万，祸垂八十余年，实为法国当日革命志士始料所未及。"

南海曰："今之学者，不通中外古今事势，但闻欧人之俗，辄欲舍弃一切而从之，谬以彼为文明而师之；岂知得失万端，盈虚相倚，观水流沙转，而预知崩决之必至。苟非虚心以察万理，原其始而要其终，推其因而审其果者，而欲以浅躁一孔之见，妄为变法，其流害何可言乎！"至是而南海观点，乃显著有激变，其于一切之论评，乃有转向内里实事求是之意，与一时之盛夸西俗以为标准者相异焉。

二月，《三论老子成书年代》，刊于《五华月刊》第二期。收入联经《全集》第七册《庄老通辨》页一二一～一三〇。

编者按：本文大致与一九三〇年及一九三二年《关于老子成书年代之一种考察》及《再论老子成书年代》相若，已加摘要，兹略。

二月,《灵魂与心》,刊于《思想与时代》第四十二期。收入《灵魂与心》,二〇〇〇年台北素书楼文教基金会·兰台出版社整理新版印行,页一~二四。摘要如下:

(一)

在古代希腊人思想里,"灵魂"一观念,显占重要地位。毕太哥拉最注重的理论,便是一种轮回不朽说,他认为有一个灵魂可从此体转移至彼体。直到柏拉图,亦有他的灵魂先在不朽论与后在不朽论。与灵魂相对立者为"肉体"。肉体终归变灭,无法永生,而灵魂可以不朽。从此便引申出"感官"与"理性"之对立。感官属于肉体,理性本诸灵魂。从感官所接触的世界,是一种物质世界,而理性所接触的世界,则是精神世界。这种二元世界观,实从二元的人生观而来。所谓二元的人生观,即认在肉体生命以外,另有一个灵魂生命。

(二)

自从基督教在西方宣扬开以后,和奥古斯丁的神之城,只在天上,不在地上。人生之终极,灵魂之救度,精神世界之重视,均为西方中古时代之特殊表征。这一趋势,直要到文艺复兴时期始有转变。文艺复兴,外面看是从基督教转返希腊,里面看则是从灵魂转返肉体,从天上转归地上,从精神观念转归到自然现象。自此以下的西方思想,似乎"灵魂"的地位逐渐降低,"心"的地位逐渐提高,西方思想界另有一番新生气。

关于心的重要地位,中世纪以后的哲学家,渐渐认为人的心智可以自寻真理,而不在神的面前被动了。但大体论之,此下的哲学问题,仍然沿袭以前的旧路径。近代西方的物质论者对于力的迷信,成为十九世纪哲学思想之特征。其实物质论者与宗教哲学并无二致,仅以本质观念代替神的观念,以力的主宰代替上帝的主宰。因此自然主宰说与宇宙神造观,机械论与目的论,一样成为西方二元哲学衍变中应有的两大网罗,使西方思想不陷于此,即陷于彼,有求出不得之苦。

(三)

大抵西方人对世界始终不脱二元论的骨子,因此有所谓"精神世界"与"物质世界"或"本体界"与"现象界"等之分别。这一分别,求其最原始的根柢,应该是从灵魂、肉体分立的观念下衍变而来。西方人对人生始终不脱个人主义，因灵魂本带有个人性。即论宗教教义，灵魂得救、天国幸福，依然是一种个人主义。

灵魂与身体为个人之二元，因此有感觉与理性之对立。惟人生的要求，决不肯即安于此肉体感觉短促的一生而止。因此经验主义、唯觉主义、唯物论各派思想，虽可由此造成极精细的科学与哲学，但终不能指导人生，满足人类内心之要求。人生终极问题，决不能就此而止。

（四）

古代的东方人，似乎早先亦有一种灵魂观念，信有死后之灵魂，却没有详细说到生前之灵魂。死后灵魂似乎只是一种鬼的迷信而已，并已看不到他们有"灵魂再世"及"轮回"等说法。关于灵魂再世及轮回的说法，其背后实为透露了人类对自己生命要求永生及不朽之无可奈何的心理。此一要求，实为人类心理上一至深刻至普遍的要求。试问人类肉体的短促生命，又从何处去获得不朽与永生？若人类生命根本只在此七尺肉体短促的百年之内，则人生之意义与价值究何在？此实为人生一最基本绝大问题，可以说是整个中国思想史里面一最重要的纲领。

在此我们先把《左传》里鲁襄公二十四年关于"三不朽"的一番讨论略为说明。原文："穆叔如晋，范宣子逆之，问焉曰：古人有言曰'死而不朽'，何谓也？穆叔未对。宣子曰：昔匄之祖，自虞以上为陶唐氏，在夏为御龙氏，在商为豕韦氏，在周为唐杜氏，晋主夏盟为范氏，其是之谓乎？穆叔曰：以豹所闻，此之为世禄，非不朽也。鲁有先大夫臧文仲，既没，其言立于世，其是之谓乎？豹闻之，太上有立德，其次有立功，其次有立言，虽久不废，此之谓不朽。若夫保姓受氏，以守宗祊，世不绝祀，无国无之，禄之大者也，不可谓不朽。"

在这一段对话里，看出当时人对人生不朽有两个见解：一是家族传袭的世禄不朽，一是对社会上立德、立功、立言的三不朽。这两个见解里，皆没有灵魂再世或超生的说法。在此所欲讨论者，则为包涵在此两种不朽论后面之意义：第一种是晋范宣子所说的家世传袭的不朽。此一说虽为叔孙豹所看轻，但在中国社会上，此种意见流行极广极深，此后依然为一般人所接受、所赞同，只把范宣子当时的贵族意味取消了，而变成平民化。至其高一层的，自然是叔孙豹所说的三不朽。我们用这一个观点来和西方思想作比较，则西方人的不朽，在其死后到别一个世界去；中国人的不朽，则在他死后依然留在这一个世界内。这是双方很显著的一个相异点。

所谓立德、立功、立言，推其用意，只是人死之后，他的道德、事功、言论依然留在世上，便是不朽。所谓留在世上者，明白言之，则只是依然留在后世人的心里。东方人在人生观念上，一面舍弃了自己的"灵魂"，另一面却把握到别人的"心"来做补偿。只要我们的一生，依然常在别人心中反映到，其人生到底还是存在，还是有价值，有意义的。我们在此可以说：西方人求他死后的灵魂在上帝心里得其永生与不朽。东方人则希望在其死后，他的生平事行思想留在他家属子孙或后代别人的心里而得不朽。这又是一个东西之异点。

（五）

叔孙豹与范宣子一段对话。这一种思想与见解，直要到孔子手里才能组织圆成，而且又得到比叔孙豹与范宣子更进一步的发展。孔子却把这一个期求，倒转来成为一种人生的义务与责任。所以《论语》上说："慎终追远，民德归厚矣。"《孝经》亦说显亲扬名是为孝道。这已不是父母祖先对其儿女子孙之一种希望与期求，而倒转来成为儿女子孙对其父母祖先之一种义务和责任。这一种义务或责任，依照孔子意见，也并非是从外强加的，而实为人心之自然内发的。如在婴孩少年，对着父母兄长便知孝悌。长大成人，其对人接物便知忠恕。孝悌忠恕都只是指的这一个心。总而名之曰"仁"。仁便是人心之互相映照而几乎到达痛痒相关、休戚与共的境界。只以一人便可推知人人，只以一世便可推知世世。人人世世都把着这一个孝悌忠恕的心，即仁心，来互相映发、互相照顾。由是而有之一切，便是孔子理想中的所谓"道"。《论语》有子曰："孝悌也者，其为仁之本欤，本立而道生。"孔子曰："吾道一以贯之。"曾子曰："夫子之道，忠恕而已矣。"可见儒家所谓道，只在人心孝悌忠恕上。

中国人俗语常说"世道人心"，世道便由人心而立。世道人心，实在便已是中国人的一种宗教。无此宗教，将使中国人失却其生活之意义与价值，而立刻要感到人生之空虚。孔子以后继起的是孟子曾说："仁，人心也。"又补出一个"性善"的学说来。性善亦便是仁，便是人心之相互映发、相互照顾处。故孟子又说："尽心知性，尽性知天。"一切宇宙人生，便都在此人类自身的心上安顿。从人心认识到性，再从人之心性认识到天。如此便由人生问题进入到宇宙问题，这里便已到达了西方哲学上所谓形而上学的境界。这是孔孟以下儒家思想之主要精神，可说是一种"人心一元论"。若用流俗语说之，可谓"良心一元论"。

（六）

东方人虽无灵、肉对立的观念，但有所谓心、物对立，亦并不像西方哲学上唯心、唯物之比。则是《小戴礼记》中《乐记篇》里的"天理"与"人欲"之对立。天理只是人心之同然处，而人欲则知己而不知人，因私昧公，未达于人心之所同然。未能冲破小我肉体之封限而十足表现其人心相互映照交感之功用的一种境界。忠恕只是以己度人而到达人心之所同然。"己欲立而立人"，由此推广，便可认识人心一元之大世界。

（七）

佛教精神，大概论之，亦当归属于西方系统，近希腊而不近中国。其主要目的也要引导人脱离此现实。在中国人观念里，只有这一个人世现实，因此没有真的出世观。一到佛教传入，魏晋南北朝、隋唐一段，中国人开始懂得出世，开始采用二元论的哲学观点，这是佛教在中国思想史上的真影响。此后宋明儒学复兴，他们批评佛教，大致不外两点：一则反对出世，说是自私自利，此即斥其为个人主义。一则反对佛学上的二元论。如所谓体、用之别，真、幻之分等。但佛家思想到底在中国思想史上有不可磨灭的影响。此下宋明儒虽反对佛家的二元论，而他们实际还是采用了许多佛家观点。如朱子论理、气，横渠论气质之性与义理之性，此皆近似有二元之嫌，历经明清诸儒之驳辨。

其实横渠、晦翁皆求融道、释以归儒。缘古代儒家运思以立论，皆偏重在人生界，而道家与释氏，则都偏重在宇宙界，都抱出世观。然人生总是在宇宙中，苟非有一番新宇宙论出现，则新人生论亦即无以确立。宋代理学家如周濂溪、张横渠及朱子，皆酌取道家、释氏来建立他们的一套新宇宙论，但仍皆能不背于孔孟相传人心一元之大精神。而魏晋以下迄于唐五代思想界儒、释、道三足鼎立之旧形势至是乃一变，儒家独执思想界之牛耳，道、释退列下位，再不能与儒抗衡；此则乃宋代理学家之功。

（八）

现在再说孟子论心，本只就心之作用、功能言，并不涉及所谓本体。程朱一派主张"性即理"，似乎看性自有一体。陆王一派主张"心即理"，亦若不免仍要看心自有一体。"体""用"二字，古人未言，开始应在东汉魏伯阳之《参同契》。此一观念一开始，后代亦即不得不加以承用。宋代理学家言义理，较之先秦，有些处更细密、更周到。虽多采酌了道、释，但仍只发挥了孔孟，还是在充实完成现实人心之一元观上努力，那是该仔细参详的。

（九）

耶教入中国，首先遇到的难题，依然在这一个中国传统信仰的固有宗教上。耶教教义重在个人灵魂之得救，而中国传统观念，则早不看重灵魂，而只看重人心，尤重在人心之相互映照处。因此孝道在中国社会，实属根深柢固，而与耶教之灵魂观适成不可融合之冲突。所以耶教来中国已历三、四百年，正值中国思想界极衰微无所归依的时候，而耶教势力终不能在中国社会上推行。

东方思想里面实已有一种代替宗教之要点与功能，此即上论不朽之观念。此种观念，以儒家为代表。若要说东方人有宗教，宁可说是"儒教"而非佛教。儒教与佛、耶、回三教之不同处，大端有二：一则佛、耶、回三教皆主有灵魂（佛教轮回说可谓是变相之灵魂），而儒家则只认人类之心性（或说良心）而不讲灵魂。二则佛、耶、回三教皆于现世界以外另主有一世界，有上帝天神或诸佛菩萨。儒家则只认此人类之现世界，在此现实世界中之标准理想人物则为圣贤。故若以儒家思想为一宗教，则不妨称之为人生教，或人文教，或圣贤教，以别于佛、耶、回三宗之上帝教与佛菩萨教。又不妨称之为现世教，以别于佛、耶、回三宗之出世教。亦可称之心性教（或心教），以别于佛、耶、回之灵魂教。儒家思想既融宗教与伦理为一，不主出世，亦不取个人主义，可谓是于此人生世界求能推扩尽量以达于不朽与永生之一种境界。

（十）（略）

二月，《王门之讲会》，刊于昆明《民意日报·文史期刊》第十九期。

收入同前兰台版《中国思想史论丛》（七）页三二八~三三一。

复智按：本文内容已在一九四一年《王龙溪先生略历》中述及，兹略。

三月，《略论王学流变》，刊于《思想与时代》第四十三期。收入同前兰台版页一六八~一八二。

编者按：本文大要已见于一九二八年出版《王守仁》一书及一九四四年《说良知四句教与三教合一》文中，摘要兹略。

四月，《春秋车战不随徒卒考》，刊于昆明《民意日报·文史期刊》第三十期。收入联经《全集》第三十二册《读史随札》页一~一二。摘要如下：

《周官》乃战国晚出书，不可为典要。后儒不察，每以《周官》说《左氏》，遂多扞格。清儒刘光蕡古愚《烟霞草堂集》有《春秋车战篇》谓："古用车战，余窃疑之。一车甲士仅三人，步卒七十二人，炊家子二十五人。为一车百人，仅用三人为战，而此七十二人皆空车随后乎？"刘氏之说如此。不知一车步卒七十二人，此出《周官》，于《左氏》无证也。今刘氏不疑《周官》，而转疑《左氏》，可为无识矣。

考《左传》成公二年，齐、晋鞌之战：晋解张御郤克，郑丘缓为右。缓曰："自始合，苟有险，余必下推车。"若一车有步卒七十二人，郤克乃晋军主帅，战事虽急，岂有七十二人尽逃散不在之理；又何致每有险必其右自下推车乎？又成十六年，晋楚战于鄢陵：楚子登巢车，以望晋军。伯州犁侍。王曰："皆乘矣，左右执兵而下矣。"曰："听誓也。""乘而左右皆下矣。"曰："战祷也。"则战士皆乘车，未见有徒卒也。

然谓春秋之时遂无徒兵乎？曰，是亦不然。凡有徒兵，《左氏》必明言之。其制盖始于郑。隐公四年："诸侯之师败郑徒兵。"是徒兵之最早见者。隐公九年："北戎侵郑。郑伯御之，患戎师，曰：彼徒我车，惧其侵轶我也。"则戎人乃徒兵不以车战，若诸夏之制，一车有步卒七十二人，又何谓"彼徒我车，惧其侵轶我"乎？是足证车后之无徒矣。

然则春秋之世，凡车乘徒步，必各不相杂乎？曰：是又不然。昭公元年:"晋中行穆子败无终及群狄于太原,将战,魏舒曰:彼徒我车,所遇又阨,以什共车,必克。困诸阨,又克。请皆卒,自我始。乃毁车以为行,五乘为三伍。荀吴之嬖人不肯即卒,斩以徇。"是魏舒始建议以十步卒随战车,晋人既以克戎而戎败入阨,战车终不便,魏舒乃又请全毁车乘为卒行,一车三甲士,故五乘为三伍。若先有七十二卒随车后,一车已得伍十四而余矣,何烦以什共车,又何烦毁车为行,复益此五乘而三伍为乎?

故知春秋之世,车战其常,徒兵其变;车徒相杂,又其偶一有之事。《左传》文极明备,而后人必引《周官》、《司马法》妄相比附,故辗转不得其真耳。是知虽春秋晚世,中原战役,仍自以车战为主,而时有徒步精兵,或以攻坚,或以夜袭,出奇制胜,要与"车后七十二步卒"之说渺不相涉也。

《二程学术述评》,刊于《思想与时代》第四十五期。收入《中国学术思想史论丛》(五),二〇〇〇年五月台北素书楼文教基金会·兰台出版社整理新版印行,页一七七~一九六。摘要如下:

二程是第二期宋学中较后辈的中心人物。正统理学,直要到二程才完成。前期学者如荆公、温公,皆曾与二程交游。二程于政治上皆未显达,然亦无隐士气。毕生宏扬教育,亦复注意政治问题,四方学者辐集,确然成为北宋理学之大成与正统。

横渠问明道:"定性未能不动,犹累于外物,何如?"明道因作书答之,所谓《定性书》是也(引文略)。伊川作《明道行状》谓:"先生为学,自十五、六时,闻周茂叔论道,遂厌科举之业,慨然有求道之志。又泛滥于诸家,出入于老、释者几十年,返求之《六经》而后得之。"

今按:《定性书》所云,大体即周茂叔"主静立人极"之义;其所描绘之心理境界,即濂溪所谓"明通公溥"也。而书中已言及"理"字。濂溪以"无欲"释静,无欲只是反面消极字,明道始以"理"字补出其正面,至是而天理、人欲对立之局面渐以成立。

大抵明道此书,亦颇采释、老成说。如云:"圣人以其情顺万物而无情","圣人之喜怒,以物之当喜当怒",如是则此性澄然常定,此亦似佛氏涅盘境界矣。若中国古代儒家所谓"性",乃指其有情感有动向者而言。有此情,此心便有动向,岂可谓我爱以物之当爱,我羞恶以物之当羞恶,此皆物理,而无我之情感生命预其间乎?此后宋儒又嫌"物理"二字稍似偏外,故不常用,而喜用"天理"字。其实舍却物理,又何处寻天理。故穷理必由格物。但明道实并不是此意。明道之意,只认我之喜怒哀乐,即系乎物之当喜当怒当哀当乐,此即合内外之道,亦即是"性即理",即"定性"也。

明道此后颇不常言"静"字"无欲"字,而时时言"仁"言"敬"。其意盖把"仁"字替代"无欲","敬"字替代"静",其大旨见于其所为《识仁篇》。大略云:"学者须先识仁。仁者浑然与物同体,义理智信皆仁也。识得此理,以诚敬存之而已。"心体不分物我,不分内外,只是物我内外浑然同体。仁即是心体,亦即是天理。换言之,心体便是仁,便是理。心体我之自有,故只须识之存之,此外别无工夫也。

《识仁篇》以"诚敬"二字说存心工夫,其实诚敬是心体,便是心之原来体段,与正常状态,此处工夫、本体合一非二,故工夫即已是自然,不烦用力。惟依字面看,"诚"字偏于体段方面者多,"敬"字偏于工夫方面者多。故程门言存心工夫,尤多用"敬"字。明道云:"某写字时甚敬,非是要字好,即此是学。"此处说"敬"字体段最明白。若写字时分心外驰,别有思存,此即孟子所谓"忘"。写字时有心要字好,此即孟子所谓"助长"。勿忘勿助长,即是"敬"的体段。

此后伊川把此义再加阐述,他云:"所谓敬者,主一之谓敬;所谓一者,无适之谓一。"主一无适,便是心在腔子里,也便是中心没事。所以明道说中心没事,只是心不散乱,只是无适,只是主一,系于一处,便是无所系。濂溪《通书》曾谓:"学圣人以一为要,一者无欲,无欲则静虚动直。"二程言"主一之谓敬",把"敬"字来换了"静"字,此是二程用心仔细处。将"仁"字或"理"字来换"无欲"字,将实来换了虚。若论到切实下工夫处,濂溪、二程,实无绝大不同。只二程更妥帖,更周到,不使人误入歧途耳。

程门之所谓敬,按实言之,只是一种心的状态或境界,似乎还不是心的生命,因此亦并未接触到心力之真源。若说敬是心体,亦只好说是心之体段或体貌，乃是心之外相，而非其内情。若以近代语译之，敬只是一种心理上之注意集中而已。并没有由内向外充沛流露的一段精力，则此种注意，会成无生命的。伊川在此处却见到了，故他要再提出"敬、义夹持"的话来做补救。伊川云："敬只是涵养一事，必有事焉须当集义。只知用敬，不知集义，却是都无事也。"又说："涵养须用敬，进学则在致知。"此一番话，在居敬以外，又添上集义、致知、格物、穷理许多说法。如此便开了将来朱晦翁的路径。

伊川言致知时倍有精彩。尝曰："学者先要会疑，"又曰："人思如泉涌，汲之愈新。若于一事上思未得，且别换一事思之，不可专守着这一事。"从此便说到格物上。他说："今日格一件，明日格一件，积习既久，然后脱然有贯通处。"今若从此等处分辨，则明道走了"为道日损"的路，而伊川走了"为学日益"的路。两人异学，其关键在于对心性看法之不同。明道认仁为心体，由此推衍，便成"心即理"说。伊川则谓："仁，理也。人，物也，以仁合在人身言之，乃是人之道也。"如此则仁字不在人身上，故要合在人身乃成人之道。又说："仁只是一个公字。"明道云"仁者浑然与物同体"，此只指心言。今云"仁只是公"，则涵义又别。公可指公心，亦可指公理。公理便偏在外，不是人心之自然体段与自然状态矣。总之伊川处处要着实，故处处不免要引之向外。此乃二程与濂溪分歧处，亦是伊川与明道分歧处也。然则亦可谓明道多主无内外，而伊川便要分内外。

明道主由存养此心，只言存养，不言推扩，故只近孟子之一偏。明道盖是孟子、庄周之合流。伊川主由致知穷理，又言集义，则是近孟子之又一偏。亦可谓是孟子、荀卿之合流。若以偏轻偏重论，则濂溪、明道近庄，横渠、伊川近荀。但他们所推敬，则完全在孟子。

九月，《朱子学术述评》，刊于《思想与时代》第四十七期。收入同前书页二二七~二五〇。摘要如下：

朱子学说，规模极阔大，其思想头绪又极繁复，自来号为难究。然朱子在学术思想史上贡献最大而最宜注意者，厥为对儒家新道统之组成。韩愈《原道》，始为儒家创传统。下及北宋初期，言儒学传统，大率举孔子、孟、荀以及董仲舒、扬雄、王通、韩愈。惟第二期宋学则颇已超越董、扬、王、韩，并于荀卿亦多不满。朱子承之，始确然摆脱荀卿、董、扬以下，而以周、张、二程直接孟子，第二期宋学始确然占得新儒学中之正统地位。此为朱子第一大贡献。

其次朱子又于孔、孟之间增入曾子、子思两传，而有孔、曾、思、孟四书之汇集，此即《论语》、《大学》、《中庸》、《孟子》是也。朱子遂汇《大学》、《中庸》、《论语》、《孟子》成一系统，并以毕生精力为《论语》、《孟子》作《集注》、《大学》、《中庸》作《章句》。元、明以来迄于清末七百年朝廷取士，大体以朱注《四书》为圭臬，学者论学亦以朱注《四书》为准绳。而朱子注四书则其影响之大，无与伦比。此为其第二大贡献。

朱子第三大贡献，在其对经学地位之新估定。先秦儒学虽原本经术，但儒学与经学毕竟不同。宋儒始渐渐从经学中摆脱来复兴儒学，朱子乃此一绩业之完成者。他对诸经有许多极精謦的意见。朱子此种见解，黄东发《日钞》里曾有一段批评说："朱子谓《易》本卜筮，谓《诗》非美刺，谓《春秋》初不以一字为褒贬，皆旷世未闻之高论，而实皆追复古始之正说。乍见骇然，熟辄心靡。卓识雄辨，万古莫侔。"此真说出了朱子治经学的真贡献。后来阳明"《六经》皆史"的理论，其实在朱子已透切发挥了。从此以下，《四子书》占踞上风，《五经》退居下风，儒学重新从经学中脱出。这是朱子的第三大贡献。

若说到朱子的思想，则他的最大贡献，不在自己创辟，而在能把他理想中的儒学传统，上自《五经》、《四书》下及宋代周、张、二程完全融成一气，互相发明。此非朱子气魄大，胸襟宽，条理细密，而又局度开张，不能有此成就。孟子称孔子为集大成。至于朱子确是集孔子以下儒学之大成。这是朱子第四大贡献。但是朱子思想之真实精神，实际上还是承袭伊川，最显著者莫如他的《大学格物补传》，此乃沿袭伊川集义致知的见解而来。大学是程门新经典。学者入德必由《大学》，而《大学》始教又在格物，则岂非格物便成了学者为学第一步最基本的工夫。

后人批评朱子《格物补传》最重要的意见，称为朱子乃主一种心、理两分说。所谓理者，有物理，有事理。朱子注《大学》"格物"说：

"格，至也。物，犹事也。穷至事物之理，欲其极处无不到也。"此显然主要是指事理，但有时亦指物理，所谓"一草一本亦皆有理，都须格。"是也。今若谓物理，吾心非一是二，此犹易说。若谓事理，吾心判为两事，则义难圆成。当知朱子的心、理两分说，还是根据程子心、性分别的见解而来。性是内在之本，心只是外显之末。向内寻索，而识其性；向外推扩，而达于仁。

孟子"尽其心知其性也，知其性则知天矣"章，明说尽心始可知性，知性始可知天。但伊川、晦庵则力主"性即理"，看心只是一个知觉灵明。此在伊川、晦翁亦有他们用意所在。朱子这一番辩论极重要，正如后人所谓儒、释疆界，这是宋儒所力求异于释氏处。若就此一方面看，伊川、朱子分辨心、性，不得不谓其较孟子更深入、更细到。而其最吃紧者仍在一"理"字。朱子经此处分出儒、释疆界，实不得谓其非一大贡献。

故论朱子思想，应可分为心性论与理气论之两部分。心性论承袭二程，理气论则补其缺陷。朱子说："先有个天理了却有气，气积为质，而性具焉。"此处理字、气字，《孟子》书中皆未论及。则朱子言性处，自不能不与孟子有异。朱子此种理气论，不可谓其是理气二元论，而应称之为理气之混合一元论。故朱子言理气，其实是混合之一体，而在此一体中，乃有理、气可分。

明白了朱子的理气论，便更易明白朱子的心性论，此在朱子思想中本是一脉贯通也。朱子《四书集注·孟子·告子篇》有云："性者，人之所得于天之理也。生者，人之所得于天之气也。性形而上者也，气形而下者也。人物之生，莫不有是性，亦莫不有是气。然以气言之，则知觉运动，人与物若不异也。以理言之，则仁义礼智之禀，岂物之所得而全哉。"此处性、气两分，正犹《大学格物补传》之心、理两分，实为朱子学说之中心主干。朱子常说"理挂搭在气上"，又说"性是一物在心中"。性即理，心即气、性在于心，即是理附于气之比。朱子又说："性者心之理，动者是情，主宰是心。"然则朱子纵不肯言"心即理"，但极看重此心，后人又分陆、王为心学，程、朱为理学，实则朱子看重心，乃决不逊于陆、王也。

到此，我们可以继续讲朱子的格物穷理论。朱子虽主张万物同出一源，但又说："道理散在事物上，却无总在一处底。"所以说："天下岂有一理通，便解万理皆通，也须积累将去。积累多，自当脱然有贯通处，乃是零零碎碎凑合将来。"零零碎碎的凑合，这是朱子格物穷理精神。当知尽管贯通，依然还要穷格，少穷一物，便少知一物之理。可见朱子所重，固在理的一原，而更要在理的绝不同处。亦见朱子决不主唯理一元，而是主理气混合之一元也。

朱子心中之人性，亦非全是一样，此所谓"理一分殊"。朱子主张凭借自己虚明灵觉之心来向外穷理，亦与荀子近，与孟子远。但朱子又把理气分说，不主张万物在我心中，而认万理在我心中；因心与物交必见理，无心则理不见。因此既认万理在我心中，而又要向外寻求，故穷理必须格物。物无穷，斯理亦无穷，但却又全在你心里，理不能外心外物而自在。此是朱子思想。故朱子之所谓"理"，已非孟子之所谓"义理"。孟子义理专指人事言，朱子则牵涉到宇宙物理上面去也。

以整个中国学术史观之，则朱子乃中古之集大成者，其包孕丰富，组织圆密处，甚似孔子。但其间却有一分别。孔子只就人心人事立论，令人当下有入手处。孔子的圆密是面面俱到，或是面面兼顾。朱子则以宇宙、人生纠合在一起，他的思想似乎相互间依恃的条件更多了，如理必依恃着气，必以气为条件。一切互相依靠，言及于此，则必以彼为条件。陆象山讥其支离者即在此。朱子亦非不自知，为教人的方便，乃不免以读书来代替着穷理，渐渐以研究字义来代替研穷物理，于是又渐渐从读书转到章句与训诂上，这是朱子学之流弊。

十月《正蒙大义发微》，刊于《思想与时代》第四十八期。收入同前书页一四四～一七六。摘要如下：

周、张二程，为北宋理学四大儒。然二程论学旨趣，已不尽同。其于濂溪《太极图说》，更无一言道及。而盛推横渠《西铭》，顾又不许其《正蒙》。朱子一尊二程，其于横渠，皆本二程之意。后世言宋学，承袭晦翁，几于奉为定论。惟明末王船山，独宗横渠，特为《正蒙注》，颇辨程、张之异。然谓"《正蒙》、《太极》，陈义相同"，是仍未脱晦翁樊篱。

且牵附《太极图》为说，于《正蒙》独特处，不仅不能为之洗发，又转益歧之。今《正蒙》精义既隐，而空推其《西铭》，《西铭》立言宗旨，原本《正蒙》，拨其根而撷其实，又岂为能真知《西铭》者。窃谓欲究周、张、二程论学大体，当各就其所见，分别而观，庶可以得各家之真相。本篇于《正蒙》隐旨，稍加抉发。不仅横渠一家面目从此显露，即濂溪、二程、晦翁之异同，亦可藉以推见。治斯学者，倘能继续寻绎，则此篇开其涂辙，决非小有裨补而已也。

"太和所谓道，中涵浮沉升降动静相感之性，是生絪缊相荡胜负屈伸之始。"

高忠宪曰：太和，阴阳会合冲和之气也。《易》曰："一阴一阳之谓道。"张子本《易》以明器即是道，故指太和以名道。盖理之与气，一而二，二而一者也。理无形而难窥，气有象而可见，假有象者而无形者可默识矣。浮沉升降动静者，阴阳二气自然相感之理，是其体也。絪缊交密之状，二气摩荡，胜负屈伸，如日月寒暑之往来，是其用也。

按：高注此条最缔当。其曰："张子本《易》以明器即是道。"即后来船山之主张。

"太虚无形，气之本体。其聚其散，变化客形尔。"

按："太虚"只是无形，而非无。是则气聚为万物，气散为太虚，太虚之与万物，不过一气之聚散，并非一气与万物聚散于太虚之中也。何以横渠必补出太虚一语？盖苟不立太虚之体，则庄生所谓"万物以不同形相禅"，一气聚散，各自为物，不相关顾，即近于佛氏之轮回，即不免有生死存亡。今为特立太虚之体，则聚为万物，散归太虚，既不如"语寂灭者往而不返"，又不如"徇生执有者之物而不化"。盖横渠用意，正为破轮回。

《二程遗书》：或问太虚，曰："亦无太虚。"遂指虚，曰："皆是理，安得谓之虚？天下无实于理者。"

今按：依横渠意，当曰太虚皆是气，天下无实于气者。二程可谓理一元论，横渠则气一元论也。横渠于万象纷错之后面，建一"太虚"以为之体；二程则只就万象纷错中究寻一相通之理，不于万象后面再立本体；此程、张两家之异。至朱子兼重理气，则为理气和合之一元论，是一即现象即本体之一元论也。

"聚亦吾体，散亦吾体，知死之不亡者，可与言性矣。"

船山曰：朱子以横渠言既聚而散，散而复聚，讥其为大轮回。而愚以为朱子之说，反近于释氏灭尽之言。车薪之火，一烈已尽，而为焰为烟为烬，木者仍归木，水者仍归水，土者仍归土，特希微而人不见尔，一甑之炊，湿热之气，蓬蓬勃勃，必有所归。若盦盖严密，则郁而不散。汞见火则飞，不知何往，而究归于地。有形者且然，况其絪缊不可象者乎？故曰往来、曰屈伸、曰聚散、曰幽明，而不曰生灭。生灭者，释氏之陋说也。

按：船山此辨，颇得近代科学家物质不灭之精义。然自最近有原子能之发现，则"质"不可见，而"能"犹存在。"质"相当于横渠之"气"，但"能"则不相当于横渠之"虚"。横渠以太虚为气之体，近代科学分析原子，最后净存一种能力，似非虚义。横渠谓聚亦吾体，散亦吾体，死而不亡，知此可与言性，"性"即一种"能"也。横渠归质于能，"虚"字似不如"能"字更惬，要自与老、释先后之辨则不同。

"气聚则离明得施，而有形。气不聚则离明不得施，而无形。方其聚也，安得不谓之客？方其散也，安得遽谓之无？故圣人仰观俯察，但云知幽明之故，不云知有无之故。"

王船山曰：聚而明得施，人遂谓之有。散而明不可施，人遂谓之无。不知聚者暂聚，客也，非必为常存之主。散者返于虚也，非无固有之实。人以见不见而言之，是以滞尔。

按：此条船山解极明析。《正蒙》但论幽明，不论有无。幽明属知识论，有无属本体论。人所不见，只可谓之幽，不可谓之无。太虚即幽也。《正蒙》从未推论到天地未生之前，是《正蒙》独特处。

综合述之，则横渠乃主张唯气一元论者，其大体颇近庄、老。惟庄、老推论气之原始为无，横渠最所反对。又横渠乃主张万物总为一体论者，而庄子则谓"万物以不同形相禅"。故庄、老实主拆散万物而归之无，横渠则主总合万物以同于一，此其异也。横渠立说，似全本《周易》。然《易》言阴阳，不言万物一体。万物一体之旨，在先秦时，最先宜出于墨家。墨翟上本天志，惠施辨析名类，今横渠则借用道家体统，而完成墨家之论旨。故其自言"爱必兼爱，立必俱立，知必周知，成不独成"。而《西铭》则曰"天地之塞吾其体，天地之帅吾其性"，显然为一种全体浑一之主张。惟其全体浑一，故曰"民吾同胞，物吾与也"，一视同仁，更无分别。惟二程极推《西铭》，谓："《西铭》推理以存义，扩前圣所未发，与孟子性善养气之论同功，岂墨氏之比？《西铭》明理一而分殊，墨氏则二本而无分。老幼及人，理一也。爱无差等，本二也。"伊川以理一说《西铭》，非横渠本旨。《西铭》立论本原在于《正蒙》，《西铭》亦正蒙中之一节，《正蒙》只言气一，不言理一也。盖二程只取西铭境界，以自附于其理一之见，若横渠正《蒙气》一之说，则正二程所谓穷高极远，于道无补也。

故二程取《西铭》，议《正蒙》，以《西铭》尚有与二程合头处，《正蒙》则歧而远矣。后人欲考各家学术思想之本真，则断当以正蒙阐《西铭》，不当以二程意见阐《西铭》也。横渠性气，实有许多近似墨子处，学者若以庄、老理论，墨翟精神，会合相通，以读横渠之《正蒙》，则必窈然有深解矣。横渠力辟老，而其言多取之老。又极辟佛，而其义亦多取之佛。如云"天地之塞吾其体"，此即佛法身也。"天地之帅吾其性"，此即佛法性也。此非横渠有意窃取老、佛为说，乃由其入之已深，故能辟之得其要窍，而不自知其染涉之已甚沦浃，而不可洗浣也。

一九四八年　戊子　五十四岁

一　国内大事

三月二十九日，第一届国民大会在南京召开，四月，选举蒋介石为总统，李宗仁为副总统，五月二十日就职。二十四日，蒋总统提翁文灏为行政院院长，获立法院同意。

六月十八日，朱自清等北平各大学教授数百人联名发表宣言，抗议美国扶植日本，并拒绝领取"美援"面粉。

八月十九日，政府改革币制，发行金圆券，引起通货膨胀。

九月，中央研究院第一届院士大会在南京召开。

十二月十五日，胡适乘专机离北平飞南京。

二　事略

春，先生返无锡任江南大学文学院院长。初上课，学生因事欲结队赴南京请愿。先生认为，此等学生皆初自中学来，即已如此意气嚣张，诚不可解。乃集大会尽力劝戒，意气稍戢，但终不肯罢休，便改派小队赴京，学校仍照常上课。然而从此以后学校风潮终于时起，大家认为不闹事就落伍为可耻。风气已经形成，一时甚难化解。

课余撰《湖上闲思录》一书。"又据马其昶《庄子注》原本，遍诵《庄子》各家注，以五色笔添注其上，眉端行间皆满，久而成《庄子纂笺》一书。自为之序曰，'庄子乱世之书也。身居乱世，乃注此书自消遣'，是亦可知余当时之心情矣。"（见《师友杂忆》，页二六二）

三　著述

二月，《周程朱子学脉论》，刊于《学原》第二卷第二期。收入《中国学术思想史论丛》（五），二〇〇〇年台北素书楼文教基金会·兰台出版社整理新版印行，页二六〇～二八三。摘其大要如下：

濂溪、二程、晦翁，见称为理学正统，全祖望《濂溪学案序录》谓："濂溪之门，二程子少尝游焉。濂溪诚入圣人之室，而二程子未尝传其学。"这里是说二程并未尝直接濂溪的传统。考明道、伊川见濂溪在庆历六年丙戌，时濂溪在南安，年三十岁。下距其卒尚二十七年。疑《易通书与太极图说》，皆应在后。二程之与濂溪，亦仅两度见面，既不得谓之师事，亦不得谓之从游。然据此下明道自述与濂溪两次见面时情形，则二程之学，确是受濂溪之绝大启发无疑。

全氏《明道学案序录》又云："世有疑小程子之言若伤我者，而独无所加于大程子。"这里所云"疑小程子言若伤我"，乃指陆象山。是象山认为二程学说并不全同。其后王阳明著《朱子晚年定论》，颇于朱、陆异同有偏袒，但其推尊濂溪、明道，则有时还在象山之上。然则此濂、洛、朱子四家，在思想系统上究竟是同是异，实在值得研究。本文则旨在指出一两个大节目，说明此四家思想虽有小异，仍属大同。明白得此四家思想之大同处，便更易明白陆王学派与正统派之相异处。

为求叙述简径起见，姑从明道《定性书》说起，可由此窥其学问之来源。刘蕺山谓此书："此伯子发明主静立极之说，最为详尽而无遗。"是说明道乃根据濂溪《太极图说》"主静立人极"的意见。此话若颇有理。但明道作是书时在鄠县任主簿，濂溪应尚未有《太极图说》。果明道本之立论，此下不应绝不提起。惟明道自言："见周茂叔，每令寻孔、颜乐处所乐何事。"此乃明道确受濂溪启发处。据此来谈《定性书》，则明道真意显豁呈露矣。若必谓明道亲见《太极图说》，则终无明证可据。而濂溪接见二程时，其学已定，虽未有《通书》与《太极图说》之著作，然教二程"寻孔、颜乐处所乐何事"，则所学方向端的已定，其"主静立人极"之意殆已存立。伊川言："爱惟仁之一端。喜怒哀乐爱恶欲，情之非性也。"此是程门明白说性与情别，欲与情近之证。喜怒哀乐皆属情非性，情则常动，故求定性，不能有喜怒哀乐爱恶欲之相扰。刘蕺山谓《定性书》乃发明濂溪主静立极之说，真属有见。濂溪自注云"无欲故静"，今明道、伊川之说"情"字、主要即在说明濂溪所谓之"无欲"。

今可谓濂溪接见二程时，应未有《太极图说》，然不得谓绝无《太极图说》中之见解。二程既接闻其语，则他日所言，自不害有相近。

下及朱子，则大体与二程相差不远。二程固是早岁曾受濂溪之启发，但后来自得道真，于濂溪不甚称道。故思想线索虽仍自一贯，而不能谓无异。直到朱子，始确然推尊濂溪，以为二程所自出。其实朱子发明更过伊川。他的理气论，乃为直接周、程而综合之的最要理论。他的理气论似可会合先、后天为一，而仍不免分先、后天为二。此外四家复有种种异同出入，只是在大节目上，其主要血脉处，则一气相承。这里便见宋儒理学正统精神。

兹再纵而言之。自孔子下传孟、荀有儒家，自孔子上溯周公有《五经》。汉代罢黜百家博士，专立《五经》博士，《孟子》博士亦遭罢黜。孔子《论语》，仅为小学教科书。因此汉儒之微言大义，通经致用，着眼点重要在政治与历史，以上跨暴秦，回复三代。魏晋以下，王统中辍，庄、老代兴，随之佛教东来，社会下层人生之领导权，乃操于道、释之手。唐代恢复两汉之治统，惟道统仍不在儒而在释。中经五代丧乱，宋儒所求恢复者，不仅汉、唐之治统，更主要者，在孔子以下儒家之道统。濂溪沉沦下僚，迹近隐逸，多亲方外，其注意力乃更偏于人生方面。所争在人生哲学之领导权，而上层政治制度，转居次要。以此遂成此下理学新兴之开山，而被认为宋学之正统。

汉唐儒志在求"善治"，即初期宋儒亦如此。而理学家兴，则志在为"真儒"。志善治，必自孔子上溯之周公；为真儒，乃自孔子下究之孟轲。此乃"经学"与"儒学"之别。由汉唐经学转而为宋明儒学，其途实自濂溪启之。朱子承龟山之四传，亲受业于李延平，然于李延平之教终有不满，并亦不满于伊川之《易传》而著《易本义》，又为《诗集传》；乃皆自感不满，于是乃一意求之孔子之《论语》，几乎毕生用力于此。以《论语》求《论语》。其《论语集注》之最后定本，所采二程语乃不多。此又为濂溪、二程以来新儒学之一大转变。至是乃于儒学中心孔子一人《论语》一书作首尾贯彻之研寻。此乃朱子对新儒学之新贡献，实亦是莫大之大贡献也。自有《论语集注》，继之以《孟子集注》，又继之于《学庸章句》，《四书》之结集乃代汉、唐之《五经》，而成为后代儒者之人人必读书。故朱子乃始以濂溪、二程之新儒学，上绾之于先秦儒。一以孔子为宗而完成一大系统。而朱子遂为中国儒学史上继孔子而起之集大成者，亦以此也。惟自濂溪、明道以下，宋儒新传统，究自有其一番创新精神。治宋明理学史者，必当于此一番演进有了解，乃可不蹈于门户之习，而于此诸家，乃可得见其共通处，又见其各别处，而后可以进而判别其是非得失之所在也。

三月，《无限与具足》，未实时发表，至一九六〇年刊于《人生杂志》第十九卷第十期。收入同前兰台版《湖上闲思录》页一四二～一四七。摘要如下：

在美学上有"无限"与"具足"之两型。在人生理想上也该有此两型。西方人想象人生，常若一无限。中国人想象人生，则常见为具足。时间为生命之主要因素。西方人想象时间，殆如一直线，过去无限，将来无限，人生乃自无限过去，跨越现在，以进入无限之将来。此项观念，自近代科学发达，更益明显。人生虽短促，却自成一小宇宙。一样浩茫，前不见其所自来，后不知其所将往，长途踯躅，宗教乎！科学乎！都不能给与一种明白的指点。

印度佛教看人生，大体与近代西方人相近，三世无限，斯六道轮回亦无限。中国人之"时间观"乃环形的，乃"球体的"，而非线状的。宇宙为一球体，人生亦成一球体，死后则恢复到生前，如环无端，圆成一体。人生而有知，人的知识，正如一道光芒，投射到此球体上而划成一切线。如一球浮水面，半沉半现，宇宙人生之可知部分。便是此球体之上浮水面者。宇宙人生不可知部分，则是此球体之沉隐水下者。此水平面正是一条人类知识的切线。球体滚动，可知部分与不可部分亦随之转移。其实则只是一球体，此在老庄称之曰"有无"。《大易》字之曰"阴阳"。有者有所知，有所知则有可名；无者无所知，无所知则无可名。

苟使人知息灭，则不见此球体之动，亦不见此球体之有，而球体之为球体自若。此球体即大自然。自然因有人生而形成了此球体之阳面，其浮现在人类智识切线之上者，属"有"属"阳"，我们不妨简率地径称之为"人文"。此球体之沉隐在人类智识切线之下者，属"无"属

"阴"，我们不妨简率地径称之为"自然"。其实人文自然是一体。故曰："一阴一阳之谓道。"又曰："死生有无为一体。"人生俨如一环，循环相通，无端可觅。人生如是，宇宙亦然。人生并不在无限的向前。故中国人之人生观，乃为一种"现前具足"之人生观。老庄所与儒家不同，乃在老庄重"无"重"阴"，儒家则重"有"重"阳"。

故无限的人生观，分世界为过、现、未三界，而具足的人生观则只是一体。此一体则圆满具足。自佛教传入，中国人始接触到一种无限向前之新人生观。然中国人对于此种新人生观无限向前之意味，愚者则不甚了了，智者虽心知其然而终不欣合。对佛家永无休止的无限人生，可谓仍未接受。

这一世代，欧化东渐，中国人再度与另一种无限向前的新人生观相接触。然佛家厌世，中国人不能厌世。欧洲人轻于长往，乐于追求，中国人则长虑却顾，迟重自保，终无欧人凌厉向前之勇气。佛家之无限向前，因其主要偏向于消极放弃，故中国人模拟不真，为病尚浅。欧洲人之无限向前，其主要乃为一种积极把持，中国人邯郸学步，慕效不得其真，则为害之烈，将不仅如当今之所表襮，而方来恐尤将有其甚焉者。

九月，《郭象庄子注中之自然论》，刊于《学原》第二卷第五期。收联经《全集》第七册《庄老通辨》页五〇九~五五〇。摘要略。

十月，《朱子心学略》，刊出《学原》第二卷第六期。收入《中国学术思想史论丛》（五），二〇〇〇年台北素书楼文教基金会·兰台出版社整理新版印行，页一九七~二二六。摘要如下：

程、朱主"性即理"，陆、王主"心即理"，学者遂称程、朱为"理学"，陆、王为"心学"。此特大较言之尔。朱子未尝外心言理，亦未尝外心言性。其《文集》、《语类》，言心者极多，并极精邃，有极近陆、王者，有可以矫陆、王之偏失者。不通朱子之心学，则无以明朱学之大全，亦无以见朱、陆异同之真际。

朱子《答廖子晦》："原此理之所自，虽极微妙，然其实只是人心中许多合当做底道理而已。但推其本则见其出于人心而非人力所能为，故曰天命。"又曰："以'天命之谓性'观之，则命是性，天是心。心有主宰之义，然不可无分别，不可太说开成两个。当熟玩而默识其主宰之意可也。"此朱子不外心言理，不外心言性之证也。又曰："自古圣贤，皆以心地为本，圣贤千言万语，只要人不失其本心。"此可谓即象山之"先立乎其大者"。《答项平父》曰："《中庸》说：'天命之谓性'，即此心也。'率性之谓道'，亦此心也。'修道之谓教'，亦此心也。以至于'致中和'，'赞化育'，亦只此心也。"此等处皆绝似陆、王。

朱子《答张敬夫》："陆子寿兄弟气象甚好，其病却是尽废讲学而专务践履，却于践履之中要人提撕省察，悟得本心，此为病之大者。"可见朱子斥陆学，最要在其尽废讲学，不肯穷理。换言之，则是只主"尊德性"而忽了"道问学"。《答方宾王》曰："若只收此心，更无动用生意，又济得什么。所以明道又云：'自能寻向上去'，这是已得此心方可做去，不是道只块然守得这心便了。"守此心是"尊德性"，用此心是"道问学"。块然守这心，照朱子意，便是死了，便是人欲。朱子却要继此下博学工夫。于是遂生出内外动静之辨。此为朱子论心学精彩处，前云可以矫正陆、王之偏失者，如此类是也。

至朱子言格物致知，实亦未尝析心与理而二之也。故《答林择之》："义理，人心之固有。苟得其养，而无物欲之昏，则自然发见明著，不待别求。格物致知，亦因其明而明之尔。今乃谓不先察识端倪，则涵养个甚底，不亦太急迫乎？"此处重要分辨，仍将心与理二字放宽看始得。若一向牵向外，固不是。若立意要拉向内，是亦一偏之见也。此后王学末流，过分重视良知，以谓万理全具，遂欲尽屏外物而一意从事于我心，而弊害不胜言矣。又《答吴伯丰》曰："人之身心，动静二字循环反复，无时不然……随动随静，无处不是用力处。欲舍动求静，无此理。"朱子此等处，辨内外、辨动静，皆极宽平。知觉存养皆是静，不是冥然罔觉始算静。而且静了必须动，也不能死守在静上。

朱子《中庸或问》云："不是块然守定这物事，在一室关门独坐，便可以为圣贤。自古无不晓事底圣贤，亦无不通变底圣贤，亦无关门独坐底圣贤。圣贤无所不通，无所不能，那个事理会不得，所以圣贤教人要博学。"朱子并不是不主张将此心操存收敛，只是操存收敛了好将来理会事、博学。并不是操存收敛了便可不理会事，不须博学，而自能泛应曲当。朱子不喜悬空意识想象，于无形处捞摸，而主从实事上看。此即象山"在人情物理上做工夫"，阳明"事上磨练"之说也。可见凡论工夫处，朱子并不与陆、王分别。

居敬工夫则乃合内外而兼动静者。故朱子说："自早至暮，有许多事，不成说事多扰乱我，且去静坐。敬不是如此，若事至前，而自家却要主静，顽然不应，便是心都死了。无事时敬在里面，有事时敬在事上。"这里说"敬"字工夫及体段最分明，最恰切。《答熊梦兆》曰："静坐而不能遣思虑，便是静坐时不曾敬。敬则只是敬，更寻甚敬之体。似此支离，病痛愈多。"此条说"敬"字工夫最明豁，最斩截。敬则只是敬，更寻甚敬之体。一说到敬之体，便又在捞摸那无形象的东西了。一语明净，葛藤全断。后人却偏要说敬是心之体，总之舍不得一"体"字，舍不得那闪闪烁烁没形象没捞摸的东西。朱子讲心学最著精神处亦即在此。

我尝说，一部中国中古时期的思想史，直从隋唐天台、禅宗，下迄明代末年，竟可说是一部心理学史，问题都着眼在人的心理上。只有朱子，把人心分析得最细，认识得最真。一切心学的精彩处，朱子都有。一切心学流弊，朱子都免。识心之深，殆无超朱子之右者。今日再四推阐，不得不认朱子乃当时心理学界一位大师也。

是年夏，《中国文化史导论》一书由上海正中书局初版印行。一九五一年台北正中书局再版。一九九四年台北、北京两地商务印书馆同时新版重印。另见联经《全集》第二十九册，二〇〇〇年台北素书楼文教基金会·兰台出版社整理新版印行，页三九～二四四。摘要如下：

弁 言

"文明"、"文化"两辞，皆自西方迻译而来。此二语应有别，而国人每多混用。大体文明、文化，皆指人类群体生活言。文明偏在外，属物质方面。文化偏在内，属精神方面。故文明可以向外传播与接受，文化则必由其群体内部精神累积而产生，欧美近代的工业文明已传播到各地，或说各地均已接受了欧美人近代的工业文明,却不能说近代欧美文化,已在各地传播或接受。文化可以产出文明来,文明却不一定能产出文化来。这便是"文化"与"文明"之不同。

各地文化精神之不同,穷其根源,最先还是由于自然环境有分别,而影响其生活方式。再由生活方式影响到文化精神。人类文化,由源头处看,大别不外三型:一、游牧文化,二、农耕文化,三、商业文化。游牧文化发源在高寒的草原地带,农耕文化发源在河流灌溉的平原,商业文化发源在滨海地带以及近海之岛屿。三种自然环境,决定了三种生活方式;三种生活方式,形成了三种文化型。此三型文化,又可分成两类。游牧、商业文化为一类,农耕文化为又一类。

游牧、商业起于"内不足",内不足则需向外寻求,因此而为流动的、进取的。农耕可以自给,无事外求,并必继续一地,反复不舍,因此而为静定的、保守的。故草原、海滨民族其对外自先即具敌意,即其对自然亦然。此种民族,其内心深处,无论其为世界观或人生观,皆有一种强烈之"对立感"。其对自然则为"天""人"对立,对人类则为"敌""我"对立,因此而形成其哲学心理上之必然理论则为"内""外"对立。于是而尚自由、争独立,此乃与其战胜克服之要求相呼应。故此种文化之特性常见为"征伐的"、"侵略的"。农业生活所依赖,曰气候、曰雨泽、曰土壤,此三者,皆非由人类自力安排,而若冥冥中已有为之布置妥帖而惟待人类之信任与忍耐以为顺应,乃无所用其战胜与克服。故农耕文化之最内感曰"天人相应"、"物我一体",曰"顺"曰"和"。其自勉则曰"安分而守己"。故此种文化之特性常见为"和平的"。

游牧、商业民族向外争取,随其流动的战胜克服之生事而俱来者曰"空间扩展",曰"无限向前"。农耕民族与其耕地相联系,胶着而不能移,生于斯、长于斯、老于斯,祖宗子孙世代坟墓安于斯。故彼之心中不求空间之扩张,惟望时间之绵延,绝不想人生有无限向前之一境,而认为当体具足,循环不已。其所想象而蕲求者,则曰"天长地久,福禄永终"。

游牧、商业民族,又常具有鲜明之"财富观"。牛羊孳乳,常以等级数增加。多财善贾,商业民族之财富观则更益增强。财富转为珠宝,可以深藏。农人则惟重生产；生产有定期，有定量，一亩之地年收有定额，则少新鲜刺激。又且生生不已，源源不绝，则不愿多藏。抑且粟米布帛，亦不能多藏。彼之生业常感满足而实不富有。合此两点。故游牧、商业文化，常为富强的，而农业文化则为安足的。然富者不足，强者不安，而安足者又不富强。以不富强遇不安足，则虽安足亦不安足，于是人类文化乃得永远动荡而前进。

"安、足、静、定"者之大敌，即为"富、强、动、进"。古代农耕民族之大敌，常为游牧民族。近代农耕民族之大敌，则为商业民族。然人类生活终当以"农业"为主，人类文化，亦终必以"和平"为本……农业文化有大型、小型之别，又有新农、旧农之别。独中国为古代唯一的大型农国，苟使今日之农业国家，而亦与新科学、新工业相配合，而又为一大型农国，则仍可保持其安足之感。而领导当前之世界和平者，亦必此等国家是赖。

中国则为举世唯一的农耕和平文化最优秀之代表，而其所缺者，则为新科学、新机械之装备与辅助。然则中国之改进，使其变为一崭新的大型农国而依然保有其深度之安足感，实不仅为中国一国之幸，抑于全世界人类文化前程以及举世渴望之和平，必可有绝大之贡献……中国文化，表现在中国以往全部历史过程中，除却历史，无从谈文化。我们应从全部历史之客观方面来指陈中国文化之真相……本书十篇，根据上述意见而下笔，这是一九四一年间事，其中一部分曾在《思想与时代》杂志中刊载。

第一章　中国文化之地理背景

中国是一个文化发展很早的国家，但中国因其环境关系，它的文化，自始即走上独自发展的路径。中国文化开始，较之埃及、巴比伦、印度诸国，特别见为是一种孤立的。则已成为一种明显的事实。中国文化不仅比较孤立，而且亦比较特殊，这里面有些可从地理背景上来说明。埃及、巴比伦、印度的文化，比较上皆在一个小地面上产生。独有中国文化，产生在特别大的地面上。这是双方最相异的一点……中国的地理背景，显然与上述诸国不同。

一般都说，中国文化发生在黄河流域。其实黄河本身并不适于灌溉与交通。中国文化发生，精密言之，并不赖藉于黄河本身，他所依凭的是黄河的各条支流。每一支流之两岸和其流进黄河时两水相交的那一个角里，却是古代中国文化之摇篮……据中国古史传说，虞、夏文化极相密接，大概夏部族便从洛水流域向北渡过黄河，而与汾水流域的虞部族相接触。周部族在其定居渭河下游之后，常与黄河东岸汾水流域居民交通接触，则为断无可疑之事。因此上述虞、夏、周三氏族的文化，很早便能融成一体，很难再分辨的了，这可以说是中国古代较为西部的一个文化系统。

今安阳县附近，便有漳水、洹水流入黄河，这里是古代殷、商氏族的政府所在地。此即所谓殷墟的，这可以说是中国古代较为东部的一个文化系统。这一个文化系统，再溯上去，或可发生在中国之极东，燕、齐滨海一带，现在也无从详说了。但在有史以前很早时期，似乎上述的中国东西两大系统的文化，早已有不断的接触与往来，因此也就很难分辨说他们是两个系统。更难说这两大系统的文化，孰先孰后……及到周代兴起，则长江流域、汉水、淮水、济水、辽河诸流域，都成为中国文化区域之一部分，其事更属显明。

只有中国文化，开始便在一个复杂而广大的地面上展开。有复杂的大水系，到处有堪作农耕凭借的灌溉区域，诸区域相互间都可隔离独立，使在这一个区域里面的居民，一面密集到理想适合的浓度，再一面又得四围的天然屏障而满足其安全要求。如此则极适合于古代社会文化之酝酿与成长。但一到其小区域内的文化发展到相当限度，又可借着小水系进到大水系，而相互间有亲密频繁的接触，因此中国文化开始便易走进一个大局面，与埃及、巴比伦、印度，始终限制在小面积里的情形大大不同。

其次再有一点，则关于气候方面。埃及、巴比伦、印度全都近在热带，全在北纬三十度左右，特产比较丰足，衣食易给，他们的文化，大抵从多量的闲暇时间里产生。只有中国已在北温带的较北地带，在北纬三十五度左右。黄河流域的气候，是不能和埃及、印度相比的，论其雨量，也远不如埃及、印度诸地之丰富。古代中国北部应该和现在的情形相差不远。因此中国人开始便在一种勤奋耐劳的情况下创造他的文化，较之埃及、巴比伦、印度之闲暇与富足的社会，又是绝不相似了。

根据上述，古代中国因其天然环境之特殊，影响其文化之形成，因有许多独特之点：第一：中国文化，自始即在一大环境下展开，遂使中国人能迅速完成为一内部统一的大国家，为世界同时任何民族所不及。第二：中国文化，因在大环境下展开，又能迅速完成国家内部之团结与统一，因此对于外来异族之抵抗力量特别强大，得以不受摧残，而保持其文化进展之前程，逐渐发展。直到现在成为世界上文化绵历最悠久的国家，又为世界任何民族所不及。第三：中国文化，因在较苦瘠而较广大的地面产生，因此不断有刺激与新发展的前途。而在其文化生长过程下，社会内部亦始终能保持一种勤奋与朴素的美德，使其文化常有新精力，不易腐化。直到现在，只有中国民族在世界史上仍见其有虽若陷于老朽，而仍有其内在尚新之气慨，此又为并世诸民族所不逮。

若照全世界人类文化以往成绩而论，便只有西方欧洲文化和东方中国文化两大系统，算得上源远流长，直到现在，成为人类文化之两大主干。将此两大文化约略作一简单的比较。

中国历史正因为数千年来常在一个大一统的和平局面之下，因此他的对外问题常没有像他对内问题那般的重要。中国人的态度，常常是反身向着内看的。所谓向内看，是指看一切东西都在他自己的里面。西方历史则永远在列国纷争，此起彼仆的斗争状态之下，因此他们的对内问题常没有像他们对外问题那般的重要，西方人的态度，则常常是向外看的。所谓外看，是指看一切东西都在他自己的外面，所以成为我与非我屹然对立。认为有两体对立，所以特别注意在"空间的扩张"，以及"权力"和"征服"上。惟其常向内看，认为只有一体浑然，所以特别注意到"时间的绵延"以及"生长"和"根本"上。

其次说到双方经济形态。中国文化是自始到今建筑在农业上面的，西方则自希腊、罗马以来，大体上可以说是建筑在商业上面。一个是彻头彻尾的农业文化，一个是彻头彻尾的商业文化，这是双方很显著的不同点。

农业文化是自给自足的。商业文化是内外依存的，他是要吸收外面来营养自己的。因此农业文化常觉得内外一体，只求安足。商业文化则常觉彼我对立，惟求富强。结果富而不足，强而不安，因此常要变动，常望进步。农业文化是不求富强但求安足的，因此能自本自根一线绵延。

中西双方对于人生观念和人生理想的异同。"自由"（Liberty & Freedom）一词是西方人向来最重视的。在中国则似乎始终并不注重"自由"这个字。西方用来和自由针对的，还有"组织"和"联合"（Organization & Unity）。希腊代表着自由，罗马和基督教会则代表着组织和联合。这是西方历史在西方文化的两大流，亦是西方人生之两大干。

因为自由和联合的后面，还有一个概念存在的，这便是"两体对立"，因有两体对立，所以要求自由，同时又要求联合。但两体对立，是西方人注重向外看，注重在空间方面看的结果。是由西方商业文化内不足的经济状态下产生的现象。中国人一向在农业文化中生长，自我安定，不须向外寻求，因此中国人一向注重向内看，注重在时间方面看，便不见有严重的两体对立，因此中国人也不很重视自由，又不重视联合了。中国人因为常偏于向内看的缘故，看人生和社会只是浑然整然的一体。这个浑然整然的一体之根本，大言之自然是天。小言之，则是各自的小我，"小我"与"大自然"混然一体，这便是中国人所谓的"天人合一"。中国《大学》一书上所说的修身、齐家、治国、平天下，一层一层的扩大，即是一层一层的生长，又是一层一层的圆成，最后融和而化，此身与家、国、天下并不成为对立，这是中国人的人生观。

中西双方的宗教信仰。西方人常看世界是两体对立的，在宗教上也有一个"天国"和"人世"的对立。在中国人观念里，则世界只有一个。中国人不看重并亦不信有另外的一个天国，因此中国人要求永生，也只想永生在这个世界上；中国人要求不朽，也只想不朽在这个世界上。中国古代所传诵的立德、立功、立言三不朽，便从这种观念下产生。中国人只想把他的德行、事业、教训永远留存在这个世界、这个社会上。中国人不想超社会之外，还有一个天国。因此在西方发展为宗教的，在中国只发展成"伦理"。中国人对世界对人生的义务观念，反更重于自由观念。在西方常以义务与权利相对立；在中国常以义务与自由相融和。"义务"与"自由"之融和，在中国便在"性"（自由）与"命"（义务）

之合一，也便是"天人合一"。

我们要了解中国文化和中国历史，我们先应该习得中国人的观点，再循之推寻。否则若从另一观点来观察和批评中国史和中国文化，则终必有搔不着痛痒之苦。

第二章 国家凝成与民族融合

我们要讲述中国文化史，首先应该注意两事：第一，是中国文化乃由中国民族所独创，换言之，亦可说是由中国国家所独创。"民族"与"国家"，在中国史上，是早已"融凝为一"的。第二，因中国文化乃由一民族或一国家所独创，故其文化演进，四、五千年来，常见为"一线相承"、"传统不辍"。只见展扩的分数多，而转变的分数少。

现在先说到中国民族。中国民族譬如一大水系，乃由一大主干逐段纳入许多支流小水而汇成一大流的。在历史上约略可分成四个时期：第一期：从上古迄于先秦。在此期内，中国民族即以华夏为主干，而纳入许多别的部族，如古史所称东夷、南蛮、西戎、北狄之类，而融和形成一个更大的中国民族，这便是秦汉时代之中国人了。亦因民族融和之成功，而有秦汉时代之全盛。第二期：自秦汉迄于南北朝。在此期内，尤其在秦汉之后，中国民族的大流里，又容汇许多新流，如匈奴、鲜卑，氐、羌等诸族，而进一步融成一个更新更大的中国民族，这便是隋唐时代的中国人了。这又因民族融和之成功，而有隋、唐时代之全盛。第三期：自隋唐迄于元末。在此期内，尤其在隋唐以后，又在中国民族里汇进许多新流，如契丹、女真、蒙古之类，而再进一步形成明代之中国人。这里第三次民族融和之成功，因而有明代之全盛。第四期：直自满洲入关至于现代，在中国民族里又继续融和了许多新流，如满洲、羌、藏、回部、苗、瑶等，此种趋势，尚未达到一止境。这一个民族融和之成功，无疑的又将为中国另一全盛时期之先兆。

其次说到国家。正因中国民族不断在扩展中，因此中国的国家亦随之而扩展。中国史上的"民族融和"与"国家凝成"之大工程，很早在先秦时代已全部完成了。而且又是调和一致了。

中国民族之本干，在春秋时代人的口里，常称为诸华或诸夏，华与夏在那时人的观念里，似乎没有很大分别。学者的意见，华与夏很可能本是指其居住的地名。华夏民族，很可能指的是在今河南省嵩山山脉西南直到汉水北岸一带的民族而言。大体上中国民族远在有史以前，早已是中国的土著了。他们散居在中国北方平原上，自会可以有许多支派和族系的不同。但因中国北方平原，区域虽广，而水道相错，易于交通，再则各地均同样宜于农业之发展，生活情形易于同化，因此中国人在很早有史以前，各地相互间也早已有一种人文同化之趋向。由此在很早也就能形成为一个大民族，即后代所谓的华夏民族。

华夏民族乃中国民族之主干，因此中国古代史也以华夏民族为正统。在中国古史传说里，最早而比较可信的，有神农、黄帝的故事。这便是华夏族中的两大支。在很早时代，中国似乎已有一种"同姓不婚"的习惯，因此各部落的男女，必与邻居部落通婚姻。这一制度，也是促进中国人很早就能相互同化形成一大民族的原因。中国古代各部族间，既已很早便通婚姻，则相互间必有许多问题待求解决，于是各部族间遂有推出一个公认的"共主"之必要……我们现在说唐、虞时代尚为中国古代各部族间公推共主的时期，这大致是可信的。直要到夏禹以后，始由禅让改成传子之局，此后的中国史，遂有正式数百年继统传绪的王朝。

从夏、殷、周三代的都邑上来看：夏都阳城、安邑；周都丰、镐在今陕西省西安境，全在偏西部分。殷都商邱、安阳，则在偏东部分。周人姬姓，与黄帝同一氏族。夏、周两朝，似应同为华夏系之主要成分。商人偏起东方，或应属之东夷与黄帝、夏、周诸部，初不同宗，但夏人势力逐渐东伸，已与商族势力接触，而文化上亦得调和。随后商人势力西伸，代夏为中国共主，文化上之调和益密。继此周人又自西东展，代商为天下共主。那时的商人，便早已融合在华夏系里而成为华夏民族新分子之一支。这正可为上文所说民族融合与国家凝成同时并进的一个好例。

以上所述，自唐、虞时代诸部族互推共主，进至夏、商王朝的长期世袭，再进之于周代之封建制度，从政治形态的进展上看，可说是古代中国国家民族逐步融合与逐步统一下之前半期的三阶段。中国经此三阶段，已经明白确定立了一个国家民族和文化之单一体的基础。西周末年，正当公元前七七一年，距西方希腊第一次举行奥林匹克赛神竞技不远的时代，那时西周王室的地位，虽一时发生动摇，但中国人对民族融合与国家凝成的工作，已经有了很深厚的成绩。并不因此中止……自从虞、夏禅让到西周王室倾覆，平王东迁洛邑（公元前七七〇年），中间经历一千五百年左右，始终有一中央共主的存在。而且此一共主的地位继续强固，势力继续扩大，这正是中国历史上民族融合与国家凝成的两大事业正在继续进展中一个极好的说明。

东周以下春秋、战国时代从政治意识与政治形态的进展上看，可以说是从"霸诸侯"到"王天下"的时代。霸诸侯是"完成国际联盟"的时期，王天下是"创建世界政府"的时期……我们若从中国古史上国家与民族大统一完成之历程观之，秦始皇帝的统一，实在是一点不差，已达到这一进程之最高点了。在当时中国人眼光里，中国即是整个的世界，即是整个天下。中国人便等于这世界中整个的人类。当时所谓"王天下"，实即等于现代人理想中的创建"世界政府"。

第三章　古代观念与古代生活

（摘要见一九四三年，兹略。）

第四章　古代学术与古代文字

（摘要见一九四三年，兹略。）

第五章　文治政府之创建

公历纪元前二四六年的时候，在东方世界上算已有一个世界政府出现了。以后的一段时期，主要的努力，在乎把此政府如何充实、改进，以达理想的境界。这是从秦始皇到汉武帝的时期。这段时期，是中国国家凝成民族融合开始走上大一统以后一段最光明灿烂的时期。那时的疆土，已和近代中国相差不远。

秦汉北方的大敌有匈奴，匈奴与中国，在当时又成了"耕稼"与"游牧"两种文化对峙的局势。秦汉政府对付匈奴，便只有两条路：一是"隔绝"，秦始皇的万里长城便为此用。二是"招徕"，如汉武帝以下对待南匈奴,把匈奴人移入内地或边疆,与中国国民同一待遇,好把中国传统文化教导灌输给他们。

中国历史上传统对外政策,主要常在和平与融洽,不在武力之扩张。求大同文化世界之实现。不在偏狭的帝国主义之发展……秦始皇帝代表着中国史上第一个"郡县制"的统一政府之开始。汉高祖代表着中国史第一个"平民为天子"的统一政府之开始。汉武帝代表着中国史上第一个"文治"的统一政府,即"士治"或"贤治"的统一政府之开始。这是当时中国人开始建设世界政府以后之三步大进程。

因此汉代统一政府。开始虽为一种素朴的农民政府,而到后终必转化成一种"文治"的贤人政府。

先秦时代,学术思想极度自由、极度发展,成了百家竞鸣、道术分裂的状态。继此以来的新时代,学术界、思想界与政治社会一样需要统一。从秦始皇到汉武帝这一段时期,正是当时一辈子学者努力从事于"调整"与"统一"的时期。现在要做调和与统一工作的学者,摆在他们面前的只有三条路:若要走第一条路,孔子即曾如此。以下有志于这一工作的,便是秦相吕不韦,广招宾客,写成了一部《吕氏春秋》,亦想调和与统一以前的诸家,但他们并没有更超于诸家之上的更高明的观点与理论,因此他们便没有吸收融合诸家的力量,只在诸家思想里左右采获,彼此折衷,作成一种灰色的景象,这不算是成功。代表第二路线的是汉武帝同时的《淮南王书》,由淮南王刘安和其宾客所撰成。因此《淮南王书》也不好算有成功。代表第三路线的,应该是最适时宜而又最有成功希望的一条路线了。举其代表人物,则自李斯到董仲舒,他们全都与当时的实际政治发生极大的关系。代表第三路线的,除却上述,尚有邹衍创始的"阴阳"学派,亦在此下中国思想上占着极重要的地位。

在此首先要说到的,秦始皇和李斯的焚书事件。一般见解常以此为秦始皇采用专制政策摧残学术之罪状,并谓学术中歇便由于此。其实此事在当时,纯粹是一个政治思想上冲突的表现,而秦始皇和李斯,则比较站在较开明较合当时历史大流的地位。要实现人类永久和平的寝兵理想,则就政治论,世界不应有两个国家或两个政府同时并存。就社会论,人类亦不应分两个阶级,贵贱或贫富,同时并存。秦始皇统一六国后,不再封建，便是这一个远大理想之实施，而非出于政治上之阴谋与私心。他在当时，实在是追随于战国以来，政治上不许有两个政府，社会上不许有两个阶级的"天下太平"与"世界大同"的时代思潮而努力求其实现的。若仅谋便于一姓一家私政权之统治与镇压，则分封子弟、宗室、姻戚、功臣，各带一部分军队到各地去驻屯，模仿西周开国规模，实较稳妥。当时东方一部分守旧泥古的学者，多请秦始皇复行封建，正为此。只有李斯力劝秦始皇弗从众议，而同时深感到思想言论上的庞杂情形，有碍于理想政策之推进。恰巧李斯的老师荀卿，素来主张一种智识上的贵族主义，李斯又憧憬于学术政治同出一尊的古代状态，遂开始请求政府正式出来统制学术。这是荀卿思想之过激与褊狭，亦是当时要求思想统一的一种自然姿态，并不能说是出于秦始皇个人之野心与私欲，亦并非他们存心摧残学术。后代人用"焚书"两字作题目，来概括这件政治大争议，又和"坑儒"事件合并，遂容易使人迷失当时的真相，细读《太史公书》，便知此事原委。

汉武帝时代，中央再度统一，社会重臻繁荣，要求学术与政治的密切合作，遂有建立《五经》博士之举。所谓"《五经》博士制"，并非博士制度之创始，只是博士制度之整理与澄清。将自秦以来的百家博士全取消了，而专设《五经》博士，专门物色研究古代典籍注意政治、历史、教育、文化问题的学者，让他们做博士官，好对现政府切实贡献意见。那辈讲求神仙长生、诗辞歌赋、纵横策士，以及隐士与法律师之类的地位，则降低了，全都从博士官中剔除澄清。此即所谓"排斥百家"，在当时的情形下，不可不说是一种有见识的整顿，也不可不说是一种进步。更重要的，是规定《五经》博士教授弟子的新职，这是中国史上有正式的国立大学校之开始。

博士弟子最快只一年便毕业，毕业后国家并为指定出身。考试列甲等的，多数可充皇帝的侍卫郎官。乙等以下的，以该学生之原籍贯为主，派充各地方政府的属吏。这样一来，渐渐全国地方政府里的属吏，全改成国立大学的青年学生了。将来此种属吏，服务有成绩，依旧得选送中央，充任侍卫，如此则皇帝近身的侍卫，也渐渐变成全是些大学青年了。依照当时惯例，中央与地方的各级官吏，多半由皇帝侍卫选充。因有这一制度，从前由皇帝宗亲与军人贵族合组的政府，在现在不久以后，便完全变成由国家大学校教育及国家法定考选下的人才来充任。因此我们说，到汉武帝时代而始完成了中国史上"文治政府"之出现。这是中国人传统观念里的"理想政府"之实现，这是中国文化史上一个大成功。我们现在称他为文治政府，以别于从前的贵族政府与军人政府，这不能不说是一个大转变。而这一个转变的后面，显见有一种思想的领导。由秦始皇到汉武帝，大体上多少跟着这历史大潮流趋赴。此下的政府，便全依此种意义与规模而演进。

把秦、汉时代的政府再约略加以申说：一、皇帝与王室：到秦、汉时代，则除却王帝的一线系统外，王室在政治上绝无法定的特殊地位。此即所谓"陛下有海内而子弟为匹夫"，但汉武帝以下，皇帝子弟名虽封王封侯，实际全不预闻政事。二、丞相与政府：秦汉时代政府里的实际政务官，皆归丞相统率，而皇帝属下则仅有侍奉官，而无政务官。便知在当时理论上乃至事实上，政府大权与实际责任，全在丞相而不在皇帝。"丞相"二字的语义，便是副皇帝。三、兵队：秦、汉时代虽亦有封王封侯的贵族，但他们的权益，皆由中央政府规定给与，用不着他们自己保护。王室只成一个私家，亦没有私养的军队。那时全国军队，皆由国民普遍输充。全国人口六千万，而中央常川驻军只有四万人，这可说是文治政府一个极显明的成绩与证据。四、地方政府：秦汉是一个郡县统一的国家。秦并天下，全国初分三十六郡，到汉代末年，添置到一百零三郡，连封国在内。封国的政事一样由中央派官吏治理。县邑一千四百余。县中尚有蛮夷的称"道"，共三十二个，并计在内。这些郡县，在政治上完全站在同等的地位。他们同等的纳赋税，同等的当兵役。各地除边郡外，由地方兵自卫秩序。受同一法律的裁判，同样可以选送优秀人才享受国家教育与服务政治，并按人口分配员额。在东汉时。各地方每二十万人有选举一员之权利。秦汉时在理论上乃至事实上，是一个平等组合的，是和平与法治的，而绝非一个武力征服的国家。因此各个郡县，都是参加国家组织之一单位，而非为国家征服之一地域。

各地方每年向中央有法定的政务报告，称为"上计簿"，簿中详列每年户口、生产、赋税、兵役、刑狱、盗贼、学校、教育种种的统计。中央政府同时亦分区派监察调查专员，称为"部刺史"，共分十三部，按年在全国各地侦查。中央政府根据这些上计簿与部刺史之报告，来决定地方官吏之升降与赏罚。

郡县属吏，尽由郡县长官自己辟置。县廷大者，其属吏多至千人。县令政绩优异，可升郡守，郡守一转便为三公九卿。汉代的宰相，大多数皆由郡县吏属出身。因此两汉时代的地方政治，成为中国历史上极有名极出色的。

那时政治上几个重要点：一、皇位世袭，象征天下一统。二、丞相辅助皇帝，为政府领袖，担负实际行政责任，选贤与能。三、全国官吏皆由公开标准考选，最要条件是受过国家指定教育，与下级行政实际经验。四、人仕员额，依各地户口数平均分配。五、全国民众，在国家法律下一律平等，纳赋税、服兵役，均由法令规定。六、国内取消贵族特殊权利，国外同化蛮夷低级文化，期求全世界更平等更和平之结合。

要避免那种王室长期世袭的弊病，当时遂有一番新理论出现。那种理论，当时称为"五德终始说"，或"三统循环论"。现在我们不妨称之为"王位禅让论"。这种理论，大体根据于战国以来的阴阳家。

中国人根据历史观念，认为绝对不能有万世一姓的王统。每一王朝，经相当时期，便应物色贤人，自动让位，模仿古代的尧舜。到汉武帝以后，在学术界更为流行，因为大家信为汉代之全盛时期已过，准已到自动让贤的时期了。最后便酝酿成公元八年王莽的受禅。不幸王莽只有十六年便国乱身死，以下又是刘秀为天子。

但我们到底不能说中国秦汉以下的政府，是一个帝王专制的政府。这由中国民族的传统观念以及学者理论的指导下所产生的政府，虽不能全部符合当时的理想，但已是象征着中国文化史上一种极大的成绩了。

第六章　社会主义与经济政策

（摘要见一九四三年，兹略）

第七章　新民族与新宗教之再融合

（摘要同前章）

第八章　文艺美术与个性伸展

（摘要见一九四四年，兹略）

第九章　宗教再澄清民族再融合与社会文化之再普及与再深入

（摘要同前章）

第十章　中西接触与文化更新

（摘要同前章）

附　录

（摘要略）

一九四九年　己丑　五十五岁

一　国内大事

一月，淮海战役国民党完全失败，死者约二十余万人，兵团司令黄伯韬、邱清泉及军长杨干才等皆殉职。十日"剿总"副总司令杜聿明被擒。

一月二十日，傅斯年就任国立台湾大学校长。

一月二十一日，蒋介石总统宣布引退，回浙江省溪口故居，由副总统李宗仁代总统职。

二月二十五日，国民政府迁往广州。

四月二十日，国共和谈破裂。

四月二十三日，台湾省政府颁行《私有耕地租用办法》，实施三七五减租。南京易帜。

六月十五日，因何应钦内阁总辞职，立法院同意阎锡山继任行政院院长。台湾省改革币制，发行新台币。

七月十日，全国性币制改革公布施行，发行银元券。

十月一日，中共在北平成立中华人民共和国，毛泽东任主席。自即日起北平改称北京，采用公元纪年；以《义勇军进行曲》为代国歌；五星红旗为国旗。

十月十二日，"国民政府"迁重庆。十一月二十九日，迁成都。十二月二十七日迁台北。只保有台澎金马作为复兴基地。

二　事略

春假，先生与江南大学同事唐君毅，应广州私立华侨大学聘由上海同赴广州。一日，在街头，忽遇老友张晓峰（名其昀），言拟去香港办一学校，已约谢幼伟、崔书琴，邀先生参加。其间，特去岭南大学访陈寅恪，与唐君毅同去乡间访熊十力。晤杨树达于中山大学。

秋，随侨大迁香港。初宿于同事赵冰家。后乃借一中学校教室，暑期无人，先生夜间拼课桌铺被卧其上，晨起即撤被搬回课桌，如是为常。不久，由张其昀（晓峰）、谢幼伟、崔书琴创办之亚洲文商学院（夜校）成立，派先生任院长。十月正式开学，因在夜间上课，故定名为亚洲文商夜校。

三 著述

六月，《人生三路向》，刊于《民主评论》第一卷第一期。收入联经《全集》第三十九册《人生十论》，二〇〇〇年台北素书楼文教基金会·兰台出版社整理新版印行，页一~九。今摘其大要如下：

（一）

人生只是一个向往，向往必有对象……对精神界向往的最高发展有宗教，对物质界向往的最高发展有科学。前者偏于情感，后者偏于理智。

（二）

近代西方人生，最足表明像上述的这一种人生之情态……人生的终极目标，变成了并不在某种的满足，而在无限地向前……人生向外安排成了某个客体，那个客体便回身阻挡人生之再向前，而且不免要回过头来吞噬人生，而使之消毁……资本主义的无限制进展，无疑的要促起反资本主义，即共产主义……西方人曾经创建了一个罗马帝国，后来北方蛮族把它推翻。中古时期又曾创建了一种圆密的宗教与教会组织，又有文艺复兴的大浪潮把它冲毁。此后则又赖藉科学与工业发明，来创建金圆帝国和资本主义的新社会，现在又有人要联合世界上无产阶级来把这一个体制打倒。

（三）

印度人的向往对象，似乎是向内寻求的……你若要向内，又有无穷的内展开在你的面前……内向的人生，是一种洒落的人生，最后境界则成一大脱空。

(四)

中国儒家的人生，不偏向外，也不偏向内。不偏向心，也不偏向物。他也不屹然中立，他也有向往，但他只依着一条中间路线而前进。他的前进也将无限。但随时随地，便是他的终极宁止点。因此儒家思想不会走上宗教的路，他不想在外面建立一个上帝。他只说"人性由天命来"，说"性善"，说"自尽己性"，如此则上帝便在自己的性分内……他们也将不反对科学。但他们不肯说"战胜自然"、"克服自然"、"知识即权力"。他们只肯说"尽己之性，然后可以尽物之性，而赞天地之化育"。他们只肯说"天人合一"。

(五)

印度佛家的新人生观，传到中国，中国人曾一度热烈追求过。后来慢慢地中国化了，变成为禅宗，变成为宋明的理学。近人则称之为"新儒家"。现在欧美传来的新人生观，中国人正在热烈追求。但要把西方的和中国的两种人生观亦来融化合一。不是一件非常容易的事。

七月，《适与神》，刊出同前第一卷第三期。收入同前书页一〇~二二。摘要如下：

(一)

西方人列举"真、善、美"三个价值观念，认为是宇宙间三大范畴，并悬为人生向往的三大标的。其实此三大范畴论，在其本身内含中，包有许多缺点。第一并不能包括尽人生的一切。第二、依循此真、善、美三分的理论，有一些容易引人走入歧途的所在。第三、中国传统的宇宙观与人生观，亦与此真、善、美三范畴论有多少出入处……德人巴文克 Bermhard Bavink 著《现代科学分析》，主张于真、善、美三范畴外，再加"适合"与"神圣"之两项。他的配列是："科学真、道德善、艺术美，工技适，宗教神。"他的用意，似乎也只侧重在上述之第一点……中西宇宙观与人生观之多少相歧处，大可因于西方传统真、善、美三价值领域之外，增入此第四、第五两个新的价值领域，而更易接近相融会。

（二）

因此中国人对此价值领域很早便已郑重地提到。儒家的所谓"时"，道家的所谓"因"，均可与巴氏之所谓"适"，意趣相通……如此，则"适"字的含义，极富有"现实性"与"相对性"。换言之，适字所含的人生意味，实显得格外地浓厚……现在我们若为人生再安设一"适"的价值领域，而使此第四价值领域与前三价值领域，互相渗透，融为一体，使主观与客观并存，使相对与绝对等立，则局面自然改观。

（三）（略）

（四）（略）

（五）

中国人把一个自然，一个性字，尊之为神，正是"唯物而唯神"。

（六）

上文所述的德人巴氏，他全量地分析了近代科学之总成绩，到底仍为整个宇宙恭而敬之地加送了它一个"神"字的尊号。这并不是要回复到他们西方宗教以往的旧观念与旧信仰上去。他也正是一个唯物而唯神的信仰者。

（七）（略）

（八）

真、善、美是分别语，是"方以智"。适与神是会通语，是"圆而神"。

九月，《新三不朽论》，刊于《民主评论》第一卷第六期孔子诞辰二千五百年纪念。收入同前兰台版《历史与文化论丛》页一一六～一三三。摘要如下：

（一）

今年适逢孔子二千五百年的诞辰。孔子的自然生命，虽在二千五百年之前，但孔子的精神生命、文化生命则至今尚在。你若轻易地说孔子早已死去，你便是不懂得"精神生命"与"文化生命"的意义。在孔子以前，中国人已有"立德、立功、立言"的三不朽说，这实在是人类祈求不朽的最合理的观念。本文取名"新三不朽论",拟从西方欧洲人对于不朽的观念,以及佛教里面的不朽论,用来与中国人历古相传的三不朽论,经孔子乃及此下儒家所发挥完成的一番人生理论相互比较,以见世界哲人对此人生如何可以不朽的尽可能已有的几种想法与说法,来贡献于当前这样的乱世。

（二）

西方较古的希腊哲人柏拉图本亦信有一种灵魂轮回说。就常识言之,人生如朝露,世事如浮云,总没有历久不变的。自然界万象如此,人生一切又何莫不如此。中国哲学人庄周已说过:"万物方生方死,方死方生。"自然界万象乃至人生一切,莫不是刻刻生、刻刻死。刻刻变异,即是刻刻无常。柏拉图的观念论正是针对着这无可奈何的相异无常的世态而发。认为有一观念世界在此现实世界之上,或说在此现实世界之先。此一观念世界,乃一真常不变者,因此亦为圆满无缺者。由此观念世界堕落下降,乃始有互异无常、变幻缺陷的现实界。当知西方哲学界,直到今天,仍然主张物质世界之上或先另有一精神世界存在。此一派思想,普通都称之"唯心论"。近代西方的哲学科学思想,都有在此变动不居现实世界里面找寻一个一如真常的不变本体之要求的动机。换言之,此是一种想望"不朽"的动机。深入言之,则此种不朽,只是一种观念的不朽,或说是理智的不朽,却还与人生不朽隔一层。所以欧洲人无论在哲学界、科学界,都还不够满足人生,不得不别寻出路。

（三）（略）

（四）

再说佛教。大乘佛教中所提出的涅盘,是一种心理境界,是人心的一种寂灭境界。所以佛教常说:"三界唯心,万法唯识。"世态人生,刹那地在变,顷刻不住,瞬息无常。人生最痛苦者,即是那瞬息的变,瞬息的不住与无常。欧洲人用理性来克灭这一种不住与无常。佛教则不用理性而改用"观照"。教人捉取此刹那。而刹那存在,同时则是刹那消失,消失、存在,同此一刹那。因此刹那观照,并无内容可言。寂灭只是在观照上不起波澜,不生变化,永永如此。此即是涅盘境界,并非取消形式,而实为一种绝对的纯形式。佛家之纯形式的观照,即是佛家之最高理性。佛家之最刹那的观照，即是佛家之最永恒的真常。

（五）

孔子的人生教训，亦注重在一种全人类之爱，此即孔子之所谓"仁"。惟耶教之全人类的爱，必通过上帝或上帝之心而始有其可能。上帝或上帝之心，则只是一观念，只是一理性。耶教的弊病，往往容易在上帝或上帝心之形式中转把实际的自然人生漏掉。孔子只在自然人生中指点出一个亲子之爱来过渡到全人爱，在爱的对象上附有自然人生种种实际条件。儒家思想则只主"老吾老以及人之老，幼吾幼以及人之幼"，即由自然人生中的亲子之爱，直接推广、直接引申，而达到全人爱之境域。

（六）

今天的世界，全在极度动乱中。然而刹那存在，即是刹那变灭。人生之可贵，正为能在此无住不常的变动中找出一个一如真常的境界来，好让人安身立命。尤其在今天的中国，仇恨斗争残忍杀伐的气氛弥漫着，民族文化到了存亡绝续之际，来纪念孔子二千五百年的诞辰，来讲孔子的人性文化的不朽真理，我想也该是颇有趣味，颇有关系的。

十月，《亚洲文商学开学典礼讲词摘要》，刊于《新亚校刊》创刊号。收入联经《全集》第五十册《新亚遗铎》页一～二。摘要略。

十一月，《人生目的和自由》，刊于《民主评论》第一卷第十期。收入《人生十论》，二〇〇〇年台北素书文教基金会·兰台出版社整理新版印行，页二三～三四。摘要如下：

（一）

整个自然界像是并无目的的。由自然界演进而有生物，生物则便有目的。生物之目的，在其生命之"维持"与"延续"。生命演进而有人类。人类生命与其它生物的生命大不同。人类在求生目的之外，更还有其它目的存在。而其重要性，则更超过了其求生目的。

有目的有意义的人生，我们将称之为"人文"的人生，或"文化"的人生，以示别于自然的人生，即只以求生为唯一目的之人生。人类的生活，许人于求生目的之外，尚可有其它之目的，并可有选择此等目的之自由，此为人类生活之两大特征，亦可说是人类生活之两大本质。

（二）

然而这一种"自由"之获得，已经过了人类几十万年艰辛奋斗的长途程。只有按照这一观点，才配来研究人类文化的发展史。也只有按照这一观点，才能指示出人类文化前程一线的光明。人类一达到这种文化人生自由的境界，回头来看自然人生，会觉索然寡味，于是人类便禁不住自己去尽量使用这一个自由。所以西方人说，"不自由，毋宁死"。

然而一切问题，却就从此起。惟其人类要求人生目的选择之尽量的自由，所以人生目的便该尽量地增多，尽量地加富。目的愈增多，愈加富，则选择愈广大，愈自由。文化人生的许多目的，有时要受外面的自然势力之阻抑与限制，有时要在人与人间起冲突，更有时在同一人的本身内部又不能两全。于是便有"是非""高下"之分辨。换言之，即人生种种目的之是非高下，仍只看他的自由量而定。

（三）

"善恶"问题，也是在文化人生中始有的问题。人类分别善恶的标准，也只有根据人类所希获得的人生自由量之大小上发出。若舍弃这一标准，便也无善恶可言。

论题的中心在这里了。若没有文化的人生，则自然人生也不算恶。若没有更高文化的人生，则浅演文化的人生，也不好算是恶。正为文化人生愈演愈进，因而恶的观念，恶的评价，也将随而更鲜明、更深刻。这并不是文化人生中产生了更多的恶，实乃是文化人生中已产生了更多的"善"。

（四）

其实只是更显豁一层说，我们将不承认人类本身有所谓恶的存在，直要到文化人生中所不该的始是恶。恶本是文化人生中的一件事，而问题仍在他自由选择之该当与不该当。

人类中间的宗教家、哲学家、艺术家、文学家、科学家，这些都是为文化人生创造出更好的新目的，提供出更好的新自由，提供了善的，便替换出了恶的。若你有了善的不懂挑，则只有耐心善意的教你挑，那是教育，不是杀伐与裁制。在宗教、哲学、文学、艺术、科学的园地里，也只有"教育"，没有杀伐与裁制。

（五）

根据上述理论，在消极方面限制人、压抑人，决非文化人生进程中一件合理想的事。最合理想的，只有在正面、积极方面，诱导人、指点人，让人更自由地来选择，并还容许人更自由地提供与创造。

依照目前人类文化所已达到的境界，只有宗教、哲学、文学、艺术、科学，都在正面诱导人、感化人，都在为人类生活提供新目的，让人有更广更深的挑选之自由，都还是站在教育的地位上，那才能算是更好的。

一九五〇年　庚寅　五十六岁

一　国内大事

一月二十六日，英国宣布承认中华人民共和国。

三月一日，蒋介石"总统"在台北复行视事。

五月二日，"立法院"、"总统"咨提陈诚继任"行政院院长"。

六月二十日，韩战爆发。美国纠集了它自己和另外十五个国家的军队，以联合国名义投入这场战争。

六月二十七日，美国总统杜鲁门下令美国第七舰队协防台湾。

七月二日，台湾省实施地方自治。

十月七日，中国军队为确保国家的统一和西南国防安全，开始向西藏进军。

十月二十五日，中国人民志愿军开赴朝鲜，与朝鲜人民军并肩抵抗美国等联军。

十一月三十日，"行政院"会议通过耕地三七五减租条例。

十一月，《自由中国》杂志社在台北创刊，胡适担任发行人。

十二月二十日，台湾大学校长傅斯年因脑溢血猝逝于台湾省"议会"，终年五十五岁。

二　事略

春，亚洲文商学院开办后的第二学期，先生等在日间赴在香港英皇道海角公寓租赁的教室上课，夜间则仍在九龙上课。

秋，创办新亚书院，任常务董事、院长。时香港教育司见新亚所聘各教授，都是国内政界学界知名负时望者。论其人选，香港大学中文系远不能比，因此特受重视，新亚有所请，皆能接受，很少为难。

冬，新亚已达山穷水尽之绝境，同仁等皆盼先生赴台北政府支持。

某日，乘飞机抵台北筹措学校经费，幸得"总统府"协款，渡过难关。当时又应邀至中南部之行的沿路各中学及陆军官校等作讲演。途中在台南工业专门学校，即此后之成功大学停留旬日，日夜展读所带胁的两书，《庄子纂笺》一书遂得成稿。

先前在台北师范学院，即此后之师范大学作系统讲演凡四次，总题《文化学大义》，由及门杜呈祥整理，即在励志社写定，付正中书局印行。又应"国防部总政治部"之邀，续作七次讲演，题为《中国历史精神》。先生于后来追忆道："自念一九四九年初离大陆，至是重履国土，旧识新交，日有接触。痛定思痛，语多感发。余对国家民族前途素抱坚定之乐观，只望国人能一回顾，则四千年来历史文化传统朗在目前。苟有认识，迷途知返，自有生机。余此两次讲演大意只在此。"（《师友杂忆》，页二七九）

又将在各学的讲演辞，择定题目写成文字，归纳为《人生十论》一书。先生说："要之，在真实遭遇中吐肺腑话，与以往多作学术性论文不同。书生报国，仅能止此。自悼亦自惭矣。"（见同上书）

三 著述

一月，《理想的大学教育》，刊于香港《民主评论》第一卷第十五期。收入《文化与教育》，二〇〇〇年台北素书楼文教基金会·兰台出版社整理新版印行。（摘要见一九四二年）

三月，《新亚书院旨趣及发展计划》，刊于《新亚校刊》创刊号。收入联经《全集》第五十册《新亚遗铎》，改题名《新亚书院沿革旨趣与概况》。摘要略。

五月，《回念五四》，刊出同前《民主评论》第一卷第二十二期。收入《历史与文化论丛》，二〇〇〇年台北素书楼文教基金会·兰台出版社印行，页三四五～三五一。摘要如下：

我们一提起"五四运动"，便要联想到当时所谓的"新文化运动"。

我们应知五四前后的那一番新文化运动。并非平地突起,而实有它几十年来的酝酿与渊源的。文化本身,即是一种传统性、历史性的,若完全否定了传统,摈弃了历史,即无异否定、摈弃了文化之自身。最可惜的,是在新文化运动以前,那一段酝酿时期,并没有对自己以往传统有一个较清楚的认识。新文化运动的口号要"重新估定一切价值",正为在先几十年没准备、没基础,在仓促的短期间,何从来重新估定一切价值呢?于是重新估定转变成一概抹杀。(下略)

我对中国近百年史,不能不悲观,而对中国不远的将来,则依然将乐观。正为此一百年来的中国,虽然历尽艰辛,而此一番强烈要求民族复兴的深在的底潮之奔放直前,始终没有停息,而且似乎愈来愈有劲了。就中国历史之根深柢固而言,中国民族终有一日大踏步走上这条路。

八月,《世界文化之新生》,刊出同前第二卷第四期。收入同前兰台版《文化学大义》页九一~二三。摘要略。

九月,《孔子与世界文化新生》,刊出同前第二卷第五期。收入同前兰台版《孔子与论语》页三二一~三三三。摘其大要如下:

(一)

文化是人生的综合体。文化学之本身,无论如何,总脱不了含有某种价值观念。大概言之,任何一种文化人生,必然由三个阶层所凝合。第一个文化阶层,是属于物质经济方面的。没有物质生活,没有经济条件,根本无所谓人生,亦无所谓文化。第二阶层,则为政治法律、社会礼俗,群体集合之种种规定与习惯。循此再发展,乃有最高的,亦即最后的,最终极的第三阶层:包括宗教、哲学、文学、艺术等项,属于纯精神部门。我们可以说,文化是物质的、集体的、三部门之融合体。

(二)

我们要衡量一种文化,而批评其利病得失之所在,必要在上文所述的文化三阶层中,求得其核心或领导势力之所在。西洋中古时期,我们可称之为"基督教"的文化。在那时,不仅哲学、文学、艺术,种种精神生活方面,全为宗教所支配,全以基督教为核心,而接受其领导;即政治法律、社会礼俗，也都在基督教领导下，遵循其节制，追随其向往。而这一种文化，不是没有弊病的。而且人类的精神生活，本由其物质的、集体的生活中孕育而长成。而基督教的终极理想，则要超越人生。因此不免要蔑视人生、隔绝人生。把超越文化的理想，来领导文化，自然要在文化本身内部发生严重的弊害。

自十四世纪文艺复兴运动之后，现代的西洋文化，渐渐游离了宗教的核心，摆脱了宗教的领导，而产生一个新的核心，新的领导势力；这便是"个人主义"。乃指一切以个人为基点，以个人为中心的一种主义。法国大革命，揭橥"自由、平等、博爱"三口号，仍以个人主义为背景。然而个人主义，若非另有一更高的领导，则仍还是空洞的。个人渺小而短促的生命，在此长宙大宇中，广大深博的文化机构中，究该如何呢？近代西洋文化，正为在个人主义之上没有一个更高的领导（原来是宗教），于是文化核心，渐渐从个人主义堕落到物质主义；于是在民主自由的政治中，酝酿出一个资本主义的社会。个人自由的无限兴趣，大部分都集中在物质与经济生活方面了。一切文化中心的前进意义，全集中在物质生活上，全偏倾在经济问题上；于是"唯物史观"、"共产主义"遂应运而起。

个人自由是一种哲学。唯物史观与共产主义也是一种哲学。这一种哲学，博得多数人信仰，便成为一种宗教。因此，最近代西洋文化的展演，有一部分人，宁愿牺牲民主政治，来完成他们共产主义的理想。然而最近代的唯物史观与共产主义，则既抹杀了个人自由，又抹杀了精神生活，只在纯物质的观点上重量不重质。这一种文化病，却可从近代人偏重自然科学一观念中演变出。我们若找不出它病根所在，是无法加以消除的。

（三）

现在我们希望世界有一文化新生，第一必希望有一具有世界性的哲学或宗教，来作核心的领导。此项新哲学或新宗教之产生，必然仍将在旧文化中有它深厚的渊源。基督教和佛教，它们同样过猛用力，而连累它在第三阶层中站不稳，同样的对于人类文化之整体表现了一种消极而反抗的姿态。回教则因它的创教主同时即是政治领袖，而失却其超越的领导功能。只有中国儒家,它本身不是一个出世的宗教,孔子自身也不是一个领导出世的教主。孔子的教义,虽已超越了第一、第二阶层,但站稳在第三阶层中,一面并没有像一般宗教对文化整体之消极性与反抗性。这是我们在希望世界文化新生中很值得提出注意的一件事。

我们要希望有个具有世界性的领导的真理与信仰。像基督教这"博爱",佛教之"慈悲",孔子教义中之"仁",此乃人类生活自身内部在其演进上达的过程中,所必须具备的真理之最易指出的具体实例。只有在注意到人类生活在其自身的演进上达的过程中,才始可能获得此项真理之认识。此即历史文化学之贡献。只有中国儒家精神、孔子教义,始终紧握住这一点。

(四)

近代西洋文化,一同高抬个人自由,一面提倡自然科学,但另一面又不能放弃基督教的博爱教义。而在此三项中,并不能提出一个会通合一之所在。于是宗教与科学,演成分道扬镳,相互间种种冲突、矛盾,难于协调融合,这是近代西洋文化内心一大苦痛。自最近西洋文化中另一新支共产主义出现,走向极端,把集体阶级斗争来奉为人类文化演进上达唯一主要的因素,把马克思代替耶稣,而自然科学则一样俯首听命,供其运用。他们目下所现有的那种以耶教博爱、个人自由与科学精神所形成的鼎足三分的旧文化,却实感有招架无力之弱势。于是只有依赖原子弹,以杀胜杀。这是近代西洋文化内心的更大苦痛。

至于孔子教义,不仅不放弃人性中的仁爱,而且也并不曾否认人心中有仇恨;均不想施以蔑视与鄙弃,只求在人性中指点出"仁爱"一项来,特别加以培养与教育,作为人生之核心领导。在此核心领导下,得到融合协调的发皇。在孔子教义所形成的中国文化里,可以不需别一宗教,也可以容纳任何一宗教。只在不蔑弃不排拒第一、第二阶层中的人生条件下,而容纳各种宗教之共同精神,即是一种牺牲救世的精神,即是发源人类于天性中的一种仁爱慈悲的精神。则孔子教义,仍将为后起的世界文化新生运动中,求在人类历史本身内部觅取文化真理者,唯一最可宝贵的教义。

九月，《国史新论自序》，志于九龙新亚书院，刊于一九五五年五月《人生杂志》第一〇三期。收入《国史新论》，二〇〇〇年台北素书楼文教基金会·兰台出版社印行，页三～五。摘要如下：

一国家当动荡变进之时，其以往历史，在冥冥中必会发生无限力量，诱导着它的前程，规范着它的旁趋；此乃人类历史本身无可避免之大例。否则历史将不成为一种学问，而人类亦根本不会有历史性之演进。中国近百年来，可谓走上前古未有最富动荡变进性的阶段。但不幸在此期间，国人对以往历史之认识，特别贫乏，特别模糊。作者窃不自揆，常望能就新时代之需要，探讨旧历史之真相，期能对当前国内一切问题，有一本源的追溯，与较切情实之考查。寝馈史籍，数十寒暑，发意著新史三部：一通史，就一般政治社会史实作大体之叙述。一文化史，推广及于历史人生之多方面作综合性之观察。一思想史，此乃指导历史前进最后最主要的动力。要之，根据以往史实，平心作客观之寻求，决不愿为一时某一运动、某一势力之方便而歪曲事实，迁就当前，如是学术始可以独立，而智识始有真实之价值与效用。

诊病必须查询病源，建屋必先踏看基地。中国以往四千年历史，必为判断近百年中国病态之最要资料，与建设将来新中国唯一不可背弃之最实基础。此层必先求国人之首肯，然后可以进读吾书，而无不着痛痒之责难，与别具用心之猜测。

十月，《中国社会演变》，刊于香港《民主评论》第二卷第八、九期。收入同前书页一～三九。摘其大要如下：

（一）

中国史上秦以前的所谓封建，乃属一种政治制度，与秦以后的"郡县制度"相针对。在西洋历史中古时期有一段所谓 Feudalism 的时期，Feudalism 则并不是一种制度，而是他们的一种社会形态。现在把中国史上"封建"二字来翻译西洋史上之 Feudalism，便犯了名词纠缠之病。

西洋 Feudalism 之起源，事先并非出自任何人的计划与命令，也没有一种制度上之共同规律。只因北方蛮族入侵，罗马政府崩溃，新的政府与法律不及产生，农民和小地主在混乱中无所依赖，各自向较强有力者投靠，要求保护；于是在保护者与被保护者间，成立了各样的契约，后来此种契约关系，逐渐扩大，连国家、国王、皇帝、城市乃至教会，都被卷入。这是一种由下而上的演进。

但我们不妨说，正式的封建制度则始自西周，西周封建，乃由武王、周公两次东征，灭了殷王室的统治权，逐步把自己的大批宗室亲戚分封各地，以便统制，先由天子分封诸侯，再由诸侯分封卿大夫，逐步扩张。这种演进是由上而下的，西方封建由统一政府之崩溃而起；东方封建则是加强政府统一的一种强有力的新制度。

若加进经济情形来讲，周代封建实是一种武装集团的向外垦殖。因此西周封建，同时实具两作用：

（1）是便于对付旧殷王朝之反动。

（2）是防御四围游牧人侵扰。

我们若把这一种形势和进程来比拟西洋史，周代封建实是当时以"军事"和"政治"相配合，而又能不断地动进的一种建国规模。由一个中心向外扩展，由上层的政治势力来控制各地的社会形态。西方中古时期之所谓封建，则由各地散乱的社会渐渐向心凝结，在下层的许多封建契约上，逐步建立起政治关系来。

西洋中古时代之贵族地主，实际上多是在一块农田即他的领地上居住，筑有一所堡垒，一个像中国后来所谓庄主或土豪的身分而止。而中国在春秋时代所见的诸侯卿大夫，则都是像样的政治领袖。如齐、晋、楚、秦许多大诸侯，实和十字军以后英、法诸邦的专制王室一色无二。他们的疆土，即俨然是一个大王国；他们治下的许多卿大夫，如晋六卿、鲁三家之类，全部集中在中央政府共同执政，已经是像样的一个政府和王朝。当时的卿大夫各有自己的采邑，也各自派有官吏即家宰统治着。宗教、工商业和军事都集合在一政府一王室当时称为"诸侯"的统率管理之下。

而中国春秋时代之侯国，论规模与体制，实已与此后西洋的现代国家相差不远，工商都市与宗教中心，都已控制在封建贵族的政治系统里。这一个差别，依然是上指西方封建是一个社会形态，而中国封建则是一个政治制度的差别。固然政治与社会相互间，并不能严格分离，但我们要研究某一时代的社会形态,决不该忽略了那时的政治制度。

一到战国时代,那种政治的演进更显著了。那时的国家都已有更辽廓的疆土,更谨严的政治组织。各国政府中的行政长官,以及统兵大帅,几乎全是些平民出身的游士。赵奢为政府收田租,平原君的九个管家违抗法令,给赵奢杀了;平原君还因此赏识赵奢,大大重用他。我们单凭战国政治局面,便可想见那时的社会形态,断断不能与西方中古时代所谓封建社会者相提并论。

现在再一检讨春秋、战国时代的平民生活。照中国古代的封建观念,一切土地全属于贵族,平民并无土地所有权。故说:"四封之内,莫非王土。食土之毛,莫非王臣。"懂得了这一观念,才可来讲那时的"井田制度"。

但这一制度,在春秋末战国初一段时期内,便逐步变动了。主要是税收制度的变动。起先是八家共耕公田百亩,再各耕私田百亩,此所谓"助法"。其次是废除公田,在各家私田百亩内征收什分一的田租,此所谓"贡法"及"彻法",贡法是照百亩收益折成中数,作为按年纳租的定额。彻法是照每年丰歉实际收益而按什一缴纳。再其次则贵族只按亩收租,认田不认人,不再认真执行受田还田的麻烦,此所谓"履亩而税",更其次则容许农民划去旧制井田的封岸疆界,让他们在百亩之外自由增辟耕地,此所谓"开阡陌封疆"。而贵族则仍只按其实际所耕,收取什分一的田租,此在贵族似乎只有增添收入,并不吃亏。然而这里却有一个绝大的转变,即是土地所有权由此转移。

在春秋时代,照法理讲,农民绝无私有的土地,耕地由贵族平均分配。现在税收制度改了,贵族容许农民量力增辟耕地,又不执行受田还田手续,贵族只按亩收租;循而久之,那土地所有权却无形中转落到农民手里去。

这一转变,并未经过农民意识的要求,或任何剧烈的革命,也非由贵族阶级在法理上有一正式的转让令;只是一种税收制度变了,逐渐社会上的观念也变了,遂成为"耕者有其地"的形态。此即封建制度下井田之破坏。

井田制破坏了,现在是耕者有其地,土地所有权转归给农民了;从前是一种"制约经济",现在变成"自由经济"了。既是土地所有权在农民手里,他们自可世代承继而且自由买卖。与私有制相引而起的,则是贫富不均,此在中国史上谓之"兼并"。富农出现了,渐变成变相的贵族,从前平民、贵族两阶级的基础也连带摇动。所以井田制度破坏,必连带促进封建制度之崩溃。

再次要讲到耕地以外之非耕地,包括草原、牧场、泽地、猎区、鱼池、山地、森林、矿场、盐池、盐场等,这些在古代称为"禁地",指对井田之为开放地而言。照法理言,禁地亦属封君贵族所有。

但到春秋末战国初,这一情形也连带变动了。农民们不断侵入禁地捕鱼、伐木、烧炭、煮盐,作种种违法的生利事业。贵族禁不胜禁,到后来让步了,容让他们自由入禁地去,只在要路设立关卡,抽收他们额定的赋税。但在土地所有权的观念上,却并未像耕地般顺随转变。因此自战国一直下至秦汉,山海池泽的所有权,仍都认为是国有的,在那时则认为是王室所私有。因此秦汉两代的税收制度,把田税归入国库,"大司农"所管。把山海池泽之税归入王室之私库,"少府"所管。这一分别,除非明了春秋封建时代"井田"与"禁地"的所有权之法理观念,及其逐渐转变的历史过程,将无法说明。

因此直到秦汉时人,尚认自由工商业为不法的营业,而称之为"奸利"。汉初晁错等人重农抑商的理论,以及汉武帝时代之盐铁国营官卖政策,皆该从此等历史演变之具体事实来说明。

汉武帝的盐铁政策,在近代看法,极近似于西方新起的"国家社会主义"。然在汉时人理论,则山海池泽之所有权既归属于王室即公家,则遇王室有需要时,自可收归自己经营。而且汉武帝是把这一笔税收来津贴国防对付匈奴的,那更是名正言顺,无可疵议了。但自由经济思想,仍在汉宣帝时,由民间代表竭力主张而再度得势。当时政府财政当局与民间代表,对此政策之详细讨论与往复辩难,曾记载在有名的《盐铁论》里面,此书指保留到现在。但下到王莽时代,政府中制约经济派的理论又重新抬头。连一切田亩,完全收归国有,由中央重新平均分配。盐铁官卖的政策,又复严厉推行。

依据上述,春秋封建时代上层贵族阶级世袭的政治特权,到战国时取消了。下层平民阶级农工商诸业被制约的均产经济，到战国时也解放了。在上既无世袭特权的贵族，在下却兴起了许多富农新地主，以及大规模的私人工商企业与新富人。同时我们还该注意到，介在贵族君、卿、大夫与平民农、工、商两阶级中"士"的一阶层。

士可分为文、武两支。在西洋中古封建社会里，有一种骑士出现；但在中国春秋时期，则根本无此现象。军队全由贵族子弟所编组，平民没有从军作战的资格。又在西洋封建社会里，教师、牧师，亦是一份极重要的角色。中国春秋时代，宗教早为政治所掩蔽、所消融，没有能脱离政治而独立的宗教。虽有一大部分智识亦保留在宗庙里，但中国的宗庙，与西洋教堂不同。在宗庙服务的，不是僧侣，而是政府指定的一种世袭官吏。

"士"的一阶级，乃由贵族阶级堕落，或由平民阶级晋升而成的一个中层阶级。一到战国时代，情形又大变。贵族军队解体，平民军队代兴。平民普遍参加军役，因而有立军功而获高官厚禄，变成新地主新贵人的。而平民学者之兴起，更为当时社会一绝大变迁。那些平民学者，代替贵族阶级，掌握了学术文化智识上的权威地位。战国时代各国一切武职文职，上及首相统帅的崇高地位，几乎全落到这辈新兴的平民学者所谓"士"的手里，更重要的，这辈平民学者，绝没有像西洋中古封建社会里所谓"有限度的忠忱"那样的心情。他们绝不肯只忠于他们所隶属的领地，或市镇，或基尔特，或某家族某国君之下。他们当时，可称为全抱有超地域、超家族、超职业、或甚至超国家的"天下"观念或"世界"观念，而到处游行活动。

他们这一种意识形态，亦可由历史演变来说明。因中国周代封建，本是西周王室一手颁布下的一种制度。这一制度之用意，本在加强中央统一之政治效能的。后来经过一段长时期的持续，这一制度之实际效能，充分表现了。不论西周氏族，乃及夏氏族、商氏族及其它氏族，全在此制度下，逐渐酝酿出一种同一文化、同一政府、同一制度的"大同"观念来。

在春秋时代，西周王室虽早已覆灭，但由它所分封的诸侯们，却逐渐形成一坚强的同盟团体。在名义上，他们仍服从周天子"共主"的尊严；在实际上，也尽了他们保存封建文化即当时城郭耕稼文化的责任，来压制消灭各地游牧文化之骚动与威胁。这便是春秋时代之霸业。但春秋列国君卿大夫，他们究竟同是贵族，在他们各自的领土上拥有特权，因此他们只能做到他们那时所能有的一种"国际联盟"而止。但平民学者兴起，他们并不承认贵族特权，而他们却忘不了封建制度所从开始的天下只有一个共主，一个最高中心的历史观念。因此他们从国际联盟，再进一步而期求"天下一家"。他们常常在各国间周游活动，当时称之谓"游士"，即是说他们是流动的智识分子。

西洋在中古封建社会里，算只有基督教会，抱有超地域、超家族的天下一家的理想，竭力要凭他们的宗教教义，在封建社会上，重新建立起一个神圣罗马帝国，来恢复古罗马的统一规模。这与它们封建社会所由形成的历史趋势，恰相违逆。因此宗教势力在政治上的作用，也必渐渐降低，终于在地域与家族之基础上。

但中国西周以下的封建，大体上并不与西洋一般。因此在中国封建政治下，酝酿出秦汉统一，酝酿出汉武、王莽以下，一连串的制约经济与均产运动。

（二）

秦汉时代，更和战国不同，那时整个中国，只有一个中央政府。据汉代言，地方行政分着一千三百多个低级行政区"县"，一百多个高级行政区"郡"，中央乃至地方官吏，全由政府选拔贤才任用，在政治上更无贵族世袭特权之存在。在汉初，固然一时反动，有封王封侯的。然王国不久全归消灭，封侯的只能衣租食税。在名义上他们都有封土，实际上地方民政、财务、军权全不经他们手，只由中央指定的地方行政长官每年派给他们一份额定的税款，无异是由政府长期赠送他们一份无职位年俸而止。他们并一样受政府法律管制，往往因私通家里婢女，或是勾结商人共同经商一类的罪名，因人告发而丧失了他们的爵位。若因当时尚有许多爵名存在，而说这是封建社会，我们能不能说近代英国也还是封建社会呢？

再就经济言，全国农民乃及工商业，只向一个政府纳同一规定的赋税，担当同一规定的兵役，遵守同一种法律，享受同一规定的权利。这样的社会,能不能算是封建社会呢?在法律上,全体人民地位是平等的,全是国家公民,并无贵族、平民阶级之对立。经济是自由的,因此形成贫富不均的现象。这些都不能算是封建社会的特征。

在西洋史上,诚然可说是由封建社会转而为资本主义社会的。有人说,中国则永远是农业社会,但农业社会并不就是封建社会。而且自战国以来,工商业早极发展,但中国却亦没有走上资本主义社会的路。此因中国始终忘不掉古代的制约经济与均产精神。汉代对商人收税特重,又不许服务政府的官吏兼营商业。到汉武帝时,把铸币权严格统制在政府手里,又把几种人人日常必需的重要工业,如煮盐、冶铁之类,收归国营,或官卖。纺织业中像贵重的丝织业,也由政府设官按年定额出品。酿酒业亦由政府统制。运输业中重要部门,亦由政府掌握,定为均输制度。市价涨落,由政府特设专官设法监视与平衡,定为市易制度。试问在此种政治设施下,商业资本如何发展?其多拥田地的,政府也屡想规定一最高限额,此所谓"限民名田"。直到王莽时代,并要把全国田亩尽复收归国有,重新平均分配。这是中国经济思想史上一条大主流,而且此项经济政策之实施,在此后历史上还是屡见不一见。所以中国绝非一纯粹的农业社会,工商业早已繁盛;只没有像近百年来西方般,发明科学的新机械。这固然是中国社会没有走上资本主义的原因,但中国传统经济理论与经济政策,也足裁抑资本主义之演进,此层绝不该忽略。

最近又有人认汉代为"奴隶社会"的,此层更无理据。汉代固有大量奴隶之存在,但汉代全国人口,据历史记载,总在两千万之上。奴隶数最多不超过两、三百万。每十人拥有一奴隶,这不能便说是奴隶社会了。而且汉代所谓奴隶,只是他们的法律身份与一般公民不同。论其社会地位以及生活境况,往往转有在普通自由平民之上的。

一因汉代有人口税及义务劳役,若纳不起人口税或逃避劳役的,政府可以没收他为官奴隶,于是社会上遂多自卖为奴来逃避这一种惩罚的。

二因汉代商业与后世不同,生产、制造、运输、推销,各项经营,尚多混合不分,由同一个私家企业来执行,因此需要大量的人力。一个平民自卖为奴,有时是参加了一个大的企业组织,正如近代一农民走进大公司当职员,他的生活境况自然会提高。政府只是加倍增收他的人口税，或限制他的政治出路，却不能压低他的生活享受。而拥有大群奴隶的，纵是加倍缴纳了人口税，依然还有利。

当知汉代奴隶，并不专是农奴或苦役，奴隶市场上出卖的奴婢，多数是投进奢侈圈中，不是走近劳役阵线的。汉代的大地主，只在田租上剥削，并没有使用大量田奴。

由奴隶社会进入封建社会，再进入资本主义的社会；此乃西方史学界中之某一派，根据西方历史而归纳为如此说法的。

若硬把西方某一派的观点套上中国史，牵强附会，那能免武断歪曲，笼统演绎，种种的毛病！

我想先提出两概念。大概有几个时期，社会形态比较凝固，比较有定型可指。有几个时期，社会形态却比较变动，比较难指出某某种的定型性。在这时期，有两种新兴势力最值得我们注意：

一是自由经济。

一是平民学术。

自由经济走向下层，平民学术却走向上层。战国时期是此两种新兴势力平流齐进的时期，因此战国社会更活泼、更前进。下一时期，即西汉时期，平民学者在政治上把握到较稳定的地位，来设法抑制下层的自由经济之继续进展；因此西汉社会比较战国，是一段在活泼动进中又回头转向凝固安定的时期。

中国历史依然走上由政治来指导社会，不由社会来摇撼政治；由理想来控制经济，不由经济来规范理想的旧路子。

（三）

我们不妨称战国为"游士社会"，西汉为"郎吏社会"。

武帝定制，凡进入国立太学的青年，其成绩优异者补"郎"，为服务宫廷一庞大侍卫集团；成绩较次者，各归地方政府为"吏"，为隶属于各行政首长下之各项公务人员。政府内外一切官长，大体由"郎"的阶段中转出。因此战国的游士参政是无制度的，更较活动的；西汉之经由太学生补郎补吏的法定资历而参政，则是较凝固较有轨辙的。

但不幸到东汉，而终于慢慢产生出一个固定的阶级来。在政府法律下，虽无特许某个家庭以政治上世袭的特殊权益；但此家庭只要把学业世袭了，在政治上的特殊权益也就变相的世袭了，于是有东汉以下的世家大族所谓"门第"的出现。

门第势力，已在东汉中叶逐渐生长。此后又经黄巾之乱、三国鼎立的一段长时期纷扰，中央政府不存在，平民失却法律上之保护，各各依附到世家大族既成势力下求庇荫。经过相互间的私契约，一般平民从国家公民身份转变成门第的私户。那些世家大族，把私户武装起来，成为一自卫团体，一面筑坞，即犹堡垒，凭以自守，一面屯垦自给。依随他们的私户，则成为部曲或家兵。

则自见魏晋南北朝时代的门第社会，和西洋中古时代的封建社会，依然有它极大的相异处。最要的还在政治上。秦汉大一统政府种种法理制度的传统精神，早在中国史上种下根深柢固的基础，三国、两晋、南北朝的中央政府，虽则规模不如秦汉，但在政治观念上，依然还是沿袭秦汉政府之传统。当时的大门第，虽则因缘时会，获得许多私权益。但在国家制度上，并未公开予以正式的承认。他们虽是大地主，但并不是封建贵族，因他们并没有政府正式颁赐的采邑。

直到北魏"均田制"出现，农民地位，始见改善。这一新制，依然是由北方门第中的中国智识分子，根据历史传统所提供。最要的是把租额锐减，还复汉制；如是则农民们与其为豪门私户，宁愿为政府公民。大门第荫庇下的私户，轻轻一转手间，又成为政府之公民。中国政府凭借广土众民之支持，本来不需横征暴敛，政费是不愁不足的。这又是历史上一番大革命，但也没有经过下层民众的暴动流血，强力争取，只由政府自动地在法律制度上改进一番，而和平地完成了。

其次要说到农民对国家之服役。这与纳租，成为农民对国家之两大义务。五胡以下，在北方是胡人的部族兵，中国民众则在"抽丁制"下临时加入军役。在东晋，则因门第势力之阻梗，连抽兵也难顺遂推行，于是逐渐改成"募兵制"，藉此勉保疆土。直到北朝末期的北周，再根据历史传统来创立"府兵制"。在汉是"全农皆兵"，在北周则成为"全民皆农"。田租与兵役制度改进了，农民的政治地位和经济情况也改进了。于是整个时代，也因而转运了。因政府控制着社会的，社会常随着政府之法制而转型。北朝因有"均田"与"府兵"两项新制度，遂造成了此下隋、唐两代之复兴盛运。

当时南方学者讲庄老新思想，北方却守旧，仍着重传统经史之学。尤其是一部《周礼》，成为当时国际间共同看重研讨的对象。创造府兵制的苏绰，便是研究《周礼》的专家。此后北周军队打进北齐都城，北齐的《周礼》权威学者熊安生，告诉他家人说，北周皇帝一定会先到他家来拜访，嘱先打扫门庭。结果北周皇帝果然不出所料，随着大军进城，首先下令到熊先生家去。

至于说到那时的商业，比两汉，只见更活泼、更繁荣。就南朝论，当时说，广州刺史只经城门一过，便可得三千万。就北朝论，魏孝文迁都洛阳，其新都建筑规模，尚有《洛阳伽蓝记》可证。若我们一定要把西洋社会来比拟中国的，则试问：全国各地，散布着繁盛的商业都市，散布着自由的中产阶级，那样的社会，是否便即是封建？

（四）

隋唐的"府兵制"，沿袭了北周成规；而唐代的"租庸调制"，则由北魏"均田制"所蜕变。汉代租额三十税一，唐代更轻，只四十税一了。汉代农民服役，每年一月，唐代减到二十天。更重要的，是唐代沿袭北周，接受了古代井田制度"为民制产"的精神，每一农民都由政府授以耕地，使在轻徭薄赋的传统精神下，人人有一份最低限度的生活凭借。但唐代对工商业却转采自由政策，一切免税。我们把汉、唐两代的经济制度作一对比，汉代只注意裁抑工商资本之过度发展，而没有注意到下层农民最低生活之保障。唐代颇注意农民生活之保护，而放任工商业之自由发展。汉代立法，像是不许有过富的，却可能有很穷的。唐代立法，像是许可有过富的，却不许有过穷的。因此唐代社会经济较之汉代更活跃、更繁荣。

最重要的是隋唐公开考试制度，即所谓"科举制度"之确立。任何一公民，皆可自动请求参加考试，以获得进入政府的一种最有保障的资格。这一制度推行了，以前门第那一种变相的贵族，更逐步衰退而终于消失了。这又是中国历史上关于社会形态一番极大的革命过程，但仍非由下层民众掀起流血狂潮经斗争而获得，仍是由上层政府在制度之改革上和平达到。

唐代在大一统政府下，全国民众，受着举国一致合理而宽大的法律保护。旧的特权势力，在逐步解体。有希望的新兴势力，在逐步培植。那时的社会，也如西汉般，在无定形的动进中；我们断难称它又是一个封建社会。然而历史演进是永远有波折的。唐代到中、晚期，租庸调制、府兵制都破坏了，另一种变相的封建势力又产生，此即安史之乱以后所谓的"藩镇"。他们拥兵自强，又互相勾结。政府虽没有准许军权世袭的明文规定，但他们用种种方法强迫政府，期求变相的世袭。

若说魏晋南北朝的门第，是文官家庭之变相世袭；则唐中叶以后之藩镇，是武将家庭之变相世袭。门第造成社会不平等，藩镇造成政治不统一。门第势力造成政府之弱势，但传统文化还赖它在乱离中保住。藩镇割据，把中国当时的对外国防幸算勉强撑持，但在军阀统治下，普遍地文化窒息，而且几乎连根铲灭了。历史告诉我们，南北朝之后，紧接着隋唐盛运之来临。而唐中叶以后，终至演成五代十国之黑暗，以及北宋统一后之长期衰弱。

北宋初年，在文化上、经济上已经赤地一片，都需要重新建立。首先是没收军阀兵权，加强中央政府之统一。其次是竭力提倡文化与教育，要社会一般风气看读书比当兵为高贵。为近人所诟病的，中国人之"尚文轻武"的风气，正是北宋初年用尽全力扭成的。若在五代十国，公民想求出路，只有去当兵，否则出家当和尚，读书人则早快绝迹了。经过宋代将近一百年的培植养护，政府又变成像样的读书人的政府。

于是有"保甲制"，期于农隙中来武装农村。

于是有"免役制"，把普遍摊款来代替偏差任役。

那种制约经济与均产精神。于是有"方田制"，即丈量田亩。

于是有"均输制"与"市易制"，由政府来转运物资及平衡物价。

于是有"青苗制"，由政府来贷款，收回轻微的利息。

他们依然是根据《周礼》来作新政的理论上之护符。

（五）

大体论之，明以后的社会，仍与宋代相似。在政治上，没有特殊的阶级分别。在社会上，全国公民受到政府同一法律的保护。在经济上，仍在一个有宽度的平衡性的制约制度下，不让有过贫与过富之尖锐对立化。除非我们想法罗举许多特殊的偶出事项或变例来,故意挑剔与指摘,否则就历史事实之大体论,则宋明以下的社会,不能说它相似于西洋中古时期的封建社会,是绝无疑问的。

（六）

现在我们若为唐以下的中国社会,安立一个它自己应有的名称,则不妨称之为"科举社会"。这一种社会,实在是战国游士社会、西汉郎吏社会之再发展。科举制度之用意,是在选拔社会优秀智识分子参加政府。而这一政府,照理除却皇帝一人外,应该完全由科举中所选拔的人才来组织。

由有科举制度,遂使政府与社会紧密联系,畅遂交流。不断由规定的公开考试中,选拔社会优秀智识分子,加进政府组织。政府亦由此常获新陈代谢,永不再有世袭贵族与大门第出现。这一种社会之最大缺点,则在平铺散漫,无组织,无力量。

那种平等性的社会,若范围较小,弊害亦可较轻。不幸中国又是一个绝大范型的社会,而时时处处用心在裁抑特殊势力上。封建贵族社会崩溃了,资本主义的社会始终未产生。门第社会消灭了,军权社会也难得势。终于走到科举制的社会上,而停滞不前。

（七）

但最近期的中国社会,在此一百年来,又开始变动,而且愈变愈邃,还未见有转向停止安定的迹象。这不得不特地加以叙述。

首先是中西双方两种不同型社会之骤相接触。中国社会一向栽根在农业经济上,骤然接触到近代商业经济性的西洋社会,而手足无措了。

说到政治,远从洪杨直到辛亥,地方封疆势力抬头,满清中央政权由低落而崩溃,造成军阀割剧。更重要的是,晚清末年取消自唐以来绵历一千年的科举制度,而西方民主自由的地方选举急切间未能学得,于是政治失却重心,实际上握有军权即握有了政权。至于传统文化与立国精神,在本国最高学府中,从未正式注意到。作为全国中层阶级指导社会的智识分子,长期在搞党与革命两条路上转侧徘徊,非此则没有他们转上政治的其它门路。党的支撑,则不在民众而在军队。因此党争即就是革命。社会并没有力量去影响政治。政治脱离了社会,没有安定的重心。社会脱离了政治，没有集中的领导。政治动摇，社会没有力量控制，内部是军阀，外面则仰赖帝国主义之发踪指示。帝国主义的力量，又远超在本国军阀力量之上。于是不论学术、政治、军事，也全形成一种次殖民地的买办姿态。举国重心，都不由自主地外倾了。

于是社会无一重心，一切不成势力的势力乘隙作祟，全国上下，终于酝酿到两个口号下不断兴奋：对内是"打倒封建势力"，对外是"打倒帝国主义"。

不幸而近代中国的革新工作，偏偏多在社会方面来打倒推翻，却不在政治方面来建立与革新，循至社会元气逐步斫丧，更不易生长出一个中心力量来，而政治遂一无凭借。如是，则革命只是破坏。破坏愈彻底，建设愈困难，终将造成中国前途一大悲剧。

因此我们虽则承认，近代中国社会确有不少变相的封建势力的盲动，却不能说中国二千年来的社会传统，本质上是一封建。更不能本此推说，中国二千年来的文化传统，本质上也是一封建。

即就马克思理论言，无产阶级亦必在资本主义社会下获得长期的高度训练，待其知识程度与组织能力达到一理想水平，才能脱颖而出，代替资本主义来掌握政权。

至于苏维埃共产革命，一面是推翻了沙皇专制，一面却由共产党的极权来承袭沙皇，而再由此机构来替代西洋先进国家的资本势力，加紧制造无产阶级，而施以强力的训练。

至于当前的中共革命，几乎是针对了民族文化和社会传统之整个命脉，针对了中国历史之全部传统。中国社会是封建的，该打倒，但凭何种力量来完成此打倒？他们说，根据马克思预言，以及苏维埃革命的历史教训。

中国社会的自身渊源，是唐代以来的科学社会。它的病痛在平铺散漫，无组织、无力量。而所由得以维系不辍团结不散者，则只赖它自有的那一套独特而长久的"文化传统"，与由此所形成的强固"民族意识"。

因此要谋中国社会之起死回生，只有先着眼在它所仅有的文化传统与民族意识上。最近期中国社会之一切乱象，知识分子该负最大的责任。非这一辈智识分子先得救，中国社会仍将不得救。

(八)

第一，中国究竟是一个大农国，将来的发展也决不会脱离农业的基础。而中国社会之必将工业化。走上以新科学工业配合农业，先复兴本国社会经济，然后再配合上国际贸易，来在整个世界经济圈中占一席位。

第二，是中国社会决不能且亦断不该走上资本主义社会的路。

第三，则中国社会发展，必将在其内在自身获得一种自发的生机。即是从它传统历史文化所形成的国民性中，获得一种精神上之支撑与鼓励，领导与推进。而决不能从外面如法炮制，依样葫芦地模仿抄袭。

中国现阶段中之智识分子，正在模糊地崇拜西方，积极从事于"全盘西化"不着边际的憧憬，恳切期求跃进某一西方国家化的新范畴。

若我们要真个期望有一个真正中国的新社会出现，必先有针对中国自己社会的一番新智识与新理想。

第四，于是又转到如何培植真正的中国智识分子一问题上来。没有知识分子，则对社会发展之前途提不出理想，提不出方案。今天中国大陆所热切希望拼命追求的，无可讳言，只是一套苏维埃的现成理想和方案。我们若先承认中国是中国，苏维埃是苏维埃，则至少该有一个取舍从违。近百年来，我们盲目抄袭德、日，失败了，又盲目抄袭英、美，失败了，转而盲目抄袭苏联，必然同样地要失败，至少是不获成功的。

十一月，《中国史学之精神》，新亚文化讲座讲演，刊于《新亚生活》第三卷第九期。收入《中国史学发微》，二〇〇〇年台北素书楼文教基金会·兰台出版社，页二九～三四。摘其大要如下：

中国历史是世界各国中最辉煌的，其理由：一、中国把史学完成为一种专门学问之时间最早。二、中国人对史学兴趣比较其它国家民族为浓厚。三、就分量言，中国人的历史记载最称完备周详。

历史是记载人类过去生史实的。写历史，必须经过一番主观的观察与了解，故世界上绝无有纯客观的历史。历史不能和时间脱离。由观察而记载下来的历史，不独要与史实符合，且须与其所记载之一段历史之过去、未来相贯通。写史有"史法"与"史义"，如何观察记载是"法"，如何了解历史之意义与价值为"义"。如何获得史义，则须有

"史心"、"史德"、"史识"。而史心必须与史德相配合,那样才能得到史识。

中国历史上有名的史家,第一我们讲到孔子。《论语》云:"子张问:'十世可知也。'子曰:'殷因于夏礼,所损益可知也。周因于殷礼,所损益可知也。其或继周者,虽百世可知也。'"可见孔子历史眼光之深厚远大。孔子作《春秋》,"其文则史,其事则齐桓、晋文,其义则丘窃取之矣"。孔子为鲁人,而他作《春秋》,已能着重兼写齐、晋等国之历史,可见他早已于国别写史之范畴跃进,而以整个国际的眼光来写世界史了。这不是人类历史上一番惊天动地的伟大创作吗?孔子《春秋》是非二百四十余年,虽天子亦有贬,诸侯有退,大夫有讨,不问其上下尊卑,据义直书,为的是要达王道。

中国史家对写史有编年、纪事、传人三体。中国人理想中的写史,不仅要说明历史如何变,更要分析着年代、事迹、人物而客观地苦心孤诣来写。所谓"究天人之际,通古今之变",这已不仅是历史范畴,而已超入哲学的范畴了。近代西洋人写史,知从自然开始,先天文、地理、生物、然后再研究到人类之语言文化等。我们中华则一反其道,如郑樵《通志》,其所序列先依人生本身为中心,故首为《氏族》,而《六书》、《七音》,再及《天文》、《地理》、《都邑》。此则见中西史识观念之不同。我们史学发展,越后越盛。宋代人写史者最多。但明代人已很少能写史,清初人转而为考史。迄清代盛时,更转而讲经学。仅有章学诚写了一部《文史通义》,其中心思想为:"善言天人性命,未有不切于人事者。人事之外,别无义理。"故谓"《六经》皆史"。章氏又谓:"史学所以经世,《六经》同出于《孔子》,先儒以为其功莫大于《春秋》,正以切合当时人事耳。"此语亦可见中国之史学精神,在能经世明道,固非仅托空言。

十二月,《中国传统政治》,刊于香港《民主评论》第二卷第十一、十二期。收入同前兰台版《国史新论》页八六~一二三。摘要如下:

(一)

西洋政治史学者常说,他们的政治,由"神权"转进到"王权",又从"王权"转进到"民权"。他们又说,政治有立宪或专制之别,或是

"君主专制",或是"君主立宪",否则是"民主立宪"。我们还得把自己历史归纳出自己的恰当名称,来为自己政治传统划分它演进的阶段,这才是尊重客观实事求是的科学精神。

《尚书》上早说了:"天视自我民视,天听自我民听。"类此的话,不止一见,直到《春秋》时代,随国的季梁说:"民,神之主也,圣王先成民而后致力于神。"虢国的史嚚说:"国将兴,听于民。国将亡,听于神。神聪明正直而一者也,依人而行。"邾文公说:"天生民而树之君,以利之也。"晋师旷说:"天生民而立之君,使司牧之,勿使失性,天之爱民甚矣。岂其使一人肆于民之,以从其淫,而弃天地之性?"这些话,通春秋二百四十年,类似的还多,这决不是代表神权时代的理论,也不是代表君权的理论,但又不能说它是在主张民权,这里便告诉我们,中国的政治理论,根本不在主权问题上着眼。

孔子《论语》说得更明显。季康子问政,孔子对曰:"政者,正也。子帅以正,孰敢不正。"又说:"苟子之不欲,虽赏之不窃。"又说:"君子之德,风。小人之德,草。草尚之风,必偃。"这里所提出的,并不是政治上的"主权"应该谁属的问题,而是政治上的"责任"应该谁负的问题。孔子又说:"君君、臣臣、父父、子子。"君要像君样子,尽君的责任,臣才能像臣样子,尽臣的责任。臣不臣,还是由于君不君。远从《尚书》起,已说"万方有罪,罪在朕躬"。这是一种"君职论",绝不是一种"君权论"。

这番意思,到孟子发挥得更透切。孟子曰:"君仁莫不仁,君义莫不义,君正莫不正。"可见社会上,一切不仁不义不正,全该由行政者负责。又说:"闻诛一夫纣矣,未闻弑君也。"这是说,君不尽君职,便不成一个君。"君之视臣如手足,则臣视君如腹心。君之视臣如犬马,则臣视君如国人。君之视臣如土芥,则臣视君如寇雠。""寇雠,何服之有?"照人道讲,不能强人服从他寇雠。臣不服君,有时责任还在君,不在臣。而且臣有臣责,"君有大过则谏,反复之而不听则易位。"这也是臣责,臣不能将有大过之君易位,那是臣不尽其责。这些全是政治上的"责任论",亦可说是"职分论"。中国传统的政治理论,是在官位上认定其职分与责任。天子和君,在政治上也各有他应有的职分和责任。天子和君不尽职、不胜任，臣可以把他易位，甚至全国民众也可以把他诛了。这是中国传统政治理论之重点。

（二）

这几十年的国内学术界，几乎无一人不说秦以后的政治是"君主专制"，但作者仍将不惮反复对此问题作辩护。中国秦以后的传统政治，显然常保留一个君职与臣职的划分；换言之，即是君权与臣权之划分；亦可说是"王室"与"政府"之划分。宰相是政府领袖，中国传统政治内宰相之地位和职权，值得我们特别重视。

先就西汉言，皇帝的秘书处"尚书"，最先仅与尚衣、尚冠、尚浴、尚席、尚食同称"六尚"，而且尚书也只有四员。但宰相秘书处却有十三个部门，古称"十三曹"。由其组织庞大，即可见全国一切行政，在宰相府无所不关。

直到唐代，宰相职权，更是划分得明白。全国最高政令，名义上由皇帝颁发，唐人谓之"敕"。在法理上，则有些敕书，全由宰相拟定。汉代宰相是首长制。唐代宰相是委员制。最高议事机关称"政事堂"。一切政府法令，须用皇帝诏书名义颁布者，事先由政事堂开会议决，送进皇宫画一"敕"字然后由政事堂盖印"中书门下"之章发下。没有政事堂盖印，即算不得诏书，在法律上没有合法地位。

但宋代相权，较之唐代，确是降抑了。宋代则由宰相开具意见，当面先呈请皇帝意旨，再退下正式起草；因此皇帝在颁布诏敕上，事前获得了更大的发言权。但这并不是说宋代皇帝便可独裁专制。当时皇帝要立一个后妃，被宰相李沆把诏书烧了。皇帝不根据宰相"剳子"（即建议书），由内降出命令，被宰相杜衍退还了。直到蔡京当宰相，他才开始"奉行御笔"，这是说，宰相只为皇帝副署，不再自己出主意。这是中国史上典型的权臣与奸相，但他只是不尽宰相之职。从外面说，他把宰相的出命权自己放弃。从内里说，他把一切责任推卸到皇帝身上去。但我们仍不能说，在当时法理上宰相无权；因为皇帝的命令，依然须由蔡京盖上宰相印始得行下。

但我们也不能由此说政府一切命令，宰相可以全权作主。在唐代，凡遇军国大事，照例先由中书省属官中书舍人各拟意见，称为"五花判事",再由中书令即宰相审核裁定;送经皇帝画敕后,再须送经门下省,由其属官给事中一番覆审,若门下省不同意,还得退回重拟。因此必得中书、门下两省共同认可,那道诏书才算合法。故唐代诏令,都经中书、门下两省联席会议决定。

中国传统政治,皇帝不能独裁。宰相同样的不能独裁。而近代的中国学者,偏要说中国的传统政治是专制、是独裁。而这些坚决主张的人,同时却对中国传统政治,对中国历史上明白记载的制度与事迹,从不肯细心研究一番。

但宋代政治,毕竟还有一规模。中国历史上的政治黑暗,宜莫过于元代。若说中国真有一段政治专制黑暗时期,元代似可当之。

但明太祖终是一粗人,历史文化修养不深。他首先反对尊孟子为圣人。他在中国传统政治史上,做了一件创古未有的大翻案,即是正式下令废止宰相,改用内阁大学士。照法理讲,内阁只是皇帝的私人办公厅,不是政府正式的政事堂。内阁大学士也只是皇帝的内廷秘书,不是外朝正式宰相之职。于是皇帝在法理上,便变成在政府里的真正领袖。但这也不是说即由皇帝一人独裁专制。皇帝的命令,因于传统政治习惯之束缚,依然必先经过内阁。

在中国传统政治的法理观点上,王安石迹近独裁,张居正则迹近弄权,所以招致同时及后世绝大多数的反对。

要说中国历史上真正的专制政治,清代是第二个。内阁大学士闲置了,把皇帝办公厅改移到皇宫内部所谓"南书房军机处"。皇帝重要命令直接由南书房军机处发出。这在明代是不可能的,是违法的。明代皇帝命令必先分别发与六部尚书,明代又在每一部尚书之下都设有专门的咨议顾问之类,谓之"六部给事中",他们有权反驳皇帝命令;只要他们不同意,可以把皇帝上谕原封退回。这是沿袭唐、宋旧制而来的。清代又把这封驳权取消了。而且皇帝命令可以秘密送出,此之谓"廷寄上谕",密封,由兵部加封发驿。这又是破天荒未有之创制。

在明代以前,皇帝正式命令不公布,亦算是违法的,而且也不可能。皇帝的秘密信件,绝不算是政府的正式公文,绝不能取得政治上法理的地位。但在清代是取得了。因此我们可以说,清代政治才真是一种"君主专制"的政治。

（三）

而且中国传统政治，不能不说它含有许多合理的稳定性，于是一个皇室，往往随着政府稳定而传袭到两、三百年以上。这些都不断地造成而且增加了皇帝和皇室在中国传统政治里面的比重。皇帝不能皆贤；纵贤，而使长时期高踞尊位，总不免要在政治上横添许多不良的影响。但这是人事问题，不关政治体制。我们不能专据这些人事来衡定整个的政治体制，来抹杀那整个政治体制背后所有的理想，及其一切规制法理之用心所在。古今中外，人类历史尚无发现一种绝对有利无弊的政制，亦没有一种可以推行数百年之久而不出毛病的制度。不仅以往如此，将来亦必还如此。若我们只专意来搜罗中国历史上皇帝皇室种种罪恶，存心凭借它来批评中国的传统政治，这也依然是偏见。

中国自秦以后，却是一个大一统的国家，社会上又没有特权贵族存在；散漫的一千几百个县行政单位，居民多数在农村，皇帝公选无法推行。有一个举国共戴长期世袭的元首，国家易趋安定。只求他不太作恶，利害两权，而容许一个世袭皇室之存在；这不能说是全由于皇帝方面之压力，也不能说是全由于人民方面之奴性。这尽可有一个较近光明的看法，较近情理的说法。

中国人向来便很少信有万世一统迹近神权的观念。远在尚书里早说："天命不于常。"可见中国传统的皇室世袭，乃是一种权宜之计。只有秦始皇帝，始说一世二世乃至万世。

但秦始皇帝的迷梦，顷刻消失了。西汉学者更不信有万世一统的皇室。皇室变动，在中国人脑里，只有两途：一是尧舜禅让，一是汤武革命。禅让是主动的，你好，让你做。革命是被动的，你不好，让我做。与其革命，不如禅让。弥漫在战国游士圈中的"禅国让贤论"，到汉代复活了。尤其是汉武帝以后，一辈智识分子，屡劝汉皇室及早让贤，甚至像盖宽饶、眭弘继续因此招受杀身之祸；但那种理论依然继续扩大，继续普遍。连汉宗室大儒刘向也说："自古无不亡之国。"到他儿子刘歆，便公开赞助王莽来接受汉帝之让位。这些全有史书，文集记载，那能说中国士大夫一向全是传统奴性，是帝王家奴，是封建头脑呢？

近儒梁任公曾说，中国历史缺乏真正的革命。此亦有种种外在客观条件可为说明。

第一是中国传统政治比较富于合理性，毛病多出在人事上，与整个制度无关。来一个坏宰相，可以希望换一个好的。出一个坏皇帝，可以希望有好宰相弥缝，也可希望后面来一个好皇帝。人事变动，留与人以许多希望，何必把整个制度彻底推翻呢？

而且中国传统政治，容许全国智识分子按年考试选举，不断参加。对政治有抱负的，总想一旦加入政府亲自来改革，遂不想站在政府外面来革命。社会上由此失却革命的领导。

而且中国传统政治职权分配特别的细密，各部门各单位都寓有一种独立性与衡平性，一面互相牵制，一面互相补救，政府全局很难普遍腐败；因此留给人以在政治内部自身扭转之希望。

中国又是一个大农国，各地农村收获，丰歉不等；这一地区活不下，别一地区还能安居乐业。天时转变，很少长期荒歉，继续三、五年以上的。农民稍可生活，宁愿和平忍耐，并无兴趣来进行全国性的大破坏。

因此种种条件，中国历史上极难引起全国普遍性的长期革命。这正与在中国历史上不易发展出一种民众选举制度，同样有它本身客观条件之限制，不能凭空说是压力所造成。

孙中山先生开始依民族传统精神对满清政府革命。其所提倡"三民主义"与"五权宪法"之深义，国人极少明白了解，仍以与西方民主革命同等相视。一面是排满，另一面是推翻中国二千年传统的专制黑暗政治。前一事成功了，后一事却扑了一个空。自己的传统，不易彻底打倒，别人的新花样，不易彻底学得，于是中山先生乃不得不自己说"革命尚未成功"了。

先之有袁世凯与北洋军阀，继之有毛泽东共产党于抗日胜利后趁机得势。孙中山先生民族主义理想之完成，其前途尚属渺茫。

（四）

即中国传统政治里的"选举与考试制度"，中国传统政治观念与政治理论，自始即偏重在政府之职分与责任，而不注重在政府之权利上。"选贤与能"的理论自然连带而起。战国时代，游士得势，贵族政权和平移转。秦代统一政府出现，宰相以下多是平民。汉高祖初得天下，即下令招贤，直到汉武帝，这一趋势达到正式的法制化，全国优秀青年受国家大学教育，凭其成绩，补郎补吏，加入政府。不到一百年，西汉政府早已完全是一个"士人政府"了。

所谓"士人政府"者，即整个政府由全国各地之智识分子即读书人所组成的。这样由"教育"与"行政服务"之实地观察，与"选举"与"考试"四项手续，而始获正式进入政府。唐代定制，学校生徒是一出身，礼部（相当于今之教育部）考试又是一出身。获得此两途出身者，再须经吏部（相当于今之内政部）考试，始获正式入仕，但礼部考试乃一种公开竞选，较之学校按年资出身者更为社会所重视，于是被认为政治上之正轨出路，人才终于逐渐集中到科举制度之一项目。这一制度，虽在考试技术上不断有种种之改变，但在法制大体上，则一直沿用到晚清。

这实在是中国传统政治里最值得注意的一制度。远从两汉以下，即一向以地方察举及公开考试，定为人民参加政治唯一的正途。因于有此制度，而使政府与社会紧密联系，融成一体。政府即由民众所组成，用不着另有代表民意机关来监督政府之行为。近代西方政府民众对立，由民众代表来监督政府，此只可说是一种"间接民权"。若由民间代表自组政府，使政府与民众融成一体，乃始可称为是一种"直接民权"。而此种民间代表，又并不来自社会中某一特殊身分或特殊阶级，像古代的贵族政权与军人政权，像近代的"富人政权"即资本主义社会的政权与"穷人政权"即无产阶级专政的政权，而实系一种中性的政权。即全国各地，包括贵族军人富人穷人一切在内，而只以德性与学问为标准的"士人政权"。此一政权很早即产生在中国，何以故？因西方政治观念注重在"主权"上，故其政治重心，始终脱离不了"强力与财富"。而中国传统政治观念则注重在政治之"职能"上，因此也始终脱离不了"智识与学养"。

其与察举及考试制度连带相关者，则为铨叙制度。初入仕途，必经由察举与考试；而进入仕途后之升迁降黜，则全凭其实际服务成绩而铨叙之。此项铨叙权亦不操于皇帝，不操于宰相，而操之于吏部。

(五)

在中国传统政治里，特设有"御史"和"谏官"。御史本是代替皇帝和宰相来负责监察政府下面官员之称职胜任与否，而谏官则是负责来监察皇帝的。

宰相在汉代也称"丞相"，"丞"字同样是一种副官之称。副皇帝代表皇帝来管理国事，同时也代表皇帝来负责其不称职的责任。这一转变，意义却甚深甚大，但在中国史上，此种大变化，也只是一种潜移默运，和缓地变了，并没有急剧明显的革命斗争为之判然划分。

御史大夫在汉代是一个副宰相。副宰相又有两个副官，一个叫"御史丞"，一个叫"御史中丞"，中丞是处内廷的。换言之，御史丞监察外朝，即政府。御史中丞监察内朝，即皇室。

上述制度逐步演变，到唐代遂有台、谏分职。"台官"指的御史台，专负纠察百官之责。"谏官"则专对天子谏诤过失而设。任用宰相，权在皇帝。任用谏官，则权在宰相。谏官之职在谏皇帝，不谏宰相，也不得弹劾朝廷百官。弹劾朝廷百官是御史台的职分。照唐代习惯，宰相见皇帝讨论政事，常随带谏官同去，遇皇帝有不是处，谏官即可直言规正。这些全是中国传统政治里面运用技术的苦心处。惜乎现代人只把旧传统一口骂尽，再也无心来体味。

若说中国自秦以来传统政治，老是专制黑暗，居然得维持了两千年，那显然是不通人类历史公例的一种无知妄说了。

到明代，又索性把谏官废了，只留"给事中"，而给事中的职权也独立了。它的职权还是在审核皇帝诏旨，若给事中认为不合，可以把皇帝诏旨退还。但明太祖废了宰相，也幸得有此一职，遂使皇帝和内阁大学士的诏令，也有行不下的阻碍，还是得失参半。

(六)

但中国传统政治毕竟总有一规模，一法制。近代中国学者，只知道说中国传统政治是由皇帝一人专制黑暗。即在政治技术上，也值得我们细心研究。不能尽骂中国人从来是奴性，不遇到西洋人，老不懂革命，便尽由那皇帝一人来放肆专制了。

一九五○年　庚寅　五十六岁

（七）

但我并不曾说中国传统政治有利而无弊。目下人类智识，也尚未能发展出一个永远有利而无弊的政府。或恐人类智识，会永不能发展出一个有利而无弊的政府来。

让我们进一步来讨论中国传统政治本质上的几个缺点吧！

第一，是它太注重于职权分配之细密化。好处在人人有职，每一职有它的独立性与相互间的平衡性，因此造成政治上之长期稳定。而其缺点，则使政事不能活泼推进，易于停顿而麻痹化。

第二，是太看重法制之凝固性与同一性。此层与前弊相引而起。全国在同一制度之规定下，往往长期维持到一百、两百年，此固不能不说是政治上一种的成功；但遇应与应革，总不能大刀阔斧，彻底改进，而仅求修补弥缝，逐渐趋于敷衍文饰虚伪而腐化，终于到达不可收拾之境界。

职分与法制，本就偏重在限制束缚人。重法过于重人，重职过于重权，重安定过于重动进，重限制过于重放任，此在一大一统政府之庞大机构来适应农业国家之平稳步骤上，正常容易陷于此等病害而不自觉悟，乃终至陷于大病，不可自拔。

中国传统政治，一向是重职权分划，重人不重法。人人有职可循，有道可守，用不到结党。政治之最高层，仍当在创法立法者。较下层，则乃为守法护法者。故曰："上无道规，下无法守。"可见中国传统政治，道在上、法在下，非可以惟道而无法。

中国传统政治里尊重法制的观念，已成为历史上一种惰性。累积一两千年，遗传到中国人不知不觉的意识之最深层。今天硬要由革命来痛快铲除一切，再痛快建立一切，牺牲了活的人，来争死的制度，无论是太看重守法，或太看重变法，一样是太看重了法，实际还是中国的传统病在作梗。

而不幸最近中国政党，则多在要求彻底改制更法的盛气下出现。如是则只有革命，却不能有像西方政党雍容揖让、平心商榷的雅度。

（八）

近代中国人尤所最醉心者，厥推近代西方政治上之主权论，即政府主权谁属，一切主权在民众的理论。但在中国传统政治里，则很早便另走了一条路。一向注意政府责任何在？它的职权该如何分配？及选拔何等人来担当此责任？却不注意到它最后主权在谁的理论上。因此中国社会，一向也只注意如何培养出一辈参加到政府中去而能尽职胜任的人才，却不教人如何争取政权。因政权在中国传统政治里早已开放了，任何人只要符合法制上的规定条件与标准，都可进入政府。整个政府，即由此等人组成。

西方的政治意识，可说是一种"外倾型"的，中国则比较属于"内倾型"。中国人心理，较偏重于从政以后如何称职胜任之内在条件上，而不注重于如何去争取与获得之外在活动上。与上述观念相连带，中国社会民众对政府常抱一种信托与期待的态度，而非对立与监视的态度。若我们说西方政权是"契约的"，则中国政权乃是"信托的"。契约政权，时时带有监督性。而信托政权，则是放任与期待。因此中国政治精神，不重在主权上争持，而重在"道义上互勉"。这又已成为一种历史惰性，并不因辛亥革命而消失。

现在则整个理论及政治体制都变了，但历史惰性依然存在。于是中国政治遂急速腐化，即不负责任。所谓革命与组党，全只是一种政治性的"活动"，却并未触及政治的"本质"。

在近代中国，能巨眼先瞩，了解中国传统政治，而求能把它逐步衔接上世界新潮流的，算只有孙中山先生一人。他的《三民主义》，实能采纳世界政治新潮流之各趋势，而使其会归一致。《民族主义》里，有德、意纳粹与法西斯精神之优点，而无其缺失。《民生主义》里，有苏俄共产政权向往之长处，而无其偏病。《民权主义》又把英、美政党代议制度之理论释回增美，政治上之权能分职，最能撷取中国传统政治如我所谓"信托政权"的内在精神，而发挥出它的真意义。在西方所倡三权分立的理论下，再加添中国传统考试、监察两权，使在政府内部自身，有一套能为社会自动负责之法制；而一面又减轻了近代西方政治之对立性与外倾性，把来符合中国自己的国情。在他理想中，那一个权能分职的五权政府，实不与社会相对立，而与社会为一体，依然是一种"信托政权"，而酌取了西方"契约政权"之长处来补偏救弊。而在新政初期，又设有一段"训政时期"，为到达其理想新政权之过渡。大体上，在他总是有意参酌中外古今而自创一新格，惜乎他的意见与理想，不易为国人所接受。人人只把一套自己所懂得于外国的来衡量，来批评，则孙先生主张，即不合英、美，又不合苏联，亦不合德、意，将见为一无是处，无怪他要特别申说"知难"之叹了。

推敲孙先生政治意见的最大用心处，实与中国传统政治精义无大差违。他只把社会最下层的民众，来正式替换了以往最上层的皇室。此一理想，自然并不即是完满无缺，尽可容国人之继续研求与修改。但他的大体意见，则不失为已给中国将来新政治出路一较浑括的指示，比较完全抹杀中国自己传统，只知在外国现成政制中择一而从的态度，总已是高出万倍。

我们当知孙中山的"三民主义"与"五权宪法"，并不是确经试验而失败了。他的那番理想与意见，实从未在中国试验过，而且也未经近代中国的智识分子细心考虑与研索过。

若说孙中山失败了，他是失败在一面是个政治思想家，而同时又是实际革命的领导者，终不免因为领导实际革命之需要，而损害及其思想与理论之纯洁与超越性。又失败在他的党徒，只知追随孙中山革命与组党，没有能进一步来了解孙中山的政治理想。

将来中国政治若有出路，我敢断言，必须有像孙中山式的，为自己而创设的一套政治理想与政治意见出现。纵使这些意见与理想，并不必是孙中山的"三民主义"与"五权宪法"；而孙中山的"三民主义"与"五权宪法"，也仍还有留待国人继续研求与实行试验之价值。这是我穷究了中国二千年传统政治，所得的结论。

十二月，《哲人之堕落》，刊出同前第二卷第十一期。收入同前兰台版《世界局势与中国文化》（二）页一七二～一七八。摘要略。

十二月，《历史与时代》，刊于《新生报星期论文》。收入同前兰台版《历史与文化论丛》（二）页二五九～二六六。摘要略。

十二月，《历史人物讲话引言》，刊于《政工通讯》。收入同前兰台版《中国文化丛谈》（二）页三七七～三八〇。摘要略。

十二月，《自然人生与历史人生》，刊出同前。收入同前兰台版《历史与文化论丛》（二）页二七五～二八〇。摘要略。

一九五一年　辛卯　五十七岁

一　国内大事

三月十四日，大陆，中国人民抗美援朝总会发出通告，号召全国普遍集会举行拥护缔结和平公约的签名和反对美国、武装日本的投票。

八月十五日，大陆，周恩来外长发表声明，指出美、英对日和约草案及旧金山会议完全破坏了国际协议和联合国的规定。

九月四日，对日和会在美国旧金山开幕。

台湾省临时"参议会"成立。"立法院"通过兵役法。

二　事略

冬，先生为筹办新亚书院台湾分校，抵台北，即向"行政院"院长陈辞修报告。没得到政府明白应允，而滞留已数月，事未果。

三　著述

一月，《物与心与历史》，刊于《中国一周》第三十六期。收入《历史与文化论丛》，二〇〇〇年台北素书楼文教基金会·兰台出版社整理新版印行，页二七一～二八〇。摘要略。

一月，《中国民族之克难精神》，刊于《自由中国》第四卷第一期。收入同前兰台版《中国文化丛谈》页一七六～一八二。摘要略。

一月，《中国文化与国运》，刊于《思想与革命创刊》第一期。收入同前书页六九～七九。摘要如下：

孙中山先生曾说："革命必先革心。"在物质建设之前，又先有一个心理建设。他又说:"信仰产生力量。"信仰亦是一种心理建设。我们试根据孙先生遗训,来重提以下的信心:一、中国问题该由中国人来解决。二、亦只有中国人才能解决中国问题。三、中国国运前途,把握在中国人自己手上。但中国人并不是一天完成的,中国人之形成,已有其四、五千年以来之历史。因此所谓中国人者,仍指具有"历史性"的中国人而言。若说历史性的中国人,此即所谓"中国民族"。

民族必具有历史,必包括古今,具有文化。历史、文化、民族三者所指,乃属一体。因此我所谓中国人者,乃指其受中国文化陶冶之中国人而言。此所谓受有中国文化陶冶者,乃指其在中国历史、中国民族中生长而言。只有凭仗中国民族、历史、文化三者的中国人,才能解决中国问题。要具备解决中国问题,把握中国命运条件的中国人,必须与以往的中国人通气。今天的中国人,所以成其为中国人者,以其与四千年以上的中国人通气。

中国人自有中国人的办法,因此形成了一套中国史、中国文化与一个中国民族。我们必须信仰从来的中国人有办法,才可相信我们这一代的中国人也可以有办法。否定了历史、文化、民族之以往,必将否定了我们之自身。否定了我们之自身,便将痛切感到非彻头彻尾学习人家。中国共产党,即从这里生根,即从这里出头。我们要统治中国,要求解决一切中国问题,让我们向中国人学习,让我们向中国民众学习,此即是向中国历史、文化、民族学习。只有如此,才是一条正路,才是一个办法。

近百年来之中国史,显见有两条大流:一是深藏在下面的伏流,一是浮现在上面的逆流。伏流表现着中国民族意识之潜在要求,逆流表现着中国文化传统之故意摧残。这两条流力相激相荡,形成了近百年来中国史之悲剧。洪杨太平天国即是如此。辛亥革命之成功。依然有此两大流。革命成功以后,忘却中国之以往历史、文化,浮层之显流与下层之伏流游离,而显流也遂失其力量。新文化运动,主张打倒一切,赤地创新。但不知历史本无不变,本无不新。不变,无新,将不会有历史。若求把以往历史一刀切断,那是死灭,非新,亦非变。新文化运动之显流,还是与伏流相违逆。继之而起者,有中国共产党与共产主义。共产党新拥有的力量,还是中国民众的力量,但共产党的领导,则违逆了中国民众之内在要求。力量在下层之伏流,错误在上层之领导。下层力量沿接着中国历史,传袭自中国文化,蕴藏中国民族之本身之内在要求;上层则主张否定以往历史,否定以往文化。

历史文化与民族意识、民族精神,是我们这一代的元气,是我们这一代的生命,是我们这一代的灵魂。我们要根据历史文化与民族精神来打开当前一条出路,来寻求我们以后的新生,那决不是顽固,决不是守旧,那是生命延续之唯一原理。中国人所凭仗以反对唯物史观与阶级斗争者,则为"民族文化"与"历史精神"。中国传统文化,实在不仅可为当前之中国打开困境,而且可为将来世界新文化导其先路,主要则在中国人自己的"信心",要先从心理上建立一基址。

一月,《中国历史上最伟大的一个克难人物——大禹》,刊于《政工通讯》。收入同前书页三八一~三八七。摘要略。

三月,《主义与制度》,刊于《中国一周》第四十六期。收入同前兰台版《世界局势与中国文化》页二二八~二三一。摘要如下:

政治上有一个主义,必然将形成一种制度。政治上有一个制度,其背后亦必然有一番主义。有主义,无制度,是落空。有制度,无主义,是盲目。主义不必人人能懂,更不必人人肯信。但制度却必须人人恪守,人人勉行。别人不懂不信,依然是主义,或许更显其主义之高。别人不守不行,则不成一制度,只见此制度之虚之坏。孔子说:"民可使由之,不可使知之。"知之是指主义,由之是指制度。孙中山先生亦说:"知难行易。"知亦重在主义,行亦重在制度。

中国人一向在政治上的表现,比西方人高明处,即在其不高谈主义,而能把其所怀抱的主义具体形成出一个人人愿守、人人能行的制度。西方人则往往喜欢在没有确立制度之前高谈主义。柏拉图的《理想国》,全是一番主义,其中包涵一些想象中的制度,几乎是人人所不愿遵守、不能奉行的。中国战国时,有一部《周官》,书中详列六部三百六十个官职,全是一套制度,更不谈主义,实则主义全寄托在制度中而充分表现了。这是中西政治智慧不同最早最重要的分歧点。直到今天，苏维埃的共产极权政治，便很有许多与柏拉图《理想国》相像。

若要研究中国人的政治思想，便该注意中国人的政治制度。思想与主义全融化进制度，而此种种制度又确能推行，往往两百年三百年乃至推行到一千年以上。《唐六典》是唐代一部最精详最圆密的制度，杜佑《通典》是一部最精详最圆密的唐代以前的制度史，但唐代却很少高谈政治主义的人。中国史上曾有几次根据《周礼》来变法的，王莽、苏绰、王安石皆是。王莽与王安石都在制度的建立上失败了，徒留下他们当时的许多主义、许多思想，来供我们今天作讨论。苏绰便很少关于政治主义与政治理想之发表，他只注重在制度之如何确立与如何推行，终于为此后隋唐两代统一盛运奠定基础。

晚清末年，康有为亦主张变法，速变、全变，但他没有细想变了后的新法新制度，是否人人愿守、人人能行。他是一个变法主义者，实可说是一个看重主义更胜过于制度的。孙中山主张革命，推翻满清帝制，却没有说过全部的变法。在他南京临时大总统任内，便把政权交与袁世凯。此后他在广州，写出他的《三民主义》。在现实的制度上，主张新旧参酌、中西交融的。他把中国传统的考试制度与监察制度配合西方三权分立的理论，又提出权能分职的主张，来顾全实际，配合国情。他又划分军政、训政、宪政三时期，顾虑到一种新制度的如何逐步建立、逐步推行。他实可说是看重制度胜过于主义的。

能看重制度，自能想到一个制度必得人人愿遵守，人人能奉行。自会顾到此制度之实际性，以及国情民情。任何一种制度，必有它的历史性。许多实际问题，是由它本身以往历史传统变来的。

马克思是一个经济学者，最多可说他是一个历史学者或哲学者，他头脑中根本没有国家观念，因此也没有政治考虑。他只想革命推翻现状，因此头脑中只有主义，没有制度。列宁、斯大林凭借马克思主义来谋如何攫取政权，巩固政权，他们只有手段、方法，亦没有制度。列宁、斯大林是运用沙皇制度来推行马克思主义，来巩固他们自己的政权……

辛亥革命以后的中国，始终在推翻自己的旧制度，羡慕人家的异制度，却不能创建出一套自己的新制度。将来中国之出路，定在政治之制度化。要培养生长新制度，定要回头注意国情民情，这要在自己历史传统上生根，定还要走上像孙中山先生所大体指示的路向。

三月，《文化的三阶层》，刊于《自由中国》第四卷第六期。收入同前兰台版《文化学大义》页八～二四。编者按：本文大体与《孔子与世界文化新生》内容相若，参见一九五〇年九月摘要，兹略。

三月，《中国历史上的一个大众英雄——武圣关羽》，刊于《政工通讯》。收入同前兰台版《中国文化丛谈》页三八八～三九四。摘要如下：

中国历史上有一个大圣人孔子，后世奉之为"至圣先师"的，这已尽人皆知了。后代又有了两个武圣人，一个是三国时代的关羽，另一个是南宋时代的岳飞，因此我们又称孔子为文圣，关、岳为武圣。

岳飞是一个政治性的民族英雄，关羽则是一个社会性的大众英雄。但在中国社会下层普遍大众，对关羽的崇敬，是更超于岳飞之上的。全国各地到处都有关帝庙，大概只要中国人足迹所到，关公一千七百年前的英魂毅魄，也会随之而往的。关羽遭受中国后代人崇拜，而且远在罗贯中《三国演义》出世之前，这必有一个内在的理由。这一理由很明白，这是关羽个人人格之尊严。而关羽个人人格之尊严，则由中国历史文化精神所孕育，所陶铸。而后代人之崇拜关羽，则是中国民族内心要求之流露之象征。

人类处世，有公也有私。处公有处公的道理，处私也有处私的道理。中国人讲处公要"忠"，处私要"义"。对国家民族言要忠，对朋友交情言要义。善尽忠就是义，善守义也就是忠。公私原无二致，处私得当便算是公，处公得当也可算是私。只有当不当，没有公与私。岳飞是政治性的武圣人，他为国家民族尽了忠；关羽是社会性的武圣人，他在朋友交谊上却守住了他的义。

人格尊严，有时不须从出生到死全部人生历程看，只就他全部人生历程中表演得最精彩最出色的一点一节来看，已十分表示了他的人格尊严了，人格尊严必然得配合上历史文化传统，必然会符惬于各个人的内心要求。岳武穆的人格尊严表现在风波亭，关壮缪的人格尊严，表现在其封还汉寿亭侯印而逃归刘先主的那一幕。关羽在下邳,是一个被围擒将,但曹操一眼赏识了,不仅保全他生命,还立刻拜他为偏将军,礼之甚厚。在别人岂不要受宠若惊,五体投地。在关羽心里,却只有一个刘备。他心里先有了刘备,却不让他再有个曹操。这即是羽之义。这虽是私德,但谁不希望自己朋友有此私德呢?人人希望有一个像关羽般的朋友,人人希望自己朋友能像关羽,那关羽自然会活跃在人心里,也自然会人人崇拜关羽了。

直到清代,还改谥关羽为忠义侯。若论他的忠,他只忠于刘备,最多是忠于汉朝,比不上岳武穆,忠于国家民族,更伟大。但若论他的义,那真是义薄云霄,不愧千古一伟人了。这一种人格尊严,受中国社会人人崇拜,直到今天,中国社会之维系,也可说就维系在这点子上。但我们若要社会永久维系下去的话,关羽这一点子义气,是不是还值得我们崇拜呢?还是骂他为封建道德,便可一笔抹杀呢?

所以我常说:不通心学,便不能通史学。不通心学史学,自然没有值得他崇拜的人物。一个国家和一个民族的历史上没有值得他后代崇拜的人物,那国家也快亡了,那民族也快完了。

四月,《物与心》,新亚书院文化讲座演讲,刊于《新生报·星期论文》。收入同前兰台版《人生十论》页三五~五〇。摘要如下:

一、世界之大,千品万俦,繁然杂陈。只有两样东西存在着。即是"物"与"心"……但到目前为止,我们殊不能轻易推翻此宇宙先有"物",后有"生命",再有"心"的那一番常识的判断。

二、我们刚才说过,没有物质,生命即无从存在;没有生命,心即无从存在。由"物质"演化出"生命",生命即凭借于物质;由"生命"演化出"心",心即凭借于生命。

三、而此五十万年以来的世界,则已是一个"心""物"交融的世界,已是一个"生命"与"物质"交融的世界,已是一个"人类文化"与"宇宙自然"所交融的世界了。

四、中国古人说"天地万物,与我一体。"正因为人的心,能不专困在自己的身躯里,人的生命也能不专困在自己的身躯里。因于人的心灵之活动，而使人的身躯也扩大了，外面许多东西，都变成了我身躯之代用品，那不啻是变相的身躯。因此，我的心与生命，都可借仗这些而表现而存在……正因人类生命工具之扩大变进与融合，而成为人类生命本身之变进、扩大与融合。人类生命经此不断的变进扩大与融合，才始得更为发扬而长存。这便是所谓人类的文化。人类文化则决不是唯物的，而是心物交融，生命与物质交融的。

五、（略）

六、故人心能互通，生命能互融，这就表现出一个大生命。这个大生命，我们名之曰"文化的生命"、"历史的生命"。

七、我们若明白了这一番生命演进的大道理，就会明白整个世界中，有一"大我"，就是有一个"大生命"在表现。而也就更易了解我们的生命之广大与悠久，以及生命意义之广大与悠久，与生命活动之广大与悠久。

五月，《道德与艺术》，新亚文化讲座讲演。收入同前兰台版《中国文化丛谈》页二四八～二五三。摘要如下：

道德与艺术的境界，依中国人观念言，乃一体之两面，并不应该有内外之分，主要只在我之一"心灵"。真能达到这一境界，才始是人生之最高境界。所谓本能，乃出于生命之意志，乃心灵之端倪。心灵则像是一种智慧，用以到达此本能。动物常见为是行动先于思想，人类则多在行动前有思想。有事然后见理，有生命然后见心灵。西方人只讲人行为，尚嫌不够，应扩大讲历史的行为，即人类大群共同的行为。

今论人生中之道德与艺术，专言其心理状态，亦可说是超越普通的一种变态心理，即是一种不平常不普通的心理。道德人生艺术人生，亦可即说是一种突创的不平常的人生。由生理转进到心理，则是一种变。变之极，则成为一种生理之超越，而是一种心理了。在生理上常欲得休息，即形起一种松弛心理。生理上又常欲得满足，即形起一种有所得的心理。休息之最高发展，则成为艺术；满足之最高发展，则成为道德。西方人讲究宗教信仰，而少说道德。我国人则讲究道德而少说宗教信仰。

道德亦是一种情绪，而非理智。决意要完成某种道德，此谓道德意志。道德亦可说是情操，此乃是心的生活，心的享受满足。此心不愿委屈，把心的满足超越于身的满足之上，而后发生有道德。艺术则是趣味的，艺术精神重在欣赏。把整个的我，即把我之生命与心灵，投入外面自然界；而有所欣赏，求与之能融为一体。于是在自然中发现有我，又在自然中把我融释了、化了，而不见有我，这是人生艺术心灵的境界。

总之，道德与艺术是人生中最高境界，就人类文化讲，艺术必依附于道德。道德始是人生理想之终极实践。道德是人的真性情，只有性情始见人生之真，始见真我，始见真人生。孔子创为儒家，其所教导最重道德。但许氏《说文》："儒，术士之称。"孔子以"六艺"教，则儒家所教即重艺术亦可知。孔子曰："志于道，据于德，依于仁，游于艺。"可见人生大道即在其能游于艺。非游于艺，亦无以见人生之大道所在。"道"与"艺"之内外合一，即此又是一明证。

然则近代西方之科学发明，倘果臻于道德化与艺术化，而不为经商牟利交兵杀人之用，岂非世界人类生命前途一大幸福而何！

五月，《中国智识分子》，刊于《民主评论》第二十一、二十二期。收入同前兰台版《国史新论》页一三九～一八一。摘要如下：

（一）

中国智识分子，并非自古迄今，一成不变。但有一共同特点，厥为其始终以"人文精神"为指导之核心。因此一面不陷入宗教，一面也并不向自然科学深入。其智识对象集中在现实人生政治、社会、教育、文艺诸方面。其长处在精光凝聚，短处则若无横溢四射之趣。

从春秋说起。他们的智识对象，已能超出天鬼神道之迷信，摆脱传统宗教气，而转重人文精神，以历史性、世界性，在当时为国际性、社会性为出发点。专在人生本位上讲求普遍的道德规范，而推演到政治设施，决不纯粹以当时贵族阶级自身之狭隘观念自限。因此他们既无西方宗教性格，亦缺乏西方科学精神；而在人文本位上，则已渐渐到达一融通开明之境界。此后战国平民学者兴起，贵族阶级突然陵替，其间并无贵族、平民两阶级间之剧烈斗争，不是战国推翻了春秋，乃是春秋孕育了战国。

战国学者多从平民阶级崛起，他们的学术路向，依然沿袭春秋，以历史性、世界性、社会性的人文精神为出发，同时都对政治活动抱绝大兴趣。所谓"孔席不暇暖，墨突不得黔"，都是忙于希求参加政治活动。孔、墨以下，此风益甚。总之，他们的精神兴趣，离不了政治。

即如庄周、老聃，最称稳沦人物，但他们著书讲学，亦对政治抱甚大注意。如陈仲子之类，即使埋头在小区域里，终身不顾问政事，但风气所趋，大家注意他，依然使他脱不掉政治性。

孟子在当时，最号称不得意，但他"后车数十乘，从者数百人，传食诸侯"。所见如梁惠王、齐宣王，都是当时最大最有权势的王者。若肯稍稍迁就，不在理论上高悬标格，何尝不是立谈便可至卿相。在百万大军国运存亡的大战争中，一布衣学者发表一番意见，可以影响整个国际向背，如鲁仲连之"义不帝秦"。无怪战国一代，在中国史上，最为后代学者所想慕而乐于称道之。

可知中国学者何以始终不走西方自然科学的道路，何以看轻了像天文、算术、医学、音乐这一类智识，只当是一技一艺，不肯潜心深究。此在整个人生中，只当是一角落，一枝节。若专精于此，譬如钻牛角尖，群认为是不急之务。国家治平，经济繁荣，教化昌明，一切人文圈内事，在中国学者观念中，较之治天文、算术、医药、音乐之类，轻重缓急不啻霄壤。

政治不是迁就现实，应付现实，而在为整个人文体系之一种积极理想作手段、作工具。要专意做一个政治家，不一定即成为一理想人。《大学》直从诚意、正心、修身、齐家、治国、平天下一以贯之，而归宿到"一是皆以修身为本"。庄周亦说"内圣外王"之道。内圣即是诚意、正心、修身、齐家，外王即是治国、平天下。

人生本来平等，人人都可是圣人。治国平天下之最高理想，在使人人能成圣人。换言之，在使人人到达一种理想的文化人生之最高境界。此理论由儒家特别提出，实则墨家、道家在此点上并不与儒家相违异。此是中国传统思想一普通大规范。个人人格必先在普通人格中规定其范畴。

（二）

战国是在列国分争中，智识分子参加政治，无一定法制、一定轨辙的束缚。穿草鞋带草笠，亦得面谒国土。立谈之顷，攫取相印如虞卿。当时智识分子，成千累万，冒昧走进王公大人门下作客，可以要求衣丝乘车带剑闲游的待遇。但在生活上是放纵的，浪漫的，豁达而无拘束的，他们总脱不了周游天下，朝秦暮楚，一纵一横的时代习气与时代风格。秦汉大一统政府成立，封建贵族逐步削灭，入仕的途径只剩一条，而且有法定的顺序，谁也不得踰越违犯。于是学者气焰，无形中抑低了。此种形势，到汉武帝时代而大定。他们的生活，多半是回到农村，半耕半读。公孙弘牧豕，朱买臣樵柴，西汉人读书大抵在农作余暇中。时代变了，他们从县学升送到国立大学。毕业后回到本乡，埋头在地方行政衙门当一小职。所以西汉学者的出身，是乡村的纯朴农民，是循谨的大学生，是安分守法的公务员，是察言观色的侍卫队。而因此却造成西汉一代敦笃、稳重、谦退、平实的风气。

西汉学者不然，自己地位低了，专把孔子捧得天般高，把孔子神圣化。孔子是他们的教主，他们因此也要求王者同样尊奉他们的教主，如此来把王者地位和他们拉平。学术定于一尊，亦是学术界自身要求，不是皇帝力量所能强。

东汉士风，又与西汉不同。王莽是太学生，汉光武还是一个太学生，这已使东汉学者在内心上发生了异常的影像。而且从西汉中晚以来，社会学风急速发展，到处结集数十乃至几百学者麋聚在一大师门下从学，是极平常事。一个大师毕生拥有上千门徒的不算奇。学者在下层社会渐渐占有地位。有些偃蹇不仕，再不想入宦途。高尚不仕，是东汉士风一特色。

在汉武帝初兴太学时，太学生员额只定五十名。后来逐渐增加，自一百二百乃至三千人，至东汉末增到三万人。自成一个集团，自有一种势力，太学里的言谈渐成举国舆论向导，左右影响政治。

东汉学风，渐渐从宗教意识转变到艺术趣味。他们的社会地位，使他们蔑视政治权力，淡置一旁，那时是名胜于爵，政府的爵禄，敌不过社会的名望。君臣关系远逊于朋友，他们的人生，成为一件艺术品，却经不起风浪，耐不起战斗。政治急速腐败黑暗，社会上还有清名高节；相形之下，激成大冲突。党锢之狱，名士圻丧殆尽，而东汉也随踵灭亡。

东汉末年，门第世家已露头角。因世代书生而变成了世代官宦，经过大扰乱的磨炼，书生都转变成了豪杰。于是三国时代又成一种特殊风格。三国俨然是一段小春秋，曹操、诸葛亮、鲁肃、周瑜，都从书生在大乱中跃登政治舞台。他们虽身踞国君、丞相、元帅、外交大使之高职，依然儒雅风流，不脱书生面目。

（三）

门第逼窄了人的胸襟。南方门第在优越感中带有退婴保守性，北方门第在艰危感中带有挣扎进取性。而在大动乱中，得以维护历史传统人文遗产，作成一种守先待后之强固壁垒。中国文化因南方门第之播迁，而开辟了长江以南的一片新园地。又因北方门第之困守，而保存了大河流域之旧生命，这是门第势力在历史大激荡中，作中流砥柱，所不可磨灭之功绩。

西汉学者表面是儒家化，内心底层却有道家味。东汉士大夫的风义节操，无宁是偏向个人主义，较重于偏向社会大群。

三国士大夫，重朋友更重于君臣。可见三国时代依然是道家作底，儒家作面，依然沿接两汉旧轨道前进。

到两晋，此一姿态更显白了。在西汉时是标揭黄老，至魏晋之际则标揭庄老。黄老尚带政治性，庄老则径走上个人主义。以个人主义之内在精神，渲染上太学大规模的都市社交，便变成东汉型。渲染上黄巾、董卓这大动乱，便变成三国型。渲染上托庇在小朝廷的暂时苟安，门第鼎盛的环境下，便变成魏晋清谈与东晋南朝型。

北方门第绝无此心情，亦无此可能之环境。艺术人生不可能，逼得他们回头再转向于宗教人生。田园人生不可能，逼得他们回头再转向于政治人生。庄老避向南方，北地则仍回到孔子。北方门第形成了另一种的淳朴，另一种的天真。南方社会在农村而园林化，北方社会则在硗确不毛的地面上来耕垦播种，在洪荒而田野化。异族统治终于推翻，隋唐盛运终于再临，拨乱反治，否极泰来，那是北方士族的功绩。

这里有同一契机，却使南北双方的智识分子，不约而同地走向新宗教，即对印度佛教之皈依。佛教来中国，并不是直接向中国下层民众散播，中间却先经一转手，经过中国智识分子之一番沙滤作用。如是则佛教东来，自始即在中国传统文化之理性的淘炼中移步换形，而使其走上中国化。这一点，却是那时南北双方智识分子对中国历史文化贡献了一番最伟大的功绩。

中国智识分子远从春秋时起，已在世界性、社会性、历史性里探求一种人文精神，为其向往目标的中心。

西方人对智识，似乎自始即并没有对普遍全人群而寻觅之旨趣。此因西方社会，在先本从一个支离破碎各自分开的小局面上发展。他们有各别的世界，各别的社会，各别的历史，智识对象亦遂趋于个别化。则是个性伸展，而非群体凝合。他们的人生哲学，亦各自分向各自的道路迈进。

直到最近，一个欧洲存在着几十个国家，社会永远攘夺斗争，封建主义、资本主义、共产主义，后浪逐前浪地此起彼伏。文学、艺术、科学、哲学，成为一件百衲衣，须待宗教的针线来缝绽。

中国的智识对象与理想生活，很早便集中到人文整体之共同目标上。只有向社会全体服务，才是人生最高天职。

佛教东来，又是一番新刺激。对大群体共相之旧传统，因新宗教之侵入而复苏。

魏晋南北朝佛学上之大贡献，不仅在能把印度佛教尽量吸收；更重要的，在能加以彻底消化，接上中国传统文化，使逐渐转为我有，在老根上发新葩。

（四）

因此，西汉政治是淳朴的、循谨的，最好表现在于地方行政与下级干部。而唐代政治，则是恢宏的、阔大的，最好表现在于中央与上级大僚。汉人厚，唐人大；汉人土，唐人阔。

但唐代智识分子，在中国历史文化上的更大贡献，还不在政治，而转更在宗教上。更要的是天台、禅、华严三宗。他们已创造完成了中国文化传统下的新佛教。尤其自六祖慧能以下的禅宗，在精神上，在意态上，实可算得是一番显明的宗教革命。"我若遇如来，一棒打死，与狗子吃。"那是何等话！在后代被目为"狂禅"，在当时非有绝大理解，绝大胆量，不敢出此语。难能可贵者，在其宗教热忱中，仍不丧失其清明之理智。而二者间又能调和得当，并行不悖。

我们若一读西方宗教史，尤其马丁·路德宗教革命以下一段不容忍的长期大流血，回头来看中国，惊天动地翻天覆地的宗教大革命，只在寂天寞地，清天宁地中轻松滑溜地进行，那是何等伟大的成绩！中国智识界，精神气魄最活跃的时代，第一自推战国诸子，第二便该轮到唐代禅门诸祖师。那是中国智识分子之又一新典型，值得后代仔细研摩，谒诚崇敬。直到宋代人还说："儒门澹泊，豪杰多为方外收尽。"这是不错的。

盛世豪杰难认，而隐藏在深山和尚寺里的豪杰更难认。慧能、马祖之类，真都是不世豪杰。没有他们，下半部中国史必然走样。

下半段的唐朝，在门第与禅寺之外，进士得势了。

进士制度在政治史上，是政权的开放。

科举制度，就政治制度论，未可厚非；但流弊所至，实是大堪诟病。

（五）

西汉淳朴，东汉清高，唐人阔达，而宋人则成其为严肃。但他们毕竟有他们的精神。此后真到清代，七、八百年，中国的政治和社会，毕竟端赖此种精神来支撑。

（六）

近人推崇清儒治学方法，认为接近西方科学精神；但他们已远离中国传统智识分子之旧路向。看轻了政治、社会、历史、宗教等实际人生，而偏向于纯文字的书本之学。换言之，则是脱离了人文中心，仅限在故纸堆中书本上，为学术而学术了。他们不想作相与作师，不在现世活人身上打主意，不关切人群大共体；他们只把兴趣集中在几本遥远陈古的书籍上。他们遂真成为一些书生与学者。他们不注意"人人可谓圣人"的活教训，他们只想教人能读圣人书。而其读圣人书，亦不重在通大义，辨真理，而重在版本字句，声音训诂，事物考证。总之是避免了以人文作中心。汉儒把"圣人神化"，清儒则把"圣人书本化"。

阮元是清代乾嘉学派博闻考证之学一员押阵的大将。他晚年提出《资治通鉴》、《文献通考》二书，称之为"二通"。他说：读书不读此两部，即不得为"通儒"。学问不学此两种，即不得为"通学"。他的眼光从经典转移到"历史",这便转向政治性、社会性之现实人群上来了。但大体上,他们依然在反宋,因此不能有中国传统智识分子向来关切大群共体之一番宗教精神。从阮元再转出龚自珍,依次到康有为,重新想把孔子神化,再要把神化的孔子来争取政治领导;此一转才像真接近西汉。但西汉学者来自农村,过的是农村淳朴生活,又多从下层政治实际事务中磨练。清儒则近似明代人,生活多半都市化,一得进士,在政治上即成骄子,根柢不能像汉人之淳朴笃厚。而神化孔子为宗师,于是在学术界形成一新风气,非怪诞,即狂放。龚自珍成为道咸以下智识分子一惊动慕效的对象,康有为则直率以圣人自居,怪诞狂放,相习成风。只有江忠源、曾国藩、胡林翼、罗泽南,在清代汉学空气比较不浓厚的湖南出现。他们有意提倡宋学,但又卷入军事生活。江、胡、罗诸人都早死,只留曾国藩,亦老于军旅,在学术界又以桐城派古文自限,沉潜不深,影响不大,晚清学术界,实在未能迎接着后来的新时代,而预作一些准备与基础。

因此辛亥革命只革了清代传统政权之命。而此二百四十年的清代政权,却也早已先革了中国传统智识分子之命。于是辛亥以后,中国智识分子急切从故纸堆中钻出,又落进狂放怪诞路径,一时摸不到头脑;而西方智识新潮流已如狂涛般卷来,没有大力量,无法引归己有。于是在此短时期中,因无新学术,遂无新人才。因无新人才,遂亦无法应付此新局面。

辛亥以后,一时风气,人人提倡新学,又人人自期为新人。旧的接不上气,譬如一老树,把来腰斩了,生机不续。若要接枝,也须接在老根上。现在是狠心在做掘根工作。政治革命之后,高喊文化革命。文化革命之不足,再接着高喊社会革命。他们想,必要把旧的连根挖尽,才好另裁新的。这是辛亥以来四十年中国智识界之大蕲向。不幸四十年来的努力,抵不过二千年的潜存文化。

试问这四十年来的智识分子,哪一个能忘情政治?哪一个肯毕生埋头在学术界?其它人人慕想西化,却又很少真实西化的学者。他们先不肯死心踏地做翻译工作。当知创造难,学习亦不易。学习一家一派已难,若要上自希腊,下至近代,综括西欧古今各国,撷其菁英,揽起会通,那就更不容易了。

中国四十年西化无成绩，这是智识分子的罪过。他们自负是学习西方的启蒙运动，却把中国二千年学术文化，当作一野蛮、一童蒙看。

在西方，科学、宗教、哲学、艺术分门别类，各务专长；一到中国，却混成一大洪流，便成为推翻旧传统、推翻旧文化、创造新政治、建立新社会一呼号……

而近代中国智识分子之新出身，则又是古无前例，完全走上以外国留学为唯一的门径。一批批的青年，在本国并未受有相当基础的教育，即便送往国外。试问举世间，哪一个国家，了解得中国？又是哪一个国家，真肯关心为中国特地训练一辈合适中国应用的智识与人才？他们走进每一个国家，选定每一门课程，互不相关地在仓促的三四年、五六年间浅尝速化，四面八方学成归来。了解不同，想象不同，传统不同，现状不同，拼凑安排，如何是好？各国间的政俗渊微，本原沿革，在他们是茫然的。本国的传统大体，利病委曲，在他们则更是茫然的。结果都会感得所学非所用。激进的，增加他们对本国一切的憎厌和仇恨。无所谓的，则留学外国变成变相的科举。洋翰林，洋八股，虽谑而允，受之不愧。

然而我们却无所用其愤慨，也无所用其悲观。中国将仍还是一个中国，中国的智识分子，将仍还成其为中国的智识分子。有了新的中国智识分子，不怕会没有新中国。最要关键所在，仍在智识分子内在自身一种精神上之觉醒，一种传统人文中心宗教性的热忱之复活。此则端在智识分子之自身努力。一切外在环境，全可迎刃而解。

五月，《国史新论》一书于港、台两地自印出版。一九八一年改交台北东大图书公司印行。一九九七年收入联经《全集》第三十册。二〇〇〇年台北素书楼文教基金会·兰台出版社整理新版重印，页一～三三六。摘要如下：

自　序

（摘要见一九五〇年，兹略。）

一　中国社会演变

（摘要见一九五〇年，兹略。）

二　再论中国社会演变

（一）

余尝谓中国古代有"封建政治"，与西方中古时期之"封建社会"有不同。而在夏、商、周三代封建政治下，固亦可称其时乃一"封建社会"，显分贵族、平民两阶层，但平民决非农奴，此就西周一代种种文献足可证。而在贵族、平民两阶层间，又有一中间阶层，此即当时之所谓"士"。《管子》书起于战国，其书中已明白提出士、农、工、商四阶层。余故谓中国社会自春秋战国以下，当称为"四民社会"。

（二）

"士"之一阶层，起于何时，暂不详论。然如管仲、鲍叔牙在齐桓公时，其出身显非贵族，而当系一士。至孔子而"士"之地位始确立。后人又称之曰"儒"。《说文》："儒，术士之称。"可见儒即士。术士犹云艺士。礼、乐、射、御、书、数为当时之六艺，能通一艺以上，即可上通贵族阶层，以供任用，甚至可当国政，为卿相。一部《春秋左传》中，自管仲至孔子，其它尚多其例，兹不列举。

因于士阶层之兴起，而贵族阶层渐趋没落。我故名战国时期曰"游士社会"。至秦灭六国，封建政治终歇，继起者为郡县政治，而社会则仍为一游士社会。就秦而言，擢用东方游士，远自商鞅、范雎、蔡泽，迄于吕不韦及其宾客，皆游士。李斯为相，亦游士。蒙恬为将，其先世由齐来，亦一游士。博士官七十人皆游士。秦始皇帝之一朝，概多游士，嬴姓贵族不见有掌握政权者。其太子扶苏，亦在蒙恬军中。然则纵称秦代为"专制政治"，而其决非贵族政治则可知。

汉高祖崛起，当时之从龙集团实亦一士集团。能通一艺即为士，不分文武。萧何、韩信皆士。张良、陈平更当称为士。叔孙通、娄敬、陆贾、郦食其之徒，亦何莫非士。汉高祖不明时变，乃欲恢复古代之封建，就此一层言。汉高祖之政治意识，实较秦始皇帝为逊。惟高祖以平民为天子，与皇帝之以贵族传统为天子者究不同。后人独称汉初为"平民政府"，其实如吕不韦、李斯、蒙括之论，皆平民跃起。

汉初分封，异姓王倏加诛灭。同姓诸王中，游士麇集。其先非封侯不得相，而武帝拜公孙弘为相，乃特封为平津侯。公孙弘乃东海一牧豕翁，治《公羊春秋》，膺贤良之荐入政府；非贵族，非军人，以社会上一

"士"的身份而为相。

武帝时又始建太学，太学生出身，高者为郎，低者为吏。"郎"为王宫侍卫，"吏"乃地方政府之科员。为吏有成绩，重得进身为郎，然后由郎再获分发出任朝廷内外各官职。由于此一制度，自汉宣帝以下，凡为相者，乃无一非由士出身。朝廷内外官僚，皆由士充之。故汉代政府，由武帝以下，乃确然成为一"士人政府"。高祖意欲恢复封建政权之意想既失败，而汉武以下，天下归于一统，游士亦匿迹。故余特称汉武以下为"郎吏社会"。

自秦始皇与汉武帝，在上之政府皆无法转变此趋势，乃不得不正式成立士人政府以与社会相因应。故当时之社会既不得称为一封建社会，当时之政府亦不得称为一专制政府。

当时太学教育，乃以《五经》博士儒家思想为主。社会农村中一士，由太学生转为郎吏，膺任政府官职。退而在野，则敬宗恤族，以养以教，不仅止于其一家之门内。"黄金满籯，不如遗子一经。"世代传经，即可世代为卿相。于是虽无世袭之贵族，而逐渐形成了世袭之"士族"。

（三）

士族形成，在东汉之晚季。下至三国，中央政府崩溃，郎吏社会亦转成为门第社会。故魏晋转移，而政府亦渐由门第操纵。此下东晋、南北朝，政府更迭，而门第旺盛，不随政治而摇动。余故称此时期为"门第社会"。

中国历史自秦以下，亦不断有衰乱世，但亦不得谓之黑暗世。若必求中国历史上之黑暗世，则惟晚唐与五代差可当之。尤其在南方十国中，社会基础尚未大变，文化命脉尚未全绝，惟在极端摇动中。无以名之，则姑可名之曰"黑暗社会"。

（四）

然就中国历史言，传统的士阶层之正式复兴，则已在宋兴六七十年后。教育界有胡瑗，政治界有范仲淹，必待此两人出，乃重见有中国传统之所谓士。然其时社会已不再有门第，政府以考试取士，而进士皆出自白衣。此一形势，直至清末，余特为定名"白衣社会"。

其时民间学术传布，印刷术之外，复有书院讲学。宋代政府贫弱，远不能与唐相比，而社会学术之盛，则唐亦不能媲于宋。南宋政府益贫弱，而学术转益兴盛。

宋以下一千年来之书院林立，惟元最盛，莫与伦比。故元代之学术，经、史、文学，纵不能继步两宋，然较之明代，则未见远逊。故在元代，政治大变于上，社会固未随之大变于下，学术文化传统依然如旧。其时已无门第，而白衣之士阶层，仍不失其为社会之领导中心。此当从胡瑗、范仲淹以下，在学术之潜在精神中求其深源。而濂、洛、关、闽理学之贡献，亦自可见。

满清入关，明遗民志节之高抗，学术之深邃，一时人物蔚起，声光炳焕，尤过于元初。清廷异族政权虽控御中国逾两百四十年之久，然中国社会则依然凝固，精神犹昔，文物递盛。直接间接，莫非明遗民所赐。

（五）

中国自古代封建贵族社会移转而成四民社会，远溯自孔子儒家，迄于清末。两千四百年，士之一阶层，进于上，则从事政治；退于下，则主持教育，鼓舞风气。在上为"士大夫"，在下为"士君子"，于人伦修养中产出学术，再由学术领导政治。广土众民，永保其绵延广大统一之景运，而亦永不走上帝国主义、资本主义之道路，始终有一种传统的文化精神为之主宰。此非深明于中国所特有的"四民社会"之组织与其运用，则甚难明白其所以然。

近人每谓中国尚停滞在农村社会的阶段，不知中国城市兴起，亦已历两千数百年。故中国社会，两千年来，即为一农、工、商并盛之社会。

至于全民兵役制，则确立于汉代。三国以下有屯田兵，唐有府兵，明有卫所兵，虽非"全农皆兵"，亦必求其"全兵皆农"。兵农合一，永为中国历史上一传统制度。凭其富，不产生资本主义。凭其强，不产生帝国主义。历史上不断有此机会，而永不迈进此境界，永保此和平安定四民社会之体制。于农、工、商、兵诸色人等之上，尚有士之一品，主持社会与政治之领导中心。

以较西方社会，希腊、罗马有农奴，而中国无之。中古时期有封建贵族、武装堡垒与大教堂大地主，而中国无之。文艺复兴城市兴起以后，其海外殖民以至于资本主义大企业之兴起，而中国亦无之。中国社会有士之一阶层，掌握政治教育之领导中心者，西方亦无之。果能平心从历史演进中尊重具体实例，一一加以比较，则中西方之社会相异，显然可见。

社会体制既不同，建立于其上之政治，自亦不同。如西方古希腊之市民政权，只建立在每一小城市中，尚不能扩充成为一国家。罗马帝国之军人政权，以及中古以后现代国家兴起，有所谓神权、君权、民权之演进，在中国史上，皆无其例。秦汉以下，全国大一统之中央政府，非神权亦非民权，但亦不得目之为君权。

中国自秦以下，传统政治，论位则君最高，论职则百官分治，论权则各有所掌，各自斟酌。如汉代之选举，唐代以下之考试，皆有职司，其权不操于君。朝廷用人，则一依选举考试之所得。故中国自秦以下之传统政府，仅可称之曰"士人政府"，或可称为"官僚政府"，官僚即由士人为之；而决非贵族、军人或商人政府。

又且皇帝与政府亦有别，不能即认皇室为政府。百官分职，皆有规定，不由君权，又乌得目此政府为君权专制之政府。

（六）

故中国历史实可谓"有社会，有国家"，其言盛衰兴亡，盛衰乃指社会言，而兴亡则指国家言，但亡后复有兴，衰后复有盛。以观西洋史，则实当可谓"有社会，无国家"，故西洋史各地有盛衰而无兴亡。

（七）

再自中国史言之，秦代一统，固可说由秦消灭了六国。深一层言之，乃是当时中国社会新兴之士阶层代替了古代之封建贵族阶层。故秦始皇帝时代之政府，早已具一士人政府之雏形。汉高祖以平民为天子，至汉武帝则士人政府乃确然正式成立。中国之士阶层，乃由社会产生，不由政府产生，故中国史上自封建而改为郡县，实可谓乃中国政治史上一大革命，一大进步。

任何一社会，经历某一段时期，无不需变。即论中国社会，如余所陈，自封建而游士、郎吏、门第、白衣，亦已历多阶层之变动。惟均不失仍为一士传统。惟变当有常，万变不离其宗。而不知人生趋向，社会结构，则并不尽在物质上。物质日进，反可使人生日退步，社会日解体。

(八)

今日之工厂，规模日大，天空有噪音，地下有污水，上自飞禽，下及游鱼，胥不受害。资本主义之为祸人类，其先如非洲贩黑奴，广州卖鸦片；演变至今，乃有共产主义崛起。凡属资产，尽成罪恶。清算斗争，集中劳改。此岂乃为公德？

(九)

故封建社会与四民社会之间虽有变，而仍有一不变之大传统，此乃吾中国文化精神一贯相承之所在。今当统称之曰"人道社会"，亦即"人心社会"，或称"人本社会"，即是以人道人心为本之社会。

三　中国历史上社会的时代划分

(一)

中国的传统思想，自古希望以学术来领导政治，再由政治来支配经济，而创造出一个合理的，以达到完美的人生为目的的社会。但在相反方面讲，它也有"安而不强，足而不富"的相随弊害。而与此相对的西方社会，却是"强而不安，富而不足"。

我们再从这一观点来考察中国社会所独有的特征。首先中国社会，当可称为"四民社会"，是由所谓士、农、工、商四行业不同的四民所组成。此一社会，同时也可称为"士中心社会"。在此四民中，"士"之一流品，为中国社会所独有。士的身份，既非贵族。又非军人和官僚；不但不是豪富阶级和宗教信徒，同时也不是指的一辈专门的学者；而同时却也不与一般的庶民相同。这一点，在西方人士是不易理解的。

(二)

下面所指的中国历史上的社会分期，是以前者的观点而试分的。

1. 封建社会　西周，春秋。

2. 游士社会　战国。

3. 郎吏社会　两汉。

4. 门第社会　魏晋南北朝。

5. 科举社会　唐以后。

（1）前期科举社会　宋以前。

（2）后期科举社会　明清。

（三）

我是将西周和春秋时代称为是中国的"封建时代"。这和西方中世所谓的封建制（Feudalism）不相同的。主要差别有以下五点：（略）

（四）（略）

（五）

西周乃以宗庙为中心，因"宗法"和"礼治"为当时社会秩序的重心；而两汉则以学校为中心，"学术"和"吏治"遂成为当时社会秩序的核心了。这是两汉时代之特色。

（六）

当时的门第，仅保持有一种独占文化和教养的特权，仍不能否认其是基于战国以来的士的传统思想。此下因北魏采"均田制"，北周实行"府兵制"，门第时代的私户和家兵统归国家管制，实行了大改革。因有了此两种新制度，遂奠定了以后隋唐两代的繁荣。然而其根本的思想，则是出于北朝的经学，尤其是治《周礼》的学者们，从事研究古籍之所得。

（七）

魏晋南北朝的门第，是由文官出身的变态贵族；而唐末的藩镇，则是出身于武官的变态贵族。由于唐末藩镇的兴起，而失去了政治和社会之内部的均衡，遂有外民族的侵入，而形成了长期混乱的局面。直到北宋初年，文化教育虽极度看重，但仍摆脱不了唐末影响而生出了长期衰弱之病征。

（八）

终于造成了书院与政府对立的形势，而且政府也蓄意禁止书院的发展，如明末东林学党便是一个显明的例子。

清以后，因满清政府狭义的部族政权之镇压，士的气节更丧失殆尽，士只有埋头于"馆阁"和考证。至此学术领导政治的传统精神已失，相反的政治却达到支配学术的境界。

而商人资本之限制，发展到某一阶段，则造成了民族经济的基层薄弱。最后商人藉于外国资本之侵袭，容易转变成为买办。又兼农村经济之枯竭，因此安定国家经济的中心力量日形衰薄。

又加上中国知识分子的新思想，专一注重于出国留学，一意在吸收西方科学，而又无摄取科学之经济后盾。于是知识分子，自信力日以消失。这是近代中国的悲剧。

四　略论中国社会主义

（一）—（六）（略）

今再综合言之，中国之社会经济，终必归于通财共产，以大群一体为主。而与西方之个人主义，则无论其为资本主义，或为共产主义，皆必大相异。此则可一言而定者。

又按孙中山先生《三民主义》之《民生主义》，余曾谓亦即中国之社会主义。已详他篇，兹不赘。

五　中国传统政治

（摘要见一九五〇年，兹略。）

六　中国历史上的传统政治

（一）

关于中国与西方，由于民族不同，文化不同，而历史进程亦不同。上自政治组织，下至社会体制，双方莫不有其重大之相异点。主要者，如宗教一项。然在中国的文化传统下，并未产生出像其它民族一般的宗教。

远在三千来以前，西周王朝兴起，刷新加强封建制度。在那时，中国已形成一统一局面，但只可称为"封建的统一"，与秦汉以下之"郡县统一"有所不同。其时有周公制体作乐，用为西周王朝指导统治封建诸侯之最高规范。但在春秋二百四十年中，列国贤君卿大夫接迹而兴，那时的贵族阶级，尚受西周初年周公所定的礼乐熏陶，表现出一种极深的文化修养。换言之，乃是有一种教育力量在指导政治。

在当时，社会上已逐渐有一种"士"阶层兴起。此一士阶层，在上不成为贵族，在下有异于平民，乃由贵族中之疏亲远裔，以及平民间之俊秀子弟，学习了当时贵族阶层所奉行的种种礼乐，而进身到当时的封建政体下服务。

（二）

孔子亦由士阶层中崛起。惟孔子主张以"道义士"来替代"职业士"。为士者，不仅为谋求职业，更贵在职业上尽其"行道守义"之更高精神。

在战国时代人所完成之《管子》书中，已明白提出了士、农、工、商之四流品。而更重大的改变，则为新起了社会领导中心之士阶层。他们向上可以领导政府，向下可以领导民众。因其出而在上，后世连称之曰"士大夫"。因其处而在下，后世连称之曰"士君子"。在士的身上，政治事业与教育事业绾合为一，他们都不以私人经济为急务。孟子称士为"劳心者"，农工商为"劳力者"。此一分别，乃成为中国社会一传统形态，直经二千年未变。

秦灭六国，天下复归一统。当时东方列国游士，在秦政府中服务者，尚不计其数。而秦廷亦不再封建。此乃自孔子以下，由士来领导政治的一项理想，至是已确切完成。

故在中国历史上，自秦以下之传统政府，即不能称之曰贵族政府，亦不能称之曰军人政府或商人政府。若必为特立一名称，则应称之曰"士人政府"。士人政府之正式确立，则在汉武帝以后。在汉武帝时，已确立了几项制度：一是教育制度，一是考试制度，一是选举制度。每一士人，皆须经过此三项制度之提拔与升迁，自社会下层而进达于政府之最高层。

（三）

西汉时代，经长期之统一，国内安定。但汉政府严密管制，创为盐铁政策及其它种种措施，使凡属有关民间日常普遍的必需消费品，不致操在专为私人营利的工商界手里。因此使中国社会，虽在长期安定繁荣中，自由工商业对于国内国外皆不断有进步，而永不致有资本主义之发生。

又其时，中国已制定了全国国民的义务兵役制。但当时政府，制定国策，只重在保境安民；对外纵获胜利，皆能适可而止，绝不走上开疆拓土，侵略兼并的帝国主义路线。

但在中国历史上，武功辉赫的时代亦屡见。明代朝廷航海使节，屡次远航，达于非洲之东岸。随之华侨遍布东南亚，但绝未在海外营建殖民地。

推厥原因,实以中国两千年来,有一传统的士人政府。政府力量,不在贵族,不在军人,不在商人,而在一辈有特殊教育与特殊理想的士人手里。而此辈士人之教育,则操在社会下层之士群,不操在政府。

故中国儒家,虽不成一宗教,而其为中国人信崇,上自政府,下达民间,一致不异。

(四)

全国各地既无警察,亦几乎无军队。

总之,中国传统的士人政府,乃使政府成为一士人集团,学术与政治并无严格划分,而政治常受学术领导。学术命脉则寄托在教育上,教育精神则寄放于自由民间。

(五)(略)

(六)

孙中山先生的《三民主义》,一面保留了中国文化旧传统,一面采纳了世界新潮流,调和折衷,揭示出一大纲领。

(七)(略)

尾　语

今再约略言之,推行新政治有三个要点:

1. 自己的历史文化传统与民族个性。此即是一民族一国家之传统所在。

2. 自己社会的现实情况,此因时代而变。

3. 世界趋势。

七　中国智识分子(摘要见本年五月)

八　中国文化传统中之士(略)

九　再论中国传统中之士(略)

一〇　中国历史上的传统教育(略)

一一　中国教育制度与教育思想(略)

一二　中国历史上之考试制度

(一)

孙中山先生的《五权宪法》里,特设"考试"一权,其用意在如何选拔贤能，以补选举之不足。西方选举制度，只在选举人方面加以限制。选举原意，在如何获取理想人才，俾可充分代表民意。单凭群众选举，未必果能尽得贤能。故中山先生主张，被选举人亦该有一限制，遂以考试补选举制度之不足。此层用意，却正与中国历史传统恰相吻合。中国历史上之考试制度，本从选举制度演变而来，其用意本在弥补选举制度之不足。故唐杜佑《通典》，考试制度即归"选举"项下叙述。

中国史上很早便有选举制，远从西汉时起。那时的选举，大概可分为三类：

（1）定期选举。

（2）不定期选举。

（3）临时选举。

选举用意，即在希望全国各地人才，都能有机会参加政府。中国传统政治理论，重责任，不重主权。在理论上，主要的不是政府主权之谁属，而是政府究该负何种责任。即望政府负责，自该选贤与能，需要全国各地人才参加，才能切实负起理想上政府的重大职责。故汉代选举第一项目是"贤良"，以近代话说，即是杰出人才。其次举"孝廉"，孝子廉吏，重德行，不重才能。政府用人德才并重，然贤良乃政府所需求，孝廉则寓有提倡奖励之意。武帝时郡国遂按年察举孝廉，成为故事。贤良为不定期选，而孝廉则成为一种定期选举。此外复因政府临时需要特殊人才，如出使绝域，西汉选举，主要不出此三类。

按年定期选举即孝廉一项，遂成为汉代入仕唯一之途径。此项演变，则须到东汉时始确立。

惟汉代选举，与今日西方选举制度不同者，在西方为民选，而在汉代则为官选。地方长官固须采酌社会舆论，乡土物望，然选举实权则掌握在地方长官手中，此一节为中西选举重要之不同点。就中国传统政治理论言，汉代之官选，也自有其未可厚非处。

惟汉代郡国选举，到东汉时究已成为唯一入仕之正途，奔竞者多，流弊自不免；于是政府乃不得不逐步加上了限制。最先是限额，稍后又有限年之制，非到规定年龄者，不得膺选。又后复加以一度之考试，以检核被选举人之相当学养。

而考试制度亦相随成立：如贤良对策、如太学生考试、如孝廉膺选后之吏部考试皆是。

（二）

汉末之乱，选举制度遂告崩溃。政府用人，漫无标准。陈群为曹操吏部尚书，遂定"九品中正"制，以为两汉乡举里选制之代替。此制与汉代选举不同之点：

第一，是汉代选举，其权操于郡国之长官；九品中正则由中央官兼任。

第二，汉代选举，只举未入仕者；而九品中正之名册，则不论已仕未仕，全部列入。

惟此制本为一种乱世变通权宜的办法，一到西晋，全国统一，各地方政权均已恢复，而九品中正制依然推行，则流弊自所难免。

魏晋以下人，全务清谈虚名，不能像汉代吏治风尚厚重笃实，此制实大有关系。至于中正而不中正，此乃人事，不关制度，可不详论。

九品中正制之创始，用意并不差。而其时门第势力已成，六朝以来，此制遂转成为门第势力之护符。虽多经反对，终未能彻底改革。其时人才政风之不如西汉，此制实有影响。

（三）

隋唐统一，将此制完全废弃。则何如径废长官察举一手续，完全公开，由各地人民自量智能，自由呈报，经由政府考试录用？此为中国史上正式由选举制转入考试制之由来。汉代是选举而附带以考试，隋唐则完全由考试来代替了选举。

唐代考试又分两步：先由礼部主考，录取后未能即登仕途，须再经吏部试，才始正式录用。

唐代考试，主取知名之士。当知国家考试，本为求取人才。服务政府之官长，如确知应考人中有杰出之士，先为延誉，并非即是营私通关节。主考官苟自问对学界新进人士所知不熟，托人代定榜第，亦并非即是颟顸不负责。

西方近代民主政治之起源，正因当时政府并不注意民情，一意征敛，民众遂要求政府许纳税人推举代表，审查预算，通过税额，再覆核其决算；如是推演而成今日彼方之所谓"政党政治"。

唐代考试主要偏重诗赋，此层亦有种种因缘。诗赋出题无尽，工拙易见，虽则风花雪月，不仅可窥其吐属之深浅，亦可测其胸襟之高卑。

唐代科举最要者有两科：一是进士科，以诗赋为主。一是明经科，则考经义。大抵唐代考进士，旨在求取真才。考明经，则旨在奖励人读经书。唐代社会重视进士，进士科遂为人才所趋，明经则为人卑视。人才既群趋进士科，自然政府也只有重用进士。因为此项制度之继续推行，而社会好尚都集中到诗赋声律。

但唐代的考试制度，也不免有流弊。在汉代先经国立大学一番教育，再经地方服务之练习成绩，经察举后再加以考试；求取人才，凡分三项步骤。唐代则专凭考试一项，自不如汉人之精详，惟唐代初期，大门第势力方盛，子弟在大门第中养育成长，既经家庭严肃之礼教，又有政治上之常识，如南朝所传"王氏青箱"之例；由此辈青年参加考试，易于成材。自经此项制度推行日久，平民社会，穷苦子弟，栖身僧寺，十年寒窗，也可跃登上第。渐渐门第衰落，整个政府转移到平民社会手里。但此等平民，在先并未有家庭传统之礼教，亦更无政治上之常识，一旦仅凭诗赋声律崛起从政，第一是政事不谙练，第二是品德无根柢，于是"进士轻薄"遂成为当时所诟病。当知在门第教育下，附加以一种考试，故见考试之利。现在门第衰落，更无教育培养，仅凭考试选拔，则何从选拔得真才？

又该项制度推行日久，报名竞选的愈来愈多，而录取名额有限，授官得禄的更有限。造成应试的百倍于录取的，录取的又十倍于入仕的，于是奔竞之风愈演愈烈，结党分明，各树门户，遂有唐代牛、李党事。当时党争背景，便因于政治公开，引起了社会的政治热，于是转向人事派系上求出路。

唐代由门第来培养人才，由考试来选拔人才，再有考功制度来登用人才。凡经考试及格录用的人才，均有一种客观的考功制度来凭其功绩升迁降黜。此项制度，由汉至唐，发展到极精详，运用到极高明。这是唐代政治上一大美迹。迨及门第衰落，人才无培养之地，而士人充斥，分朋立党，考课亦难严格推行。于是单凭考试，既选拔不到真才，又不能好好安排运用；在外是军阀割据，在内是朋党争权，人才是进士轻薄，担当不了实际大责任，唐代终于在如此形势下没落。

（四）

科举规制之日趋严密，其事始于宋代。公卷风气已不复见，又有"糊名"法，杜绝请托，严防舞弊。然考试制度之主要目的，本在求贤。究竟政府该如何从考试制度中获取真才呢？王荆公主张复古制，兴学校，此似最为正见。学术可以与政治相合，却不当与利禄相合。政府当为学校之护法，却不当为学校之教主。荆公自信太深，昧于人情。至后蔡京当国，太学分舍，显然以利禄牢笼，于是范仲淹、王安石兴学精神到此终于一败涂地。教育制度不能确立，则考试制度终是单枪匹马，功效有限。学术败坏，人才衰竭，而北宋亦终于覆亡。

到南宋，考试制度，一仍旧贯。朱子曾慨言："朝廷若要恢复中原，须罢科举三十年。"然科举乃中国自唐以来政治制度中一条主要骨干，若无科举，政府用人凭何标准？朱子理论终难见之实际。却不料到元代，遂专以朱子《四书》义取士，此下明、清两代相沿不改。直到清末，前后七百年，朱子《四书集注》遂为中国家诵户习人人必读之书。

（五）

明、清两代考试内容，均重经义，而以朱子一家言为准。于是于四书义中，演变出"八股文"。至于八股流害，晚明人早已痛切论之。然清代仍沿袭不改。

明初政府专仗考试取士，而与学校书院为敌，安得不败？然明代亦尚有较好之新制度，可与考试制度配合，即为进士入翰林制。明、清两代都从此制下培养出不少人才。

在中国历史上，政府常有一派学官（此"学官"二字，并非指如后代之教谕训导而言），专掌学术图籍，不问实际行政；而政府对此项学官，亦能尊重其自由之地位，仅从旁扶植，不直接干预。此在春秋时有史官。战国以下，私家讲学大兴，政府网罗在野学者，设博士官。秦代博士官，其实略如唐初之翰林院，杂流并汇，政府普加供养，并不搀入政府之态度与意见来抑此而伸彼。李斯焚书，始对博士官加以一番澄清淘汰。及汉武帝设立《五经》博士，政府对学术界之态度与意见更趋鲜明。

至论学官，则魏晋南北朝、隋唐皆有。大体如文学编纂，图籍校理之类。唐代有翰林院，最先只是艺能杂流，内廷供奉。此后遂变成专掌内命，一时有"内相"之号。宋代翰林学士掌制诰，侍从备顾问。又有经筵官，则为帝王师傅。又有所谓"馆阁清选"，亦称"馆职"。此皆在我所称之为学官之列。

一三　中国历史人物

（一）

讲文化定要讲历史，历史是文化积累最具体的事实。

历史讲人事，人事该以人为主，事为副。非有人生，何来人事？西方人看法便和我们不同，似乎把事为主，人为副，倒过来了。我在美国亲同他们一位史学家辩论过这一问题。他说："历史固应以人为主，但此人若无事表现，如何跑上历史？在中国有很多人没有事表现而也写进历史，而且这类人决不在少数。"如讲政治制度，没有一个绝对是与好的制度。制度总是要变，并无千古不变，亦无十全十美的制度。在坏制度下，有好人总好些，在好制度下，有坏人总不好些。思想要有事实表现，事背后要有人主持。如果没有了人，制度、思想、理论都是空的，靠不住的。

世运与人物总是相随而来的。时代不同，人物也跟着不同。历史千变万化，不外这一个治乱衰。渐认为在西方，治了也会乱，盛了也还衰。欧洲自第一、第二次世界大战以来，一切大变。

西洋史专重事而忽略了人，打仗胜败不同，国家强弱不同，只见了事，不见事背后之人。中国史上第一等大人物，多在乱世衰世。若使衰世乱世没有人物，或人物不够伟大，此下怎样又变成治世盛世？中国历史之所以能一盛一衰，一治一乱，正因为在衰世乱世有人物，下边才开创新历史，由乱返治，由衰转盛。希腊罗马之没落便在此。

在中国最可说是乱世的，即如春秋，孔子即生在此时。尧、舜、禹、汤、文、武、周公，都是在治世，孔子却是在衰世乱世。但孔子学生说："夫子贤于尧舜。"此论人，不论事。

春秋以后有战国，更衰更乱。但我们讲中国历史人物，战国要占第一位。但如孟、荀、庄、老这许多人，只讲思想一方面，其影响后代中国实是大极了。

东汉不如西汉，然而人物却比西汉多，而且有大人物。东汉最伟大的经学家郑玄，西汉便无其比。郑玄一生正在东汉的衰世乱世中，然而却成为一最伟大的经学家。

但论唐代人物，就不如后面的宋朝。论宋代，比较太平当然是北宋，然而最伟大的人物却出在南宋。单从学术上讲，如朱子，他在学术史上的地位还当在郑玄之上。

元代只有短短八十年，明太祖起来，他下面如刘基、宋濂一大批人跟他打天下，却都是在元代培养起来的。唐代也一般，跟唐太宗起来打天下的，都是隋代人物，远由南北朝时代培养而来。由汉高祖到汉武帝，西汉初年人物，一切都从战国时代人的脑筋里酝酿成熟，到汉初才表现出来。这一结论，便是中国文化最特别的地方，即其在衰世乱世，人物更多更伟大，胜过了治世盛世的。

（二）

我们讲历史人物，也可分作一部分是上层的，另一部分是下层的。跑到政治上层去的人物，是有表现的人物，如刘邦项羽都是，还有一批沉沦在下层，他们是无表现的人物，但他们在当时以及此下历史上，一样有影响、有作用。可能他们的影响作用更胜过了那些有表现的。如读《左传》，那是春秋时代二百四十年一部极详尽的历史。但孔子在《左传》里不占地位。孔子在《论语》中所称赞的春秋人物，前面有管仲，后面有子产，都是在当时有表现的。若论人物价值，子产并不定差于管仲。孔子却像是一无表现的人物。纵说有表现，也是微不足道。但《左传》里还找得到孔子，却找不到颜渊。颜渊虽不见于《左传》，对将来中国历史仍有他的大影响、大作用。孔子颜渊的影响作用，还胜过了管仲、子产。所以我们讲历史，不要太着重其上层浮面的。我们还该更着重其底层下面的。若把整部中国历史来看，孔子地位，远在尧舜之上。而颜渊虽一无表现，对后来中国有影响、有作用，也并不比管仲子产弱了。如果没有表现，怎样在历史上直传到今天？他表现的便是他这个"人"，而非表现在他做的"事"。

近代袁世凯，也是反面人物，把他与孙中山先生一比便知。在当时，大家有表现，但孙中山先生是一个历史人物，袁世凯只是一个时代人物，而且是一个反面人物。此刻再来讲三国时代的正面人物。诸葛亮就了不得，有了一个诸葛亮，全部三国历史就光明了。但中国后来人品评三国人物，却推管宁为第一人。管宁在那时一无表现，天下乱，他跑了，流亡到辽东。由此可知，一个了不起的人物，不一定要有表现。有表现的，或许还不如无表现的。

（三）

再论在中国史上的所谓失败人物，其实是并未失败。即如南宋岳飞，他若成功，南宋就可复兴，然而岳飞失败了。但岳飞只在当时是失败，他在后世有成功。又如文天祥，倘使没有一个文天祥，那将是一部中国历史的大失败。蒙古人跑进中国来，出来一个文天祥，他虽无助于南宋之不亡，然而文天祥可以维持中国民族精神直到今天，因此他还是未失败。所以我们说历史人物中，还该有"时代人物"和"历史人物"之分别。

岳飞事业之失败，不是失败在岳飞本身之内在条件，不是他自己这个人失败了。宋高宗、秦桧，一切外在条件，使岳飞失败。而岳飞个人之内在条件，则使岳飞成功了。成功的乃是岳飞这个人。蒙古军队来，当时的南宋，是无法抵抗的了，然而文天祥还是要抵抗；文天祥自己这个人是成功了。他的内在条件并没有欠缺，留下他这一个人在历史上，对将来中国贡献大，有大影响、大作用。单只一件事，事是留不下来的。然而纵是周公政绩伟大，也只表现在事上。倘使做了一件事，可以永远存留，永存不变，那么也没有了历史。所以我们并不希望每一件事可以永远留传，我们只希望不断有新人，来做新事，有新的成功。历史存在依人不依事，而人则是永可以存在的。耶稣钉死十字架，他是一个失败的人，然而耶稣实是永远存在，所谓的十字架精神也永远存在。到今天，信耶稣教也好，不信耶稣教也好，都不能不承认耶稣之伟大和他的成功。

我们希望的，只讲内在条件，不讲外在条件，而也能有成功。

我们还可以另换一句话来讲，还是美国人争取得了自由与独立，才有一个华盛顿的呢？还是由华盛顿来为美国争取到自由和独立的呢？照中国人想法，则更有进者。应该是拿去了华盛顿的事业，还有华盛顿这样一个人，他还可能是一个了不起的人。

即如我们国父孙中山先生，倘使他没有能创造成中华民国，即就他个人来说，如他的思想和言论，还是一个孙中山先生，或许他会更伟大。周公不如孔子，不在别处，只在周公其人为周公的事业所限，限在这事业里面。要是懂的人，自知周公怎样会有他这一番事业，在他事业背后还有他这个人。在政治上，在历史上层，孔子等于无所表现。然而后来人看孔子，反少了一束缚，一范围。而孔子之为人，转因此而十足表现出来，比周公更清楚。孔子无事业可讲，就只得讲他这个人。然而"人"的影响胜过了一事的影响，所以孔子在后来历史上的作用，反而在周公之上。

（四）

我认为中国历史上人物，大体说只有两种：一是"圣贤"，一是"豪杰"。我想说：圣贤必然同是一豪杰，豪杰同时亦可说是一圣贤，二者貌离而神合，名异而实同。

圣贤一定要能"明道淑世"。这个世界在他手里，他就能把这个世界弄好，这叫"淑世"。要淑世，当然先要能明道，使此道明扬于世，能"特立独行"。不论外面条件，我还是我。这样他便是一豪杰了。要能特立独行，从外面看，便是"尚气立节"。人总得要有一股气。孟子所谓："吾善养吾浩然之气。"一个豪杰，正为他有一股气。中国人讲智、仁、勇三德，智与仁之外，还要有勇。有志有勇，所以能立节。"节"是有一个限度，有一个分寸。不论世界衰乱，我做人必有限度，必有分寸，那便是一豪杰。若说人身生理，有血气，有骨气；从血气中有勇，从骨气中见志。人不能做一冷血动物软骨汉，人之死生也只争一口气。天下不能有无血无气无骨的道德，也不能有无血无气无骨的圣贤。我们也可说，中国历史是一部充满道德性的历史。中国的历史精神，也可说是一种道德精神。中国的历史人物，都是道德性的，也都是豪杰性的。

中国最大圣人孔子，他的品评人物，也是双方面的。尧、舜、禹、汤、文、武、周公是一面，另一面则是孔子讲到吴泰伯。"泰伯其可谓至德也已矣，三以天下让，民无得而称焉。"孔子称许吴泰伯是道德中最高的一级了，甚至社会人群无法称赞他。孔子共说了两个民无得而称的人，一是吴泰伯，另一个是尧。"惟天为大，惟尧则之，荡荡乎，民无能名焉。"

第二个孔子称赞的是伯夷叔齐。孔子说："伯夷叔齐，古之仁人也。"当知要做吴泰伯、伯夷，也得有志有勇，有气有节，特立独行，毫不苟且。此等人一样在历史上有影响，有作用。《史记》里有三十《世家》，七十《列传》。《世家》第一篇，不是鲁、卫、齐、晋，而却是吴泰伯。《列传》第一篇则是伯夷。中国人的历史人物观，孔子以下，经太史公这一表扬，一面是尧、舜、禹、汤、文、武、周公，同时另一面还有吴泰伯、伯夷。其实孔子自己，正是兼此两面，所以成为中国之大圣人。

（五）

到了孟子，又提出中国古代之三圣人。但他所提，不是尧、舜、禹、汤、文、武、周公。这三圣人，是伊尹、伯夷、柳下惠。孟子说："圣人者，百世之师也。"一世三十年，百世就是三千年。孟子说："伊尹圣之任者也"，"伯夷圣之清者也"，"柳下惠圣之和者也"。

故孟子说："孔子圣之时者也，孔子之谓集大成。"幸而孟子另举出三圣人，都是由其内在条件而成为圣人的，使人谁也逃不了自己的责任。人类中有此三种性格，有此三种标准。而孔子则兼此三者而融化汇通为一完全之人格。他积极向前，有时像伊尹。他一尘不染，有时像伯夷。他内介外和，有时像柳下惠。所以孟子称孔子为"集大成"之至圣。孟子自己说："乃我所愿，则学孔子。"

诸位当知，要讲道德，临死也得讲。即在生死存亡之际，仍有道德存在。我们该从这一标准看去，才知道所谓的中国历史人物。这一种精神，便是我们的历史精神，也即是我们民族精神和文化精神。

（六）

再说汉代历史人物，也是指不胜屈，且举一个苏武来作例。因成功须受外在条件，际遇人人不同，无可学。若如苏武守节不屈，却是人人可学的。尧、舜、禹、汤、文、武、周公之际遇不可学，没有际遇的如孔子却该人人可学。

下到东汉，我且举一个军人马援。马援是光武中兴时代一位将军。

光武的中兴集团，大多都是他的太学同学，马援却是西北一个畜牧的人，牧牛羊为生。他平越南封了侯，年龄也老了，汉朝又要派军去讨五溪蛮。马援要去，汉廷说他老了，怎么能再去边疆？但马援说："我并没有老。"他又说："男儿要当死于边野，以马革裹尸还葬耳。何能死于床上，在儿女子手中耶？""马革裹尸还"这五字，直传到今天，也是他说的。马援是个大豪杰，闻其风，一样百世可以兴起。

下面讲到南北朝，我且举一人，那是一出家和尚。中国没有大和尚，佛教怎会在中国发扬？我今天只讲一个竺道生。生公当时，《小品泥洹经》初翻译到中国。泥洹经有大本、小本。小本中有一句说："一阐提不得成佛。""一阐提"是毁谤佛法的人。竺道生却说："一阐提也得成佛。"当时北方和尚大家起来反对说："经上明明讲一阐提不得成佛，你怎能讲一阐提亦得成佛。"召开大会，把他驱逐。竺道生当然只得接受大家决议。但他说："若使我话讲错，我死后应进拔舌地狱。倘我话没有错，我死后还得坐狮子座，宣扬正法。"结果《大品涅盘经》翻出来了，下面讲到一阐提亦得成佛，竺道生的说法终于得到证明。

（七）

我举一个元代人作例。宋朝亡了，元朝起来，中国有一人郑思肖所南，他没有什么可传。据说他常作画，只画兰花，却根不着土。别人问他，他说："没有土呀。"他住宅门上题四个大字"本穴世界"，拼上凑下，实是一个"大宋世界"。他著一本书，称《大无工十空经》，实也还是"大宋"两字。他还有一部《心史》，用铁函封了，沉在苏州一寺中井底，在明崇祯时出现了，他也是一豪杰之士，应该归入孟子三圣人中伯夷的一路。

清初，我想举一人李二曲，他是陕西一种田汉。他讲阳明哲学，名大了，清代皇帝定要笼络他，派地方官送他到北京应博学鸿词科。他说生病，不肯去。他说："我实为名所误。"从此一生绝交，地下掘一土室，不见任何人。只顾亭林到陕西，可下土室见他。一谈一半天，不知谈了些什么。清末时，大家起来革命。其实明末遗老如李二曲等故事，也发生了极大作用。

再讲到最近代人。我到台湾来就发现了两人。一是郑成功，一是吴凤。有此两人，我们来到台湾也不寂寞。我去美国，又知道一人，是中国山东人，名叫丁龙。等到丁龙要病死了，向那主人说："我在你家一辈子，吃是你的，住是你的，还给我薪水。我也没有家，没有亲戚朋友，这些钱都留下。现在我死了，把这些钱送还你，本来也是你的钱。"于是他就把丁龙这一小笔留下的薪金，又捐上自己一大笔，一起送哥伦比亚大学，要在那里特别设立一讲座，专研究中国文化。这讲座就叫"丁龙讲座"。中国社会上圣人多得是。圣人外流，跑到海外去。一个跑到台湾，就是吴凤。一个跑到美国，就是丁龙。在祖国，山东武训，不也是个圣贤吗？至少也是个豪杰之士。

（八）（略）

一四　中国历史上之名将

中国文化传统上有一特殊之点，即对"文""武"观念向不作严格之区分。历史上名将大帅，带兵打仗，赫赫当时，垂誉无穷，极多数是文人学士，儒雅风流，而非行伍出身的专门人物。春秋时，晋、楚战于城濮，晋文公将出师，谋元帅，赵衰曰："郤縠可，说礼乐而敦《诗》《书》。"举此一例，可概其余。

燕国有乐毅，后人以与春秋齐管仲合称管乐。

下到汉代，出于胯下的韩信，萧何称之为"国士无双"。

在西汉将才中，如周亚夫抗拒吴楚七国，如严助浮海救东瓯，如赵充国西羌屯田，细读他们的史传，自知他们都不仅是一武人。

东汉光武中兴，一时部伍，如王霸、吴汉、耿弇、寇洵、邳彤、冯异、岑彭、邓禹、马援那一伙人，何尝有一个是经受军事训练出身的军事专才。只为通人事，亦自通政事，兼通军事，因缘时会，勋绩彪炳。也可说，中国历史上多出军事天才，正为中国人一向懂得尊重人事，讲究人事，所以成为一"通情达理"之人，遂亦能当一理想的军人。而使后人低徊向往的，有如魏羊祜与吴陆抗之对垒，使命常通。抗遗祜酒，祜饮之不疑。抗求药于祜，祜与之，即服，曰："岂有酖人羊叔子。"以此较之诸葛亮、司马懿阵前交际，闲情雅量，更不知要胜几许倍。

杜预平吴，他的《春秋左氏传注》，被列入《五经正义》乃及《十三经注疏》中，至今不替。史传称其"身不跨马，射不中的，而用兵制胜，诸将莫及"。那更可当得一学者型的将才了。

陶侃为东晋征西大将军，在军中，尝语人曰："大禹圣人，乃惜寸阴。至于众人，当惜分阴。"此语流传千古，至今人人称道。其运甓故事，亦人人皆知。尝治船，竹头木屑皆令人籍记典掌，到后随处有用。此外如：桓温、唐太宗李世民、颜真卿、颜杲卿、张巡、雷万春、许远、南霁、李愬、谢玄、谢石、谢安、寇准、韩世忠之梁夫人。而岳飞与关羽同尊为武圣。吴玠、于谦、王守仁、俞大猷、戚继光、曾国藩、袁崇焕、卢象升、史可法等等。

以上拉杂陈述中国历史上之名将风范，智、仁、勇三德兼备，军务、政事乃至于人生大道之融通一气；此之谓"明体达用"，乃中国文化传统中之理想人格，大圣大贤之规模，而岂以搏斗格杀为能事，以暴虎凭河为果决之所堪同日并语。故中国文化传统中之将才武德，非熟读历史上之名将事迹，则不足知之。

六月，《人类新文化之展望》，刊于《民主评论》第二卷第二十三期。收入同前兰台版《文化学大义》，改题名《人类新文化与新科学》，页一一四～一二五。摘要如下：

（一）

这几十年来，世界人类经历两次大战，这是当前人类文化本身内部所犯偏差与病痛之暴露，与其应有的必然之后果，则最近将来，我们应该希望有一种人类"新文化"之出现。将来的人类"新文化"，应该有一种"新科学"与之相应。

将来的新科学，其着重点：第一，将为"天文学"。人类将积极运用数理智识来发展天文学，俾能更了解宇宙之真相。第二，将为"生物学"。直从化学开始，而达于人类学。明了一切生物，将藉以明了生命之究竟真相，而因此更进一步明了人类之自身。第三，将为"心理学"。人类将来新科学中之新心理学，则为一种超级心理学，即"人文心理学"。将确然自成一种"心灵科学"。从道德心理与艺术心理开始，而直闯进通灵学鬼神学的神秘之门。而与天文学、生物学相会通。

(二)

天文学告诉我们，人类在整个宇宙中是如何般渺小；生物学告诉我们，人类在其整段的诞生以及长大的历史过程中是如何般卑劣。然而人类毕竟有人类目前自身应有之地位，人类文化毕竟有此种文化内在应有之意义与价值。然而今天人类所硕果仅存之些微自尊心，及其对文化前途之些微期望心，则依然不得不仍寄托在宗教信仰与形而上学之玄想中。新科学之实证的发现，既非旧有的宗教信仰与形上学之玄想所能控勒驾驭，则人类生命失却了指导中心，于是最近几十年来"唯生主义"与"唯物主义"，乘机崛起，弥漫一世。科学价值，最多仅止于"化物成能"。人类文化，最多亦仅止于各凭物力"互争长雄"。于是仍不免逃进宗教信仰与形上学之玄想中，来求自慰自欺。此乃两百年来人类文化之真病痛，而当前之人类浩劫，亦由此起。

(三)

我所想象就心理学，所谓人文心理学者，而姑称之为"超心理学"。须求其超越动物心理，与原人心理，而着眼在人文演进以后之"历史心理"与"文化心理"。此后之研究，则该放远放大，注意"全体"人类之历史行为，此即所谓"文化"者是。我们亦只有从全体人类之文化演进中，从人文心理之客观研讨中，才能具体指出人类心灵之普遍本质及其内在意义。

人类历史行为，更该侧重在人类自有文化以来之"道德"与"艺术"之诞生与演进。道德属于"善"，艺术属于"美"。在我则认为"只有善与美才始是人文界之真"，始是理想中之"真人生"。

(四)

此后之新科学，应分为三级递升之形态：（1）物质科学，包括天文学、地质学、物理学、数学之类。（2）生命科学，包括生物学、心理学之类。（3）心灵科学，包括道德学、艺术学、历史文化学之类。于是我将继续说到中国传统里的学术思想。中国文化之成就，正在其"道德"与"艺术"方面。中国文化中道德与艺术之实际造诣，及其理论根据，乃建基于中国思想中之所谓"人性"一观点之上。中国思想中之所谓人性，即人类心灵经历长时期文化陶冶以后所积累在其心坎深处的一种

"潜意识"之自然流露。

由此论之，中国人在科学上，其所成就者，却早超过了第一级第二级，而直透进第三级，如我上文所谓"人文心理学"，即"心灵科学"之阈域。惟其有此成就，故如西方人之宗教信仰以及哲学玄想，皆不为中国人所重。

（五）

将来人类新文化之"最高企向"，就其鞭辟近里言，就其平实真切言，决然为"道德的"、"艺术的"，而非宗教的与哲学的。道德与艺术，本身即是人生之实体。根本渊源，则应直从"人心内在要求"中觅取。苟使对此东方文化古国传统思想中之"人性观点"，及其对于"道德"与"艺术"之实际修养与实际造诣，有所瞭悟，则三十年五十年之后，必有知吾言之断非无端而妄发矣。

六月，《世界暴风雨之中心地点——中国》，刊出同前第二卷第二十四期。收入同前兰台版《世界局势与中国文化》页三三～四三。摘要略。

七月，《近五十年中国人心中所流行的一套历史哲学》，刊于香港《自由人报》。收入同前兰台版《历史与文化论丛》页二三一～二三五。摘要略。

八月，《中国思想史自序》，刊于《香港时报》。收入同前兰台版《中国思想史》页六～一五。摘要如下：

（前略）故人情、物理、天心，在中国思想中，常求能一以贯之，成为三位之一体……中国思想，则认为天地中有万物，万物中有人类，人类中有我。由我而言，我不啻为人类之中心，人类不啻为天地万物之中心，而我之与人群与物与天，则寻本而言，浑然一体，既非相对，亦非绝对。最大者在最外围，最小者占最中心。天地虽大，中心在我。然此决非个人主义。个人主义乃由分离个人与天、物、人群相对立而产生。然亦决非抹杀个人，因每一个人，皆各自成为天、物、人群之中心。个人乃包裹于天、物、人群之中，而为其运转之枢纽。

九月，《中国历史上的经济》，刊于《思想与革命》第一卷第九期。收入同前兰台版《中国历史精神》页四七～六六。摘要如下：

（一）

经济是人生一个"基本"问题，它是人生中很重要的一部分。若使经济问题不得好解决，其它一切问题都将受影响。可是经济问题并不包括人生的整个问题，也不能说经济问题可以决定人生其它的一切问题。经济只是人生中少不得的一项"起码"条件。倘若个人或社会，把经济当作唯一最重要的事件与问题，那么这个人的人生决非最理想的人生，这社会也决非理想的社会。

马克思的唯物史观，认为经济可以决定一切，全部人生都受经济条件的支配，这一理论，就今天西方世界来说，未尝没有它部分的真理。他说："人类社会从封建社会走向资本主义的社会。"这样讲法，至少有两个问题：第一，他只能讲通半部西洋史。中古时期的欧洲，是一个封建主义的社会；近代欧洲，是一个资本主义的社会，这算是对了。可是以前，还有很长的一段。再向上推，而仍要单从"经济"一观点来讲西方全部历史，就有些说不通。

（二）

第二，它只能讲西方，不能讲中国。因为中国历史并没有依照马克思观点而发展，特别重要的，中国社会乃由其它部分来领导经济，控制经济，而并不单纯的由经济问题来领导社会、控制社会。今天中国人纵然就此吃了亏，似乎一向太不注意经济的发展。但就中国全部历史看，经济问题所以不成为中国社会人生唯一大问题的，乃因其有领导控制的经济力量在。

中国社会与西方有一显然不同处。西方社会常有显明的"阶级对立"，中古时代是贵族与平民，近代是资产阶级与无产阶级。

中国社会自秦汉以后，在一般人脑海中，并没有"阶级"，但却有"流品"。我们可以说，秦汉以后的中国社会，是一个"流品社会"，并不是一个阶级社会。中国社会上从此分为士、农、工、商四流品，亦可称为"四民社会"。流品不是阶级。中国秦汉以后的政府，便变成了"士人政府",这和封建社会里的贵族政府绝不同。

在西方,宗教与政治分途,"上帝的事由上帝管,凯撒的事由凯撒管"。传教徒既没有家庭,也不参加政治。而中国的士,则是不出家的,不但有家庭,还要参加政府,要顾到修身、齐家、治国、平天下一套人生的大任务。西方社会里的最高人生理论寄托教会,中国社会的人生大道理,则寄托在士的一流。有志做士的,便不该自谋个人生活。

中国在秦汉以后形成了士人政府,社会由士人来领导与控制。所以我对两汉社会,称它做"郎吏社会"。两晋南北朝,称它做"门第社会"。唐代以后,则称它为"科举社会"。这是完全着眼在"士"的一流品之转变上来划分的。这完全和西方不同。

(三)

再讲到中国社会中之农、工、商三流品。中国社会也可称是一个"农业社会",因农民占了国家最多的户口,农村是中国最广的基层。要讲中国的农民生活,必须先讲到"土地"问题,这是中国历史传统上一个最重要的经济问题,所谓土地问题,便是讲土地的"主权"问题。土地的所有权,应该是国家公有呢?还是由农民私有?

中国在封建时代就有井田制度,"井田制度"和"封建社会"是不可分离的。井田就是土地国有,当时说:"普天之下,莫非王土,率土之滨,莫非王臣。"但此制后来发现了缺点,农民全把精力放在分配到的田亩上,各家的一百亩私田耕得都很肥熟,对公耕的百亩便不免荒芜了。于是贵族地主不得不改变办法,不再将土地分公私,全部交给与农民,而向各家征收其十分之一的田租。政府变为"认田不认人",不问你耕多少田,只知道按田收租,于是逐渐转变为"耕者有其田",将原来平均分配的精神打破了,由土地"国有"转变到"私有"。

但"耕者有其田"也有一大缺点,因为土地所有权既归私有,耕者便可自由处置变卖土地,社会上便形成有贫富不均的"兼并"现象。王莽因此主张变法,把全国土地收归国有,重新分配,这叫做"王田"。王莽用意并不坏,但社会经济问题,并不是政府一道命令可以解决的。王莽"土地国有"的政策,却完全失败了。

从东汉末年到三国,全国大乱,地方政府解体,土匪盗寇四起,农民无法生存,便去依靠大门第。壮丁编为大门第的自卫队,这叫做"部曲"。大门第再圈占土地分配给部曲户,有的是部曲户携献土地给大门第。这些土地,现在则并不归农民所有,也不属于国家,而归入部曲主的掌握中。

曹操时有谋士策划实行"屯田"制度,军队于空闲时派田耕种,照法理论,田地是公家的。晋代得了天下,军队复员为农民,但田粮仍和从前一样征收到百分之六十至七十。

南北朝时,北魏始创立"均田"制,这一变动,又是由租税制度之变动而影响到土地制度。当时政府收租为百分之六十,大地主收租也只百分之六十,因此一般农民,均不愿当国家公民,而宁愿做大地主私属的佃户。北魏孝文帝虽是鲜卑人,但他却懂得根据中国历史,改变赋税政策,把田租额减轻到略等于汉代,如是则农民都愿改报户籍转为国家的公民。这是直从东汉末年以来土地制度上一番大改革,但也在和平过程中完成了。

唐代沿袭北魏均田制而成为"租庸调"制,大体仍和均田制差不多。这制度的好处,一是田地平均,二是租额轻减,但不久此制又失败了。唐代自租庸调制失败后,改行"两税制"。一亩地抽夏、秋两次税,只问田,不问人,又恢复到土地私有可以自由买卖的情形。此后历经宋、元、明、清、土地永远私有,田亩永远可以自由买卖,虽有人再来主张土地公有,平均分配,可是始终没有实现成事实。但唐以后的土地兼并和贫富不均,比以前略好些。

更重要的,是中国社会上"士"和"农"相配合的理想。汉代士人,大体由农村出身。唐以后的制度,属于工商籍的户口不准应考。因此士的一流,也只有从农民中产生。因此作官人只能成为一富人,却不能成为一资本家。而官家、富人又永远地在更替流转,不能累积成大富。要明白中国的社会,要明白中国社会的经济,必先明白这一个制度。

(四)

现在再讲到工、商人,我们该回到封建时代从头讲起。那时候整个土地完全属于国家所公有,一部分开放的是"耕地",一部分不开放的叫做"禁地"。贵族受封后,那些土地便由贵族统治。耕地开放给平民耕种，此外如山、林、池、泽不开放的，便叫禁地，由贵族派员管理。后来有一般无业游民偷入禁地，伐木捕鱼，烧盐冶铁，这种经营是犯制的。起初贵族派军征剿，后来剿不胜剿，便派人驻守入口，抽征其奸利所得，遂成为一种变相的"赋税"。

中国古人所谓"征商"，"征"字原为征伐义，而后来乃转变为征税。秦汉时代，只有皇帝仍照古代父子传袭，而政府则与古代不同。所以秦汉时代政府里的财政机关也分成为两个：农民税收归政府公用，属于"大司农"。山、林、海、泽一应工商业方面所抽的税，这是王室私有的，属于"少府"。

汉武帝数伐匈奴，为国家司库的大司农报告国家钱库已空，武帝下诏命富商捐款，应者只卜式一人。武帝遂一怒而收回山、林、海、泽之利，把盐、铁收归国营与官办，把因此所得捐助给政府。此种政策，正如今日之"公卖"与"国营"。

汉武帝以后，政府对社会上可获大利的工商业，一向都由政府控制，不让私人尽量自由的经营。因此对农业则轻徭薄赋，平均地权；对工商业则限制发展，不使社会上有大贫大富之出现。

孔子的人生理想是："贫而乐，富而好礼。"上引孔子的话，实可代表中国传统的经济理想。一个社会，虽不能做到均贫富，却老想能在某种限度内保持其平等。此亦是中国人之所谓"礼"，亦即是一种"均产"的理想，这一种理想的执行人就是"士"。

中国的传统哲学："国防求能做到不被人侵略，经济求能发展到一般生活没有问题。"到此为限，却不许继续无限地向前。罗马帝国的衰亡，原因即在其太过富强了，因经济集中而流于过度奢侈，遂致文化崩溃，国家沦灭。

在元朝，当时西方人不信世界上会有这样一个经济繁荣的国家之存在。到清朝康、雍、乾时代，中国物质文明，就一般言，仍然在西方之上。只这最近两百年来，西方新科学才突然凌驾了中国。然正因为西方科学之突飞猛进，而造成了西方今天种种的问题。

（五）

"士"是中国社会的中心，应该有最高的人生理想，应该能负起民族国家最大的责任。中国的士，应是一个"人文宗教的宣教师"。

自从西方文化进入中国，一部分读书人走上政治，失却了为公服务的责任感，却说是争民权。一部分改行经商，索性专一孜孜为利，说是个人自由。西方人至今尚进教堂，接受他们许多传统的人生教训，而今天中国的智识分子，则只接受了西方的"权利观念"，没有接受他们的"宗教精神"。社会依然是中国的，理论却是西方的；又只有西方理论之一半，只讲"个人权利"，不讲"仁爱与牺牲"。于是四民中缺少了一民"士"，社会骤然失了中心。

其实今天中国社会里的所谓智识分子，他们只保持了中心的地位，早失却了中心的精神。他们只肯剽窃西方政治经济理论来"自便己私"，而缺乏一种为公牺牲的宗教精神。

我觉得目前的中国，依然要走中国自己的道路，要恢复"士"的精神来作社会中心的主持与领导。这辈人不应该借着民主理论来逃避自己的责任。不能仅凭一套肤浅而实际是自私的政治经济理论，来掩饰其自营己私的权利营谋，来助长相互间的斗争情绪。

今天中国人的大缺点，就在把自己本身的社会实相撇过不谈，而专门滥用西洋几个空名词套上，硬拼硬凑，硬要叫中国来做别人家文化的殖民地。我们希望中国文化还要自觉的站起来，那么中国才有新希望。

十一月，《王荆公的哲学思想》，新亚文化讲座讲稿。收入同前兰台版《中国学术思想史论丛》（五）页五〇~六〇。摘要如下：

（一）

人皆知荆公为北宋一大政治家，许多人喜欢荆公之政治思想及经济思想等，至其一切思想之本原来历，则很少人讲到。今讲荆公思想，特就其本原处讲起。

（二）

讲荆公思想，该从唐代说起。那时佛学盛行，韩昌黎著《原道》，出力辟佛，要"人其人，火其书"。又撰《师说》，以传道自负，说明中国文化自有其传统与立足之点。荆公二十几岁撰《淮南杂说》一书，此书殆已包含了荆公思想的根本见解。而荆公之志则在直接孟子。

（三）

中国思想传统则有些上不在天，下不在物，主要只偏重在讲人，所谓"人文本位"。中国古人讲人性，实是中国人文本位哲学中之一种形而上学。中国学术第一步要讲的便是这"人性"。不妨暂称之为"性论"。第二步要讲的应称为"德论"。中国思想注重人性，注重人之品德，尊重人的地位。即或讲神、讲上帝，亦必从人的本位出发讲。第三步应称"道论"。"道"与"德"，可分作两面看。德偏在讲"个人"，道偏在讲"大群"，着重在群治的一面。第四步应称为"修养论"，此是讲究实践方法的。荆公在此几部分都已论到，而且都讲得很精微妥贴。

（四）

荆公的"性论"。他将孟子的"性善论"，荀子的"性恶论"，扬子的"性善恶混合论"，排列一起加以说明。他自己意见则是参酌孟、扬两家。他着有《扬孟》一文，认为善是人性之正，不善则是人性不正的一面。荆公谓："喜怒哀乐好恶欲，未发于外而存于心，性也。喜怒哀乐好恶欲，发于外而见于行，情也。性者情之本，情者性之用。"喜怒哀乐好恶欲，乃有情人类所共有。若没有了这情，是不成为人的。人性之善，不靠情来表达，又怎知其性之善呢？若论政教本原，而抹煞人情不讲，又还有什么可说的呢？

（五）

其次讲到荆公的"德论"，即"人品论"。荆公有一文，题为《大人论》。他引孟子所云"充实而有光辉之谓大，大而化之之谓圣，圣而不可知之之谓神"之说，而把"大人"、"圣人"、"神人"三级平列起来讲。他说："由其道而言谓之神，由其德而言谓之圣，由其事业而言谓之大人。"大人之大，在乎其事业；圣则在于德，圣人之德具体化，则在事业上。神非圣不显，圣非大不形。而所谓道、德、业与神、圣、大之三者，合而言之，则是所谓圣人了。

（六）

再次讲到荆公的"道论"。荆公有一文，题名《王霸》，说明"王"、"霸"之所同及其所不同。王之与霸，所以用者相同，而彼此之"存心"则大异。所谓："心异则事异，事异则功异，功异则其名不得不异。"

"德"与"业"必所并重。而荆公又直从心理本源上去剖辨王霸之不同，乃开出以后理学家所极看重的"义利之辨"来。

（七）

其次应讲到荆公之"修养论"。荆公有两文，《礼乐论》与《致一论》。《礼乐论》说明"礼乐所以养人之神，正人气而归正性。"《致一论》说明"万物莫不有至理焉，能精其理，则圣人也。精其理之道，在乎致其一而已"。怎能致其一？"语道之序，则先精义而后崇德。及喻人以修之之道，则先崇德而后精义"。这是说实现理想人格、理想社会的实践方法。

（八）

荆公有高远的理想，精深博大的思想体系。他的性论、德论、道论都讲得很好，修养论则较诸后起诸人确有未臻精密处，然而也是大端正确的。

十二月，《庄子纂笺序目》，刊于《民主评论》第三卷第一期复刊号。收入联经《全集》第六册《庄子纂笺》页一一～一四。摘要如下：

《庄子》，衰世之书也。故治《庄》而著者，亦莫不在衰世，魏、晋之阮籍、向、郭，晚明之焦弱侯、方药地，乃及船山父子皆是。庄子之学，盖承杨朱而主为我。近人疑其为一人……非一人明矣……昔王荆公尝论之，曰："为己，学者之本；为人，学者之末。为己有余，而天下之势可以为人矣，则不可以不为人。今始学之时，其道未足以为己，而其志已在于为人，则可谓谬用其心矣。杨子知为己之为务，而不能达于大禹之道，则可谓惑矣。墨子者，废人物亲疏之别，而方以天下为己任，是以所欲以利人者，适所以为天下害患也。故杨子近于儒，而墨子远于道，"……余之生，值世又衰；而并世学人，顾少治庄而贵墨。震于西方之隆强，意切追随，摩顶放踵，若惧弗及。孙仲容、梁卓如皆盛尊墨子，谓可拟之耶氏。故章枚叔颇能窥寻庄旨。严几道晚年，与熊纯如诸札，亦颇瞭此；而几道亦晚年治庄。然则处衰世而具深识，必将有会于蒙叟之言，宁不然耶！……余少知好此书……大奇赏。自是遍搜古今注《庄》诸家。每获一帙，必首尾循诵，往复不厌。然得于此者失于彼，明于前

一九五一年 辛卯 五十七岁

而昧于后，欲求一通体朗畅、豁人心意者而难之。自是以来，垂四十年矣。世益衰益乱，私所会于漆园之微旨者益深……今战氛殆不可速了，遂发意注《庄子》。先就马通伯《庄子故》，惬者存之，懑者抹之。然后广集诸家，蚁行蝇楷，列于书眉；钩勒标帜，施以五色。昕旭握管，时达丙夜；寒雨雪霰，呵冻不辍。始十二月九日，迄于翌岁己丑二月九日，前后适两越月而书成……天不丧斯文，后有读者，当知其用心之苦，实甚于考亭之释《离骚》也。

十二月，《中国历史上之考试制度》，刊于《考诠月刊》第一期。收入《国史新论》，二〇〇〇年台北素书楼文教基金会·兰台出版社整理新版印行，页二六八~二九一。摘要见前一九五〇年。

《中国历史精神》一书，系于一九五一年春，钱先生在台北应"国防部"高级军官组特约讲演七次，分别讲述史学精神与方法、中国历史上的政治、经济、国防、教育、地理与人物、道德精神七题，讲辞由先生修润成书。一九五二年七月由印度尼西亚雅加达《天声日报》印行，一九五四年一月就原书字句略加删润，并于第四讲增入一节，交由国民出版社在台出版。一九六四年，先生复将本书略加修润，并增附该两篇讲辞，在香港再版印行。一九六五年又在台北再版。一九七六年十二月改由台北东大图书公司出版。一九九七年联经《全集》第二十九册，收入《中国历史精神》，又增入两文。二〇〇〇年二月收入素书楼文教基金会·兰台出版社印行，页一~四，本书大要如下：

前　言

我是一失学的孤儿。小时候常听人说："中国要亡了。"我当时感觉，这是我们当前最大的问题。这个问题若得不到解决，其它问题不值得再考虑了。

恰巧那时我读到梁任公先生《中国不亡论》一篇文章，无异如在黑暗中见到一线光明。为要证明"中国不亡"这句话，才使我注意到中国的历史。我常想，我们要知道明天将来的事，总该先知道一些昨天过去的事。

经过四十多年，这问题始终盘旋我心中。但对梁先生"中国不亡"四字，开始在我只是一希望，随后却变成了信仰，甚至我坚信我们的民族，还有其更伟大光明的前途。

证据何在呢？证据便是我们中国以往的历史。

我对中国历史的看法，已像是宗教般的一种信仰，只要有人肯听我讲，我一定情愿讲出我知道的一切。

本书共分七个讲题，另附录有四篇文章。

第一讲　史学精神和史学方法

（一）

人类的知识，可以分为两大类：一是属于自然的，一是属于人文的。自然指的是属于人以外的一切，人文指的是属于人类社会本身的一切。此两大对象之不同，我们求获关于两大类知识的方法也不同。

我们讲到人文科学，应该把人生以往一切实际而具体的经验，综合到几个可能到达的最高点，这就成为历史知识了。所以"历史"是研究人文科学一种最基本的学问，正如数学与几何之对于自然科学般。

试进一步再详说历史的内容：

历史是什么呢？历史便即是"人生"，历史是我们全部的人生，就是全部人生的"经验"。历史本身，就是我们人生整个以往的经验。至于这经验，这以往的人生，经我们用文字记载，或因种种关系，保存有许多从前遗下的东西，使我们后代人，可以根据这些来了解，来回头认识以往的经验、以往的人生，这叫做"历史材料"与"历史记载"。我们凭这些材料和记载，来反看以往历史的本身；再凭这样所得，来预测我们的将来，这叫做"历史知识"。所以历史该分三部分来讲：一为历史本身。一为历史材料。一为我们所需要的历史知识。

我们只求在以往人生中，择其特别重要的，保留记载，使我们得根据这套保留和记载，来了解过去的经过，那就已够了。然而这也依然极艰难，这需要有一套精卓的技术。第一先要能"观察"，能观察然后能记载。

史学正是保留人生经验，发挥全部人生中的重大意义和价值，以传诸后世，使后世人能根据这一番经验，来作为他们人生的一种参考和指导的。历史是人生全部经验的"总记录"和"总检讨"。

（二）

就历史讲，历史上的"时间"，与我们普通指说的时间有不同。历史时间有它一种"绵延性"，在瞬息变化中，有它凝然常在的一种"特殊性"。所以说："历史时间过去的未过去，依然存在着；未来的早来到，也早存在着。"惟在此时间中，必有其内容演变，而始成其为历史。

我们研究历史，并不是说只要研究这事件的过去；而实是根据过去，来了解现在。不仅如是，而还要知道到将来。历史事件是一种远从"过去"透过"现在"而直达"将来"的，有它"一贯"的一种历史精神。若我们不了解过去的五千年，又何能了解今天的中国？

历史是一种经验，是一个生命。更透澈一点讲，"历史就是我们的生命"，生命不可能由半中间切断，不能说我今天的生命和昨天无涉。要能过去透达到现在，才始是有生命的过去；要能现在透达到将来，才算是有生命的现在。这才可说它有历史的精神。有了这精神，才能形成为历史。

历史就是要我们看这一段人生的经验，看这一番人生的事业，直从过去透达到现在，再透达到将来。人生的意义即在这里，人生的价值也即在这里。我们要讲的历史精神，就要把握这一点，从过去透进现在而直达将来的，这就是我们的生命。只有生命才有这力量，可以从过去透进现在而直达将来。历史是一种"把握我们生命的学问"，是"认识我们生命的学问"。

我们该了解，"民族"、"文化"、"历史"，这三个名词，却是同一个实质。中国人必然得在其心灵上、精神上，真切感觉到"我是一个中国人"。这一观念，由于中国民族的历史文化所陶冶而成，只有中国历史文化的精神，才能孕育出世界上最悠久、最伟大的中国民族来。

我们可以说，没有一个有文化的民族，会没有历史的；也没有一个有历史的民族，会没有文化的。"历史"与"文化"就是一个"民族精神"的表现。所以没有历史，没有文化，也不可能有民族之成立与存在。

所以讲历史应该注重此两点：一在"求其变"，一在"求其久"。我们一定要同时把握这两个精神，才能了解历史的真精神。所以说"鉴古知今"、"究往穷来"，这才是史学的精神。

（三）

中国可说是世界上一个史学最发达的国家。中国人很早便知道记载历史，这即证明了中国人很早便懂得观察人生。今天我们的责任，也就在能回头来发挥中国以往历史的精神。

可惜的是我们今天的中国人，却又是最缺乏历史知识的。甚至对本国以往历史，也已一无所知了。论历史本身，中国最伟大；论历史记载，中国最高明；但论到历史知识，则在今天的中国人，也可说最缺乏。对于自己国家民族以往历史一切不知道，因于其不知，而产生了轻蔑和怀疑，甚至还抱着一种厌恶反抗的态度，甚至于要存心来破坏，要把中国以往历史痛快地一笔勾销。如何会产生出这样一种变态心理和反常情感的呢？这实在值得我们来作一番详细的追寻。

我们知道，要灭亡一个国家，定要先灭亡他们的历史；要改造一个民族，也定要先改造他们的历史。史学精神所最该注重的，是现代的历史，不是古代的历史。直到最近，革命成功了，没有革命史；抗日胜利了，没有抗日史。这岂不就证明今天中国的史学精神早经毁灭吗？

今天的中国人，虽然最缺乏的是历史知识，却又最喜欢谈历史。一切口号，一切标语，都用历史来作证。

这五十年来，老实说，我们并没有历史的知识，然而大家偏要拿历史来作理论的根据，偏要把历史来作批评对象，刻意要利用历史，又刻意要打倒历史。却不知打倒历史，就等于打倒整个民族的生命，打倒整个文化的生命。

中国这一个民族的生长，国家的创造，到今天已有五千年之久。一部中国史，就是民族和国家的生成史。它有了五千年的生命，我们何能一笔抹杀？今天中国之所以还能有乐观，也就在这一部五千年的历史之不可能勾销。

（四）

现在说到研究历史的方法，根据上面所讲：研究历史，应该从"现时代中找问题",应该在"过去时代中找答案",这是研究历史两要点。而历史知识,却常常随时代而变。今天我们所要的历史知识,和乾嘉时代人所要的不同。因为现实环境不同,所面对的问题不同,所要找寻的答案自然也不同。一个国家,历史最长久、最完备,应该要找答案也最容易。

且说近代西方的三位史学家,一是黑格尔,一是马克思,一是斯宾格勒。这三人都出生在德国,但德国历史太短了,黑格尔的历史哲学,因他并不能像中国人般有极长极详细的历史材料,可让他凭仗来形成他精美的哲学。所以他并不根据历史来讲哲学,而是根据哲学来讲历史。他说整个人类的历史,就是一部"精神逐步战胜物质"的历史。两次世界大战,德国都失败了,问题就出在黑格尔这一套历史哲学上。

第二个史学家马克思,他本是犹太人,他内心根本没有所谓"国家观念"。他说历史必然由"奴隶"社会到"封建"社会,又到"资本"主义的社会,然后变成为"共产"主义的社会。试问,人类历史,是不是到共产社会出现,也就完了呢?

第三个是斯宾格勒,他在第一次大战前后写了一本书,取名《西方的没落》。他预言西方文化也快要没落,又说德意志之后或将是苏维埃。这一说法,给我们近代中国的史学家看见了,却是正中下怀。因近代我们的史学家,早存心认为中国历史该没落,该完了。但确不如斯宾格勒之所想,因为中国文化实在至今犹存呀!

上述近代西方三大史学家,为什么他们的话,都会说错了呢?这也很简单,正因为他们所凭借的历史材料太不够,因此他们的历史智识和其所谓历史哲学者,也连带有问题。我们有着五千年历史,所以我们中国人对人生,对文化历史,本有极高的经验,甚深的陶冶。他们的历史太短,没有深长的认识和经验,印入这一民族的心中。所以近代的德意志,不到一百年,便已两度短命。

欧洲文化控制了全世界,这是眼前事。不要认为欧洲文化便可永久地领导统治这世界。中国这五十年来,西方的,我们都学遍了,但也都碰壁了。所有学人家的路都走完了,回过头来再认识一下自己吧!

我们要解决我们自己的问题,该回头来先认识自己。因为一切问题在自己的身上，解决也要在自己身上求解决。若要认识自己，则该用沉静的理智来看看自己以往的历史。中国历史知识的复活，才是中国民族精神的复活，才是中国传统文化精神的复活。到那时，中国才能真正地独立自存了。

今天大家正又热烈地要讲"民主"，中国若要真民主，该回头来认真学学中国自己的老百姓。中国老百姓身上，却保存有中国五千年来历史的旧传统与真精神。想拿外国的理论方法和意见来硬敲入中国老百姓的脑子里去，这又哪里是民主精神呀！

第二讲　中国历史上的政治

政治是人类文化中很重要的一部门。政治问题不能有好解决，社会就不可能存在。

就中国历史讲，政治"一统"是常态，"多统"是变态。偶而在多统政治下，始终还有一个要求一统的观念之存在。

所以，中国人受几千年历史熏陶，爱讲"传统"。

中西双方，因于国家观念不同，所以代表国家精神的政治体制也就不同。

西方人说，国家的构成要素是"土地"、"民众"和"主权"。

就中国传统观念论，似乎从没有想到一个国家能仅由这三要素而构成。这三要素，自然必不可少，但仅止于此三者，还不够构成一国家。国家构成的最高精神，实不在主权上。

"主权"二字，对象是物质的。如说这茶杯的主权在我，我可以打破它，丢掉它，或变卖它，或赠送给人。我们不能说"国家"是我们的一件东西，我们对之可任所欲为。如家庭，主权既不属父母，也不属子女。家庭不该讲主权，国家也一样不该讲主权。

中国人说："古之欲明明德于天下者，必先治其国；欲治其国者，必先齐其家；欲齐其家者，必先修其身。"个人、家庭、国家、天下，都有一个共同的任务，就是要发扬人类最高的文化，表现人类最高的道德。所以中国人的国家观念，是一种"道德的"国家，或是"文化的"国家，所以必然要达成到"天下的"国家。

这种任务之实现，在中国人讲来便是"道"。修身、齐家、治国、平天下，就是要明道，行道。其基本核心却是在"个人"。

中国自秦汉以下的政府之组织者，不是军人，不是贵族，也不是富人与穷人，而主张"贤者在位，能者在职。"政府从民众间挑选其"贤能"而组成。

中国人对政治的传统看法，一向认为政府不是代表一个权力，而只是一个机构，来执行一种任务，积极发扬人类理想的文化与道德的。政府的主要意义，在其担负了何种任务，而不是具有了何种权力。因此必须是胜任的，才该是当权的。所以从秦汉起，中国就有选举制度。唐代以后，选举制发生了流弊，因此采取自由报考公开竞选制。不经考试就不能参加政府任职做官。这是自唐至清，一千多年来的"考试制度"。

所以我们说，中国历史上由汉迄清两千年的政府，都是由民众组成的。

我们竟可说这才是现代人所谓的"直接民权"。而近代西方之选举代议士国会，则仍是一种间接民权啊！

国家元首，在中国以往情况下，不可能经由选举产生，因农业社会土地辽阔，交通不便，如要像今天西方般三年五年改选一次，一定会动摇了整个政府的稳定。因此中国政府需要一个世袭的元首，但也只许此一元首是世袭的。

我们要知道，中国政府的一切大权，并不在皇帝手中，皇帝下面有一宰相，才是实际掌握政府最高大权的。

中国历史上皇帝的上谕，其实是由宰相作主的。

在唐朝，宰相拟好谕旨，呈由皇帝阅过盖章。到宋朝，则宰相草拟意见，呈皇帝看过同意，再正式拟勅。所以唐代皇帝只有同意权，宋代皇帝则有事前参加意见之权，因此宋朝有许多人说宰相失职了。话虽如此，中国皇帝对宰相拟勅也有他的反对权。无论如何，不该说中国历史上的政府一向是皇帝专制呀！

讲到朝廷用人权，第一必须经过考试录取，由全国各地优秀分子中考选出来。而官员的升降，则另有"铨叙权"，另外有机关执掌管理，皇帝、宰相都不能随意用人升降人。

唐代有人说："礼部侍郎（相当于现代的教育部次长）权重于宰相"，因为宰相必须经过礼部考试出身。没有这出身的便做不到宰相，那何尝是由皇帝一人专制决定呢？

政府另有两种"监察权"。一是监察"发布命令"之错误的，一是监察"执行命令"之错误的。行使这两种职权的人，中国历史上是御史和谏官，也即是今天监察制度的由来。

"御史大夫"在汉代相当于副宰相，其下有二属官，一为"御史丞"，负责代宰相监察政府各级机构的官吏。一为"御史中丞"，代表宰相监察皇室与宫廷的。他职位虽低，却可监察到最高的皇帝，这是中国传统政治里一个微妙之处。避免由宰相直接监察颜观色皇帝易遭惹君相冲突。

监察制度到唐代有"台""谏"之分。台官专负监察百官之责，系一独立机构，不直辖宰相。谏官则专对天子谏诤得失，乃宰相之属僚。

唐代宰相谒见皇帝讨论政事，常带谏官同往。遇皇帝有不是处，谏官可直言规正，同时也可避免皇帝宰相直接冲突。谏官是小职位，以直谏为职，"直言极谏"是尽职。得罪了，小官不足惜，而因此随后得升迁的大希望。这些都是中国传统政治里运用技巧的苦心处。

到宋代，谏官转移锋芒来评论宰相的是非。于是政府中横生了一部分专持异见不负实责的份子，形成了谏官与政府之对立，亦即谏官与宰相之对立。神宗以后，因谏官习气太横，是非太多，激起了政治上反动。到明代，把谏官废了，只留"给事中"。

唐代给事中是宰相属员，宰相所拟诏旨，由他们参加审核，认为诏旨有不当处，可以封还重拟。那是中国历史上之所谓"封驳"。

明代废去宰相，政府最高命令，由皇帝直接向各部尚书颁发，但在各部中，却各有"给事中"若干员，职位如今之科员，极低微，但皇帝诏旨，他们却有权参加意见，当时谓之"科参"。每一给事中都可单独建议，不受旁人牵制。诏旨经他们反对，都可附上驳正意见，将原旨送部再核。如是则皇帝的出令权，依然有了限制。

所以中国的传统政治，既非皇帝一人所能专制，也非宰相一人所能专制，更不是任何一个机关、一个衙门所能专制，那是有历史的详细记载可以作证的。

那么中国政府是否全没有皇帝专制的呢？这又不然。元、清两代，异族入主，有意违反中国传统政治。元代较黑暗，清代较高明，但其厉行专制则一。上述的考试制度，在元代虽有名而无实，但清代则依然循行不废。至于"相权"、"谏权"、"封驳权"等，用来限制皇帝的，在清代一概不存在，至少是有名无实了。

西洋人来中国，只看见清代，说中国政治是专制的，积非成是，我来述说历史真相，反而认为是故发怪论了。

很多人常说："西方讲法治，中国讲人治，我们该效法西方人提倡法治精神。"但若根据中国历史看，我却说中国政府是法治的，西方政府才是人治的。

西方人所谓"法治"，其实主要只有一条路，就是"少数服从多数"。今天多数赞成便成法，明天多数赞成别一意见了，那别一意见就是法。多数是"人"，法随人转，所以是"人治"。

中国传统政治最讲法，一个法订定了，往往推行到数百年，皇帝不能变，宰相不能更，管理征收田赋的有司只知依法执行，谁也不能变动它。

中国政治的毛病，多出在看法太死，人受法缚，所以说"有治人无治法"，只想要把传统的"尚法"之弊来改轻。

西方政治是动的，前进的，根据多数人意见，随时可以改变。中国政治是稳定的，滞重的，不易变，不易动。

西方政治是很平易，很通达，只多数人认为是，便是了。他们的最高理论在教堂里，耶稣说："凯撒的事情凯撒管，上帝的事情由我管。"这就是说："政事由皇帝管，道理由上帝管。"

今天中国人都知道讨厌文书政治，这亦是中国传统尚法之流弊，却还要提倡法治，所谓以水济水，以火济火，实在是没有弄清楚中国历史上传统政治之真面目、真性质。

一般言之，小国宜人治，大国宜法治。中国政治之偏向法治，也有它内在的原因。

今天西方，一面是"个人自由"，服从多数；一面是"信仰上帝"，接受上帝的教训。近代西方人却渐感觉得政治上有时不能专服从多数。

再来一个政教合一，成为他们近代的"极权"政治。

若论道理，有时多数的并不对，少数的并不就不对。所以今天西方政治是只讲主权，不讲道理的。

他们的道理，一向由上帝来讲，由教堂来代表。所谓"国民教育"，只教如何做一个"公民"，却不教如何做一个"人"。"大学教育"是传授"智识"的，谋求"职业"的，也不重在教人做人的。做人的道理，是教堂里牧师的责任。

所以在西方，上帝只教人，不管人；凯撒只管人，不教人。若要管教合一，在中古，是神圣罗马帝国的理想。在此刻，是德、苏的极权政治之真义。教人的事也由凯撒管，在上者的主义和理论，不仅要你依政治立场来服从，而且要依宗教传统来信仰。信仰了政府，再也不许你信仰上帝。所以他们的极权政治则必然要"反宗教"。

中国政治却另有一套理论。这一套理论，既不在凯撒，也不在上帝，而在学校和读书人。政府只是学术的护法者。

中国传统向来主由"学术指导政治，决非由政治来指导学术的"。因于崇尚学术，故必"选贤与能"。学术是不能凭多少数来判定是非的。

然则中国传统政治有无缺点和毛病呢？当知世界自有历史，古今中外，任何一种政治，都不会十全十美，都该随时修正改进。政治是现实的，应该迎合潮流与时俱进的。

我要特别提出孙中山先生的"三民主义"。《三民主义》汇合了世界近代新政治思想三大潮流。如英、美、法的民主政治，固然有很多长处，但也有缺点。

近人西方宪法，常说国家主权在民众；但试问若没有了国家，民众主权又在哪里呢？若说每人要"平等"、要"自由"，实际上，又何尝可能呢？民主政治下平等自由，都是"有限"的。

一个国家和政府，并不单有主权便够，还该有它的"理想"。所以一个仅是权力的国家，并不是一个最合理想的国家。民主政治既不能表现它圆满的理想，遂有共产主义起来。

正因近代西方民主政治无论在理论上，实行上，仍有弱点，所以第一次世界大战后，才会产生了希特勒与墨索里尼，提出了"民族和国家主义"来作口号。

近代西方，此三大政治思想潮流，实是各有长短、各有得失的。

中山先生把近代西方三个政治思潮汇起来，一鼎三足，合则见其利，分则见其害。他又同时承袭了中国传统政治的长处，于三权分立外，再加上考试、监察二权，又特别提出"权""能"分职之理论。权在民众，能在政府。把民众比作刘阿斗，把政府比作诸葛亮。叫人民把一切政权交给与政府，这是中国历史传统下"选贤与能"的政治理想之新通正。

孙中山虽采用了西方的民主政治，而在理论和精神上，都把来变通了。

更有一点，西方人生观的出发点近于主张"性恶"的，宗教主张人类生来带有罪孽，因此一面要信赖上帝，一面要看重法律与契约。中国传统对人生观出发点主张"性善"，因此信托了那个被信托的人，所以行政、立法、司法、考试、监察五权，都可归属政府。这是甚合中国传统以"职任"来看政府，不以"权力"来看政府的传统观念的。

我们若要采取西方的新潮流，配合中国的旧传统，自己按照时代要求，另创造一套新的政治制度，在这四十年来，只有孙中山的三民主义，是可以当之无愧的。

或许有更超卓的意见会继续出现，但必然仍将要采用世界新潮流，配合自己旧传统，来创成中国自己的一套政治和其理论，才能救中国，这是绝对无疑的。

中国要求"民族"和"国家"之独立，则必须先求"思想"和"政治"之独立，这又是决然无疑的。否则今天学甲国，明天学乙国，跟在人家后面跑，永远不会有出路。

第三讲　中国历史上的经济

（见同年九月份摘录，兹略。）

第四讲　中国历史上的国防

（一）

中国民族是一个和平民族，中国文化也可说是一种和平的文化。但从历史上看，中国民族也极有战斗精神。普通常讲中国二千年来闭关自守，这话并不合实情。中国东南是大海，西边是崇山峻岭，但北方是一带辽阔的平原。在这一条绵长的边疆上，中国并无天然的国防线。不仅门户洞开，而且藩篱尽撤。但在那边，虽没有天然的防线，却有天然的疆界。

中国原是一个农业文化的社会，但古代农业文化之最大敌人即为游牧文化，近代农业文化的最大敌人则为商业文化。德国史家斯宾格勒有一名言，谓"近代商业文化，就是变相的游牧文化，是一种新的游牧文化"。换言之，此两种文化，同样涵有"侵略性"，而农业文化则天然具有"保守性"。古代世界最大游牧民族根据地，即在中国之北方。中国实逼处此，遂不得不建立起一条人造的国防线万里长城。

游牧民族的武装，以骑兵为主。散处的和平农村，面对着这一飘忽而强大的，在天时、地利、人和三方配合的侵略大敌，这真是中国史上从始以来便面对着的一个最困难对付的大问题。

由于上述原因，逼得中国只有改采攻势的国防，而不可能常用守势。但若中国要采取攻势，则须先训练一批机动性的远征军队，能求找得对方主力，加以歼灭性的击破。在中国，要出塞远征，必先训练大队骑兵。无论在黄河流域，抑长江流域，骑队的训练都很困难。因为这里多是密集的农村，而且气候温湿，不适于大批战马之养护。这可想中国历史上对外防御是如何般的一种艰巨工作了。

汉武帝、唐太宗讨伐匈奴、突厥，及其它的对外武功，大都总是以少取胜。大队结束，反而要吃亏。如霍去病、李靖的战绩，十足可以说明中国民族之富有战斗精神和战斗力量。在其保国守土的绩业上，殆为其它民族所无可比拟。

直从秦始皇到现在，已经二千余载。但中国民族和中国文化，仍然屹立于世界，成为世界上现存唯一古老国家，这决不是天幸。中国则漫长的边防，无险可扼，其外面又是最适宜于大量游牧蛮族之屯聚与流转。试问在如此困难的国防情势之下，还能保留其民族文化绵延至今二千多年，若使没有一种内在的极坚强的战斗精神，如何可能？

而且中国军人，不但富于"攻击性"，同时也极富于"防御性"。其

一九五一年　辛卯　五十七岁

它民族，往往有的善攻不善守，或是善守不善攻。中国历史上的军队，却具备了此相反的两性能。所以中国有时被北方蛮族侵入，往往能就地抗战，以劣势挫敌优势。像唐代安禄山攻睢阳，张巡、许远孤军困守，终于摧挫了敌锋，保全了江、淮，这是历史上极著名之一例。如此之类，举不胜举。故说中国素受异族侵凌，这话固不虚。然也是我们对自己国防的一句警惕话。却不该因此看轻了我们历史上民族传统的强韧战斗精神。

（二）

汉代匈奴，实在是当时一可怕的强敌。屡次内侵，终未成功。至于西晋时"五胡乱华"，这是许多早已许其移住在中国内地的蛮族乘时捣乱，突起叛变，只是中国内部一种政治崩溃与社会动乱。唐代武功，举世无匹，一般人都卑视宋朝，称之为"弱宋"。殊不知宋朝处境的困难，较之汉唐，不知要增加多少倍。一则是五代石敬瑭割弃幽、蓟十六州赠予契丹，到宋初开国，中国东北方疆土，早都在辽国之手。宋代的国防形势实太削弱。二则宋代东有辽，西有夏，这两国都是马和铁的最要出产区。中国对付北方，必用骑兵。所以宋朝要训练大队骑兵，根本条件不够。宋朝在此情况下，应付辽、夏，前后维持了一百六十年的长期，实在比汉唐困难得多。

南宋虽弱，还能保住了半个中国。中国历史上第一次全部被北方民族占据的，只是蒙古。蒙古人用兵，世界罕有其匹。他们曾横扫欧、亚两洲，然他们所遇到的最大敌人，还是中国。

再一次的异族入侵，便是满洲。我们往往怀疑当时偌大一个中国，何以竟无法抵抗小小的满洲部落。中国原是一个和平性的民族，政治比较合理，在升平无事了二、三百年之后，一旦仓卒临时征调全国农民来当兵应敌，疆域又如此般辽阔，征发令一下，便致全国骚然。满洲人是全族皆兵的，他们尽在打仗战阵中生长。两种社会的全部生活绝不相同，在这样的对比下，中国军队渐渐见弱，这不是中国人不爱国，或不善仗，而是太平已久，迫不及备的原因。

明朝二百年来，只怪社会太平太久，若使那时国内政治稍得清明，不腐败，没有李闯、张献忠作乱，内部不至闹得不可收拾，山海关守兵不撤，满洲内侵，还是可以抵抗。

中国的对外军事史上，还有一点值得称扬佩服的，是每逢获得大胜仗后，便能适可而止。汉武帝、唐太宗都是好例。罗马人因穷兵黩武，终至覆灭。中国人的理智能用在胜利时，情感能用在失败时。所谓"胜不骄、败不馁"，这是一种最好的国防心理，亦是一种最深沉、最强韧的和平精神。中国民族能维持这几千年，决不是偶然。

（三）

讲到国防，一定要讲军队，我再从大体来一讲中国历史上兵的来源和军队的制度。

春秋时，中国只有贵族兵；战国时，开始大规模使用步兵。到汉代，始有确定的"义务兵役制"。汉代是全国皆兵的，壮丁从二十三岁起全应服兵役。为何规定二十三岁起呢？其中却有道理。一壮丁自二十岁至二十二岁耕种了三年，二十三岁开始服兵役，家中可以使用他过去三年的贮蓄，无饥馁之忧了。可见当时的一项小小制度的规定，也顾及民生休戚。那时兵役共有三种。一是到中央当卫兵，一是到边疆作戍卒，一是在地方见习。无论丞相之子，也一律要服兵役。另有一种志愿兵，即所谓"良家子从军"。

到三国时，"国民兵"变成"部曲兵"，形同私家军队。晋代五胡乱华，五胡军队可称为"部族兵"。匈奴人有匈奴军队，鲜卑人有鲜卑军队，他们全部每一壮丁都是兵。另外中国人当兵，叫"签丁兵"，由壮丁用抽签方式临时征发。或二丁抽一，三丁抽一，五丁、八丁、十二丁抽一不等，东晋"北府军"自淝水战胜，以迄刘裕北伐，是极盛时期，那是当时招募来的那批军队的最有用时期，但久了便不行。

到了北周，遂改行"府兵制"。选择有家业的壮丁，令其长期当兵。有事出征，平居则自耕自养。当了兵，一切田租捐税均豁免。北周终于凭借此府兵制度统一了全国。唐代因之不改，亦因府兵制度而创立下极伟大的武功。府兵是凡兵皆农，与汉代之全农皆兵，同为"兵农合一"，而北周、唐代的府兵制则更为合理。可见唐代武功和当时制度有关。待到唐玄宗开疆拓土，一意向外扩张，府兵制度遂渐次破坏。

唐代自府兵后改变为"镇兵"，即藩镇自有之兵。当时中国边防，渐引用番将,所带镇兵,亦杂用大量胡卒,于是有"安史之乱"。乱平后,边防节度使依然存在,各将其辖下所有壮丁尽量编成军队,每一节度使都蓄有精兵八万十万以上。地方的全部经费都耗在养兵上。节度使间双互通姻亲,联成一气,中央对之无可奈何。如此般的拥兵割据,各自世袭。所以唐代藩镇,实是中国历史上最可痛恨的军阀。

以后经过五代,到宋初,宋太祖乃在军队中挑选精锐的改编为"禁军",余下老弱残卒,谓之"厢军"。若论祸源,应远溯到唐玄宗之穷兵黩武。唐没后的中国,不变成罗马覆亡后之黑暗时代,那已是宋人功绩了。

元代又是部族兵,蒙古人才有当兵资格,中国人是没份的。明太祖驱除鞑虏,统一中国,又效法唐代府兵制。那时的军队,叫"卫所兵"。小单位的军队谓之"所",大单位的军队谓之"卫"。明代的"卫所",略如唐代的"府"。有明一代武功,远及蒙古、朝鲜、新疆、安南,亦见卫所制度之效用。后经长时间的太平,卫所制度也又腐败了。

满洲入据中国,起初也是部族兵,即所谓"八旗兵"。汉人参加的军队,谓之"绿营兵"。到太平天国起,八旗、绿营都已腐化,全不能用了,乃有曾国藩、李鸿章等训练湘军、淮军。开始是地方团练,自卫乡里,后来成为正式劲旅。这种军队的编制,又可称为"子弟兵",起初很有用,但慢慢演变,结果成了民国以来的"北洋军阀"。这亦是一种变相的私人军队,变相的部曲兵。

我们试比看中国历史上的兵制。国民义务兵,欧洲直到近代由普鲁士开始实行,而中国在二千年前的汉代,已是全国皆兵了。将来我们的陆军,似乎仍宜采用国民兵制,但若能参酌北周、唐代、明代的府兵与卫所制度,那是更合理想了。可见中国历史上有强有弱,虽则原因复杂,而兵制影响也重要。

(四)

我们再该讲到的一点,便是中国历史上"武装"与"经济"的配合。中国既是一个以农业经济为主要的国家,国防武装,主要的便在如何与农村生产相调节。但农业是安住的,农村是散漫分布的,而军队则需集合,需流动,尤需特别注重边疆,在此形势下,乃有屯田制度之出现。

"屯田制度"是一种用军队来耕种的制度。它的主要用意,在使一个临时的战斗集团,同时即成为一个平时的生产集团。武力之所至,同时亦即是财力之所达。军队推行到那里,农业也同时推进到那里。因此对外战争,紧接着对外垦殖。

秦汉以后之边疆屯田,乃至国外征服地的屯田,则是即兵即农,把担任临时战斗的武士,训练成平时兼事耕作生产的农民。好使这一个远在边塞乃至隔绝国外的武装队伍,可以自给自足,长期战斗,而不劳国内经济上粮食上给养。这是中国历代国防制度一大成功……两汉的屯田,不仅在边塞,而且还深入到国外。东汉只为罢免了西域的屯田,才引起边塞动乱,而逐渐地蔓延到全中国。

西魏、北周和隋唐的府兵制,也即是屯田制度变相的运用。宋代积弱,其最大原因之一,便是把经济生产和武装战斗的两系统分开了……明代的卫所制,显然又是屯田制度之又一番活用。这制度也直扩到边塞之四外,因此明代武功,也和汉、唐相髣髴。

根据上述,正见一个国家武力之根源,必然归宿到这一国家之文化整体,与其民族性之独特优越处。目下的中国,正为欣羡西方之富强,而忽略了自己本国历史文化之演进意义,鄙视了自己国民性之独特优长,那真所谓南辕北辙,缘木求鱼。

(五)

我们再讲一些中国历史上的将官。自古以来,中国的将官,本都是"文武合一"的。最高的将领大都是文人,所谓"出将入相",在外立战功,回来可以当宰相。这在唐朝前期,几乎成为常例。直到元朝,始有文、武官职之分。明代一般高级统帅,仍是文武不分的。即如明、清两代的总督巡抚,照理该是武职,而实际则是文臣。说到"好铁不打钉,好男不当兵",大抵宋代才有这句话。而重文轻武,乃是宋朝人风气。

中国历史上许多文人随军,至今俗语相传称之为"军师",这很近似于近代欧洲所谓"参谋人才"。但中国此项人才,早在战国时已出现,如齐国孙膑便是一例。到楚、汉相争时的张良,所谓"运筹帷幄"之中,这显然是参谋的专职。三国时著名军事家如曹操、诸葛亮,其实都是参谋人才,非前敌统师人才。大抵中国史上的文武不分,文人参军,都是由这一需要而起……汉代之张良，唐代之李泌，清代之曾国藩，都是文人，都是今日参谋总部的人选，并不是实际统军的大元帅。

因此从中国历史看，我总觉得中国军人之伟大。因为中国军人里面最主要的骨干还是文人，他们都有极深的文化陶冶，道德修养，并兼多方面的智识，以及政治头脑，外交风度，种种配合，决不仅是一个专能临阵杀敌的勇将。即如上述岳飞、文天祥、史可法诸人，都是极好例证。其它还是举不胜举呀！

让我再讲到中国的军事学，且简单一讲中国的三部军事书籍：第一部要讲《孙武兵法》，第二是明代戚继光的《练兵纪实》，第三是清初顾祖禹的《读史方舆纪要》，只举以上三部书，即可见中国文人对军事战略、战术、训练方法以及军事地理的研究，实在都有极高深的成就。

近代中国的国防，仍然在北方。常想起中国史上如霍去病、李靖等绝漠远征的艰苦伟大的成功。今后应该如何保卫我们的国防，那是我们的责任了。

第五讲　中国历史上的教育

教育是更基本更重要的部门。"教育救国"，是五十年前中国最流行的一句话。一般意见，认为救国要从教育着手（今天的中国人，已经对教育救国失去信仰了，不但不再信仰教育救国，抑且对之有反感，至少都加以轻视）。

我们也该深深的反省和检讨，这几十年来中国教育界之失败，其病根究竟在哪里？

我们决不能只以学校教育作为教育功能之全体。我想我们几十年来教育之失败，便失败在把教育看得太狭义了。于是使教育与整个人生脱了节。青年进了社会便没有教育了，家庭没有教育，社会政府都没有教育。至少我们今天的教育是和其它部门隔离的。学校和家庭不配合，和社会不配合，青年人和中年、老年人不配合，教育当然不能收到预期的功效。总之，教育不该仅限于学校，学校教育也不该仅限于青年，这在中西双方的历史教训里，一样地真实的。

(二)

知识和职业，根本上都有它先天的"不自由"和"不平等"。人生不能无智愚。有天才，有下愚，有中乘之才。而职业带有专门性便不自由，当了医生，就不可能再当律师。

照理讲，民主政治之下，每个人可当大总统，但事实上，全国只有一个大总统。人人可做大统帅，事实上也只有一个大统帅。譬如赛跑，人人有跑第一的希望，实际上，第一名只限有一个。

如果教育专讲知识和职业，对社会必然会发生两大影响：一、是使人与人之间逐渐的分离，你学工，我学医，他学法律，各不相关。二、是叫人与人尽成为比赛，只许少数成为杰出的，其余大多数全落后了。人生究竟为甚么呢？是不是专为陪衬旁人做跑龙套，好来烘托出一两个叫座的主角的呢？

所以个人自由教育虽有大贡献，也有上述病痛。西方人到今天尚不深切感到此种病痛，正为他们在个人自由教育之旁，还有"宗教教育"与"国民教育"之存在。上帝看人，无分智愚、成败一律平等，所以今天西方虽是科学极发达，总还离不了宗教。

(三)

我们中国这五十年来的国家教育没尽大责任。这五十年来，国家政治未上轨道，信仰未能建立，法律制度天天在摇动。所以一个青年，在小学、中学里有国家，出了大学进入社会，便不免以个人为重，国家为轻了。

因此中国今天的教育风气，小学生第一目标在进中学，中学生第一目标在进大学，大学生第一目标在获得出国留学的机会，成了一种赛跑式的教育，这是一种个人主义的机会比赛。失败的对成功的不感到佩服，认为这是机会，是幸运。即使留学生回国，也仍在机会的比赛中，真能找到适合理想工作的，亦还是凤毛麟角，其余也都失败了。

中国近五十年来的教育，就走上这条路。于是一般青年，不是颓唐消极，便是过激破坏，种种不满意。一个人不怕生长在穷苦的家庭里，最怕是生长在有父无母失了温暖的家庭，容易造成他孤僻反抗，不近人情的脾气。今天的中国青年，都像失掉了母亲似的，难怪他们有许多坏脾气。

西方社会的母亲就是耶稣，耶稣能够给他们温暖，安慰。

学校教育若仅是鼓励个人上进，仅注意到让每一个人都接受知识和职业技能，而没有注意到每一人的"可能的失败"，及其内心情绪上的"真实苦闷"，这单方面的教育，又何能达到其理想的效能？

倘使此五十年来，中国政治上轨道，经济有基础，在单注重个人自由竞赛的教育风气下，中国也一定会走上近代西方帝国主义的途径。大家的竞赛精神，没有痛快发泄，便鼓着向外冲。日本便是一好例。若无向外冲的可能，则必回头向里，便易造成社会内部的斗争情绪。我们该注意疏导时代的情绪，这就应该注意到广义的、多方面的、全人生的教育。

（四）

中国文化是一向看重"人文精神"的。世界上任何一民族，没有把教育看得比中国更重。中国任何一派学术思想，莫不以教育哲学为其最高的核心。任何一学者，几乎全是个教育家。尤其是儒家，尤其是孔子。

孔子和儒家，最看重"道德教育"、"人格教育"和"文化教育"，他们创造了中国社会里"士君子"的教育。"士"指受教育者而言，"君子"则指从教育陶冶中所完成的理想的道德人格而言。这一种教育之内里，包含着一种宗教精神。而这种宗教精神，和西方宗教精神又不同。

儒家不主张教人出世，而教人即在此世作一个圣贤人。"人皆可以为尧舜"，这是中国儒家传统教育精神之最高理想与最高信念。即此便足给予每个人以莫大的鼓励。使每个人感觉到都站在平等地位上，都尽自由地可能有成功，可能得满足。这一精神，在中国社会有其极大的功效。它可使人人内心同样得到安慰与满足。

中国人常说"尊师重道"，历史上从来都如此。道寄托在师、在先生、在士君子的身上。西方人的道，是耶稣出世之道，由上帝那边来。中国人的道，是现世眼前的道，由孔子来。也可说是从人人"天性"中来。中国人看"道"，是高于一切的。因此从"道"来看世界，则一切无分高下，都属平等。虽高贵如皇帝，亦要尊师重道。在孔子庙堂里，在孔子教训下，皇帝和百姓都平等了。故说儒家教育其精神和效用，实可比拟西方的宗教。

我们如抹杀孔子，专讲国家教育，则皇帝大总统便成至高无上。"权"与"位"由竞赛而得，得到的必然是少数，得不到的必然是多数。没有宗教教育而专来推行国家教育，其势必走上极权政治，其势必引起普遍不满的情绪。

宋代伟人范仲淹说："先天下之忧而忧，后天下之乐而乐。"大儒张横渠说："为天地立心，为生命立命，为往圣继绝学，为万世开太平。"我们细细体会这两个人的话，可以想见中国人之所谓道，不是为自己打算，而是为别人，为大众，为天下，乃至为后世打算。所以说它是"人文精神"。抱负这种精神的，先该牺牲着为个人自己的打算，所以说它具有"宗教精神"。因其不主张出世。所以不全是宗教；因其不主张为自己打算，所以说它有宗教精神。这是中国传统教育精神之最高意义，在宋代士君子身上又具体复活了。

我们该知道，任何一个社会，定要有大家"共同尊崇"的一些对象，这社会才能团结存在。这大家共同尊崇的对象，才是教育的最高精神所寄托、所凭依。

西方人大家敬重耶稣。中国这五十年来，缺乏一个大家敬重的共同对象与共同中心，这社会自然会四分五裂，必然会引起派系争端。中国这五十年来的教育，似乎只是教小孩读书识字，教青年人谋求职业，不是在教整个的人生。如此般的社会，哪能不各有距离，又哪能从其内心深处获得互相沟通？试问这样一个分崩离析的社会，又如何的团结凝聚。

我们必得要求有一个最高中心，有一个为大家共同尊崇的最高目标与最高对象。但这个中心与对象，却不该把政治上的最高权威来充当，同时又须人人可以走得到，人人可以爬得上，否则岂不变成了一个专用来压迫人的东西吗？此在中国，便是"人皆可以为圣人"的道理。圣人只是一种人格尊严，而这一种人格，却是人人能做的。我做一件事，若让旁人做，也只能如我般，不能更好。即使圣人来，也只便如此，那我便是第一等人，获得了我的人格尊严。这不从智识讲，不从才能讲，只从"心地"讲，只从"道德"讲。只有如此，方能人人自由，人人平等。

设使叫我做一个数十万大军的统帅，我才力智谋有不能，那是无可勉强的。但如我做一小兵,勇敢地服从命令,忠诚地牺牲生命,尽了我的责任。就小兵论小兵,便是一圣人。因圣人来当此小兵,也只能如此,不能更好。当小兵是我的职分,如何当却是我的道德人格。圣人只论人格高卑,不论职分大小。天地间只要不能没有小兵的识分,如何说当小兵的便不能就是圣人,就是第一等的人呢?明代王阳明先生,发挥"良知之学",后来说成"满街都是圣人"。简言之,便是此理。

中国人崇拜道德,崇拜圣人,连皇帝在内,也该同样的向圣人和道德人格崇拜。因为圣人是一种人格尊严,人人可做,那才是最自由、最平等、最博爱的,有当于人心之所共同要求的;可崇拜、可敬仰、可奉为教育最高理想的合理的对象。

(五)

我们总该以"文化来领导政治",不该以政治来领导文化。

教育是代表文化的,不是代表政治的。或许有人说,此后中国的教育,应该积极提倡个人自由,但个人自由该有限度,否则必出大毛病。西方人讲个人自由,有两大限度,一是不超过国家和民族,一是不超过上帝和耶稣。因此他们讲自由,可以没有大毛病。

也有人说,此后中国的教育该以国家民族为前提,但国家民族是空洞的一句话,谁真代表这国家与民族呢?若把政府来代表,这便要走上极权。若把平民大众来代表,我们正要为教育平民大众,又谁是代表此平民大众的呢?

只有这一个国家和民族的历史与文化,此即中国人之所谓"道",才是真代表了国家和民族的。中国此后的教育最高精神,必然要向自己国家民族的传统历史文化中找求,这是无可怀疑的。今天的中国人,往往不探本而求其末,所以要在小节处吹毛求疵,打倒历史、打倒文化、打倒一切传统。教育的大纲领、大精神,永远没有能提出来,那确是一件最大危险的事。知识愈发达,人生相互间的距离愈远;竞争愈烈,则人生之痛苦愈深;个人自由将愈不平等,社会将日见其不稳。中国人所讲的"道",便是稳定社会的基础。中国社会今天正缺乏此一稳定基础,而仅知专从教育制度或教科用书上求改进,拼命抄袭西方,那是缘木求鱼。

当前的最大问题,仍在如何重建这一个"道",即重新发扬我们的历史文化，重新提示出我们一向所看重的"人格尊严"和"道德精神"。若今天有人能发明这个"道"，其人便是新孔子、新耶稣。人同此心，心同此理。人人自会崇奉他，信仰他。若果今天没人发明得新的，从前孔子讲的道，在中国讲来并不错，我们不该轻易喊打倒。该回过头来，细心体味，再崇拜奉行，如此才始谈得到教育。

第六讲　中国历史上的地理与人物

（一）

我们若譬喻历史是演戏，则地理就是舞台，人物就是角色。现在我们来讲中国四千年第一本大戏中的舞台和角色……讲到中国，自古迄今，就是中国人在中国土地上表演，好像很单纯。今天我们试拿读西洋史的眼光来读中国史，中国土地之大，即等于一个全欧洲。我们若分开地区来看，就会在历史上发现很多新花样。

最早的中国，那时的活动范围，只限在黄河流域一较狭小的地区……中国史上摆开一个大规模局面，要从春秋时代起。那时一般的文化经济，可以东西划分。黄河流域上游，即西部（实在是中部，今陕西、河南一带），则文化经济较差。黄河下游东部，文化经济较盛，都在今山东境。至于长江流域的吴、越，直到春秋末期才突起，但到战国时又没落了。所以黄河流域乃中国古代文化经济最主要的中心。

秦代统一中国，辖地已同现在差不多，但其实际中心，仍在黄河流域。汉代继续建都长安，因西方经济不足维持一个中央政府的需要，常要从东方大批运粮接济。那时的漕运，则全指的黄河而言。东汉建都洛阳，多半亦为迁就经济现实问题，可以避免大量物资由东向西运转上之耗损。洛阳和长安，始终成为古代中国的两大中心。直到三国时代，长江流域才正式跑上中国历史舞台。三国并于西晋，还是黄河统领了长江。

直到东晋南渡，建都金陵，长江流域始获有中国历史上的正统政府，但这是一个偏安的，不是一个统一的，而且仍是北人南移，不是由长江流域人所经营而建立。直到三国时代的吴，以至东晋、宋、齐、梁、陈，合称为"六朝"，都建都南京，这是一个金粉朝廷，大体上只是北人到南方来偷安享乐。南北朝时代的北魏，称为北朝，与南朝宋、齐、梁、陈对峙。此后隋唐统一，才始恢复以长安、洛阳定为两京的周、汉旧局面。

大家知道，隋炀帝开浚运河，自开封到徐州，再由徐州南下直到扬州，在先是军事性质的由北侵南，在后则是经济性质的由南养北。南方漕运，即由此转输洛阳、长安，来给养这一个大一统的中央。此下安、史倡乱，北方经济开始崩溃，更须仰给南方。中国史上的经济比重，实要到唐代安、史以后，才开始有南重北轻之势。

五代十国几达一百年的长期扰乱，北方黄河流域才正式趋向衰落，南北经济比重更见倒转，此一大转变，直到宋代始确定。宋代建都开封，其最大原因，也为便利江南米粮北运……元代建都北京，此系辽、金旧都，那时全部经济更多取给于长江流域，遂开始采用海运，由天津入口，经白河，运北京。明代不用海运，又另辟一条运河，这一运河开挖并不省力，工程之伟大，实不下于古代的万里长城。

现在常说：长江下流太湖流域是中国经济最富庶的地方，可是在历史上，唐以前的经济全在北方。唐代财富逐渐移到江南，明代经济中心，才再从江西移到江东……清代乾隆十八年的田粮统计，南粮占八分，北粮仅占二分。明清两代屡为此种赋税不平衡提出呼吁……赋税偏重，则现出经济偏枯。中国历史上以汉、唐为最强最富时期，但那时却全部靠黄河流域，不靠长江流域。可见古代历史上的黄河，是中国之利，非中国之害。所以中国文化，大部分由黄河流域人创造建立；长江流域人，仅居承袭发展之功。

再以人物论，唐以前大皇帝、大政治家、大学问家、大军事家、大文学家、大艺术家、一切有名领导人物，十、九都是北方人。宋以后始有南方人跑上政治舞台，由南方人来领导中国。学术上的重心，也渐渐转移到南方。然而宋以后的中国，便远不如宋以前，这一层是研究中国历史很值得注意的。

中国从古代起，经济上很占地位的是养蚕缫丝。今天讲蚕丝，大家很容易联想到太湖流域，实际上唐以前中国的蚕丝事业，发达在黄河流域。直到明清两代，丝绸始全部盛产于南方。另一件是陶瓷工业。大家知道中国瓷器开始流传到法国，几乎和黄金比价。宋代最有名的瓷，如定窑，在河北定县烧铸的。汝窑、柴窑，都产于河南省，那时江南有名的，只有浙江处州的龙泉窑、哥窑，江西景德窑还不发达，但是今天大家只知道景德窑。

主要的经济转移关键在农业，主要的农业转移关键在水利。苏州、昆山一带，那一带的水利兴修，自五代十国的吴、越，开始急激猛进。从此江南的农业经济，始焕然改观……在古代的黄河流域，一定也相似于江苏太湖流域般，水利发达，因此农业亦发达。后来水利逐渐衰败了，河流都干涸，农业逐步衰退。最近几十年，长江流域也逐渐发生水灾了，连太湖流域也时有灾荒。如再继续下去，水道不加疏浚，长江也可能为黄河之续，那亦将是中国之害了。

古代中国的经济中心在北方，人才也在北方，所以北方地利有办法；近代中国的经济中心在南方，人才也在南方，因此南方的地利比较有办法。今后假使我们不注意这些问题，长江流域也会变成没办法的。

（二）

我们再从经济讲到文化。有些地方文化发达得早，有些地方文化发达得迟。譬如珠江流域广东一省，在唐代只出了一个宰相张九龄（曲江人），福建省直到唐代韩愈时，始有第一个太学生进入大学，可见那时广东、福建的文化，既不及长江流域，更不及黄河流域。宋明两代文化学术最活跃的在江西，江西人掌握了全国政治文化上的最高地位。今天的湖南、四川人，很多由江西迁去。江西在宋以后，比较上是南方中国人文中枢。要到明代下半期，始是江浙人兴起。到清代才有湖南、广东、广西，云南西南地区人跑上政治舞台。

德国史学家斯宾格勒氏尝说："文化发展到某一阶段的最高峰，必然会衰落。"若把欧洲看，似乎斯宾格勒的话证验了。但中国则不然。中国地方大，因于文字统一，语言也比较统一，思想文化亦随之统一，此与欧洲不同。因此，黄河流域衰了，转向长江流域继起新生，只成为内部变动，大传统还是个中国。所以我们觉得欧洲史变化大，中国史变化小，这由我们的祖先，替我们先建立了一个大一统的版图，不像西洋各国此起彼落，都局促在小圈子里。

中国各地区的文化兴衰，也时时在转动，比较上最能长期稳定的应该首推山东省。若把代表中国正统文化的，譬之如西方的希腊，则在中国首先要推山东人。自古迄今，山东人比较上最有作中国标准人的资格。他们最强韧、最活跃，大圣人、大文学家、大军事家、大政治家，各种伟大典型人物都有。既能平均发展，还能长时期维持不坠。第二才推河南、陕西、山西、河北人。至于江、浙、闽、粤人，大体上说，气魄不够雄伟，仅赖北方中国祖先余荫，实不足代表中国人的标准风格。目前的中国文化，则都集中在东北从辽东以迄西南达广东的沿海一条狭边上，愈内向，愈黯澹。

但在中国，各地区的盛衰兴落，无害于大系统的文化之贞下起元，层出翻新。因此中国文化是劲气内转的，它能单独跳出了斯宾格勒文化悲观论的圈子外，而继续生长，欣欣向荣，机运不绝。但从大局面上，中国文化之从大处高处冷处转动到小处低处温暖处，常是顺溜的滑下，不能奋力的翻上，那却是中国文化演进值得悲观，至少是值得警惕呀！

（三）

我在对日抗战期间，曾为此意，写过两篇文章，主张抗战胜利后，国都决不可再设在南京。从历史教训上，早宜积极寻找新生命，诱导成新力量，决不当苟安姑息，只顾目前。而且一个国家，也断不能使其内部显然有两种形态之对立。中国的内地西北和东南沿海，在同一国家之内，却存在有两个绝不同的社会，经济文化太过悬殊，这真是一大问题。

近代中国人只知沿着顺势，向东南沿海跑，这因东南沿海有许多引诱我们的东西。黄河中上游，大陆西北，荒芜已久。但那地方人民的血液，还是我们古代汉、唐的遗传，本质上并不比东南沿海的人差，或许会更好些。若我们能从经济文化上再加培植，再加开发，一定仍能到处发扬我们北方祖先宽宏的气魄，雄伟的精神。这是找寻我们历史文化新生命的主要路向。我们的文化新生，决然当由我们内部自身来，不可能从外国西洋来，这是很显然的。

当时我第一篇文章，即主张抗战胜利后应建都西安。我认为一个国家的立国精神，应该走逆势，不可走顺势。正如个人般，应努力向上，不该顺势滑下。假使建都西安，由中央政府的领导，智识份子、经济力量，便可倒拉向那一边，逐渐移回一部分，好让两边逐渐得到平衡，汉、唐立国，便是如此般由东向西倒拖的，此刻则当由南向北地逆转……建国的首都应在西安,这是中国全国中心。我因此便写了第二篇文章,再来强调我移都西北的主张。

我认为中央政府是一国的头脑指导中心,头脑该摆在冷的地方,要曝露在外,要摆在大门口,摆在前面。头脑所在,全部血液都向那里输送,全部神经都向那里会合。头脑不能安放在胸腹安逸处。太温暖是不行的。我们该将中国经济文化来一个大对流,南方人该尽量向北方搬,三五十年后,中国自然有办法……目前西北是太落后了,政府又远离他们,他们也没有力量来接近政府,那终非好现象,终非好办法。

可见地灵人杰,文化和人物兴起是有它的外在条件的。今天的西北大陆,只是地理上的气运变了,不是在那边人的本质上有何弱点。地理气运是人事形成的,不是先天命定的。一个民族,最重要的是求其能"动"又能"安"……实在今天的中国人,应该拉过头来,向内地跑,跑向内地,一样有发展,而内地人连带兴起刺激。而且中国人今天向内陆跑是主动的,向海边跑是被动的。在国家的立场,至少该用些力量,引导文化经济逆转的跑回黄河流域,由此继续向西北前进。在这里,我们一定可以得到新刺激,一定可以产生新力量,并使国内各方面发展平衡,而得到身体壮健的现象。

长江一带,尤其是长江下游,气候暖,地方小,人口多,那是今天我们的十字街头,一切像在动、在乱、在拥挤、在冲撞,已像无转身余地,不容易再产生大气魄、大力量的人。只是开着窗口,接受一些外面空气是适合的,却没有元气淋漓。不能希望在此地区来旋乾转坤,挽回气运。我们该再来复兴北方,重新开辟黄河水利,来解除今日黄河的灾害,黄河就可重成为中国之大利。北方人便可再跑上舞台扮演新角色……长江、珠江流域的人,素质上实不及较古的黄河流域,无论体魄毅力均逊。近代的中国,由南方人沿海人领导,至少该使北方人内陆人追随。到得他们追上了,那就是中国之又一度的文化新生,那即是新中国新生命之再度成长,至少也是为目前中国弭息灾乱急需注意的现实问题。

所以今天而后,中国只要上轨道,中国人一定该把力量推向落后的内地去。若我们自己在鄙视自己人,中国将永不得安宁。纵使没有外患,依然仍会有内忧。中国的现实问题，主要的显然在内地，不在外国。中国的历史教训，主要的也同样在内地不在国外。大家往内地跑，文化可以流动，个人精力也可以发泄。在文化集中地区，每个人重现实，少想象，不太会引生大理想。到一个落后新地区去，才有想象，才能创造，才能发展。今天的中国，实在是只有沿海一圈，沿江一带。田园将芜胡不归，让我们自己认识了自己的舞台，再来扮演自己的角色吧！

第七讲　中国历史上的道德精神

（一）

近代的西方有三大精神：（1）个人自由主义精神，渊源于希腊，亦可称为希腊精神。（2）团体组织精神，或叫做国家精神，渊源于罗马，亦可称为罗马精神。（3）世界精神，或叫做宗教精神，亦可称为希伯来精神。此三种精神配合成为今天的西方。

有人问中国的文化精神是什么呢？我认为中国文化精神，应称为"道德的精神"。这一种道德精神乃是中国人所内心追求的一种"做人"的理想标准。乃是中国人所向前积极争取蕲向到达的一种"理想人格"。因此，我称此种道德精神为"中国的历史精神"……我们所谓的中国道德精神与西方宗教精神不尽同，也与他们的团体精神与个人自由精神不尽合。

我所讲的道德精神，究竟指的是什么样的内容呢？我姑先举出两项重要的道德观念或道德理论来作具体的例子。第一个理论在孔子前，第二个理论在孔子后：春秋时，鲁国上卿叔孙豹出使晋国，会见晋国上卿范宣子，范宣子问叔孙穆子说："如何可以做到人生不朽？"叔孙却告诉他说："人生不朽有三：立德、立功、立言。"这句话，二千多年来，深印在中国人心里，成为一个最高的道德理论和人生信条。

孔子之后，孟子发明了"人性善"的理论。他说，每个人的天性都是向善的，"善"便是道德精神。我们只有"向善"的行为，才能把握到人类"天性"之共同趋向，而可以长久地存在。我们也只有这一种生命，决不会白浪费、白牺牲，将会在别人的生命里永远共鸣、永远复活。

但如孟子说，人性既是共同向善的，社会上为什么还有很多罪恶呢？

据孟子意见，罪恶的来源，不外两种原因：一是环境不好，一是教育不良。由这两条路，陷入于罪恶。这只是外面的事势逼迫人、引诱人，不是人天性爱好如此做。荀子主张"人性恶"的理论，他说人的天性生来都是倾向于恶的，人类之所以能有善，由于师法教导和法制刑律的管束。倘使今天没有学校和教育，没有政府和法律，试问社会将变成什么样子？

中国人传统的两个很重要的道德观念和道德理论：（1）人无论对自己，对别人，都该信仰人的天性总是向善的。（2）人生不朽，只有在现实世界里不朽，没有超越了人世间的另一种不朽。

（二）

中国的"人性论"根本和西方哲学上的"唯心""唯物"之争辩无关。中国人只信仰或主张，人之生性都可以向善的路上跑。证据何在呢？能近取譬，只在人之心。人心最大要求是"爱"和"敬"，实际上二即是一，爱的中间包有敬，敬的中间包有爱。人生的最高满足，并不是锦衣玉食的一切物质享受，而在享受到人心之爱与敬。

耶稣的信仰，人生根本是罪恶，人类的祖先犯了罪，才始堕落到人间，耶稣代表着上帝意旨降生到世间来传道，他对人类一切的爱，莫非是上帝的意志。这些意见，在不信耶稣的人，可以不接受。但耶稣那一段真实人生，尤其是他最后十字架上的一段生命，却十足象征了中国观念中所谓道德精神之表现。所以在道德精神里，可以欣赏到宗教精神，也可以包容有宗教精神。

人生问题里，人人都感到急要解决的，却是一个"人死"问题。因为死了，一切人生都完了。宗教里的上帝和天堂既不可恃，只有中国观念，认为人生仍可以"不朽"，可以永活在别人的心里。这不需宗教信仰来支撑，而近代科学的新发现，也并不能把这一观念推翻了。这是中国道德精神价值的高卓精深处。

（三）

两个论点，"不朽论"和"性善论"，此两论题互相配合，才能发挥出中国道德精神之最高的涵义，这实在是中国思想对整个人类社会的最大贡献。我们必从此两理论出发，乃能把握到中国道德精神最深沉的渊泉。道德并非由外面给我们束缚，而是人类自己的内心要求。我们的天性，自要向那里发展，这是人类的最高自由。

孔子、孟子均教人孝，这不是孔孟存心要把"孝"的道德来束缚人，孝亦只是人心一种自然的要求。父母感受到儿子的孝，固是一种快乐；儿子发心孝父母，在儿子本身，同样是一种快乐。惟其如此，所以欲罢不能。父母生前要孝他，死后依然要孝他。葬祭之礼，并不站在人死有鬼的信仰上，亦非由风俗强制人，这还是人类"孝心"一种自然的要求，自然的趋向……故我说：中国文化中虽不创生宗教，却有一种最高的宗教精神。我无以名之，姑名之曰"人文教"，这是人类信仰人类自己天性的宗教。

（四）

我今天想特举两个中国近代的圣人来证实我上文之所讲。我常听中国人在说甘地是近代东方的圣人，这不错。其实武训、吴凤，何尝不是近代东方圣人呢？或谓武训、吴凤所干事业，远不如甘地，不能相提并论。这又错了，圣人不从事业论，事业要看机会，那能每个人都有机会成大事业的呢？那能每个人都著书立说或大学者呢？所以中国观念中之立德、立功、立言，"德"为首，"功""言"次之。陆象山先生曾说："我虽不识一个字，也要堂堂地做一个人。"怎样才是堂堂的一个人呢？吴凤、武训才算是堂堂的一个人，但他们识字多少呢？我今天说他们是圣人，他们实在当之无愧的。将来的历史上一定要把武训、吴凤大书而特书的。

现在我们再讲一个历史人物，而为今天的中国人所大家知道，而且也奉之为神圣的。不仅中国大陆如此，我最近来台湾，也是如此。我从前去安南，也是如此，这是什么人呢？我所要讲的，是三国时代的关羽。关羽为什么受到中国人如此般地崇拜呢？正因为关羽有他的道德精神……中国一般老百姓，崇拜关公，直到今天。其实在中国历史上，如我所称，合于道德精神的人物，合于道德精神的故事，举不胜举，讲不胜讲。所以我说，中国的历史文化精神，是一种道德的精神。

（五）

道德精神是无条件的，在任何环境下，都可以发挥……救世界、救国家，不是几个人干的事，要大家干。如何能使大家来干呢？就要发扬道德精神。因为只有道德精神,是人人所具有,而又是人人所喜欢的。只要能道德精神发挥,一方面便完成了大家最大的责任,同时也满足了大家最高的要求。

中国民族经过千辛万苦,绵历四、五千年的历史生命,直到现在,始终存在着,就是依靠这一种道德精神。世界上任何一民族,没有能像中国这样大,这样久,这因中国以往在最艰苦的时候,能发挥出它的道德精神来,挽救危机,这应即是我们的宗教。中国以往文化精神正在此,以后的光明前途也在此。

附　录

（一）中国文化与中国人

今天我的讲题定为"中国文化与中国人"。我只能从某一方面对此题讲些话。本来是由中国人创造了中国文化,但也可说中国文化又创造了中国人。总之,中国文化就在中国人身上。因此我们要研究中国文化,应该从中国历史上来看中国的人。亦就是说:看中国历史上中国人的人生,他们怎样地生活?怎么样地做人?……中国古人说三不朽,立德为上,立功、立言次之,功与言必表现在外,立德则尽可无表现,尽可只表现于其内在之心情与德性上。

因此今天我们要来提倡中国文化,莫如各自努力先学做人,做一理想的中国人。若真要如此,必然得研究中国历史,看历史上的中国古人是如何样生活。这一番研究,仍该把我们各人自己的当前"做人"作中心。旋转乾坤,也只在我内心当下这一念。

我这十几年来,到台湾,始知有一吴凤;到美国,始知有一丁龙。吴凤如伊尹,丁龙则如柳下惠。吴凤、丁龙都是中国人,是在中国传统文化中陶铸出来的人。他们在历史上似乎没有地位、没有表现,但使我们今天又出一个太史公来写新史记,定会有一段篇幅留与吴凤与丁龙。诸位当知,中国社会、中国文化,乃至中国民族与中国历史,就在像吴凤、丁龙那样做人的精神上建立而维持。我们只深信得这一层,可以救自己、可以救别人、可以救国家与民族。中国的文化传统可以长辉永耀在天地间。

（二）从中西历史看盛衰兴亡

我们读西方历史，常见他们的国家和民族往往衰了即不再盛，亡了就不再兴，像巴比伦、埃及、希腊、罗马都是显例。所以西方人讲历史，没有像我们中国人所想的"天运循环"观念。要说一治一乱，亡了再兴，衰了复盛，西方人似乎没有这信心。但中国历史明明如此，亡了会再兴，衰了会复盛，其间究是什么一番道理，值得我们研究。

我认为西方文化精神表现在物质上而定型了，便不能追随历史而前进。起先是心灵创出了物质形象，继之是物质形象窒塞了心灵生机。前代之物质造形，已臻于外在独立之阶段，与后起之新生机有冲突性，旧定型吞灭了新生机，而此国家民族，乃终于要走上衰运。而且一衰就不易复盛。

以上讲西方文化都带有一种"外倾性"，物质形象化之逐步进展，一定会到达一限度，前面便苦无路，人的精神到时就衰下。一衰下，就没有办法。西方学者从经济发展来讨论文化盛衰的，如斯宾格勒《西方的没落》一书，也认为大都市集中到某一限度，就转向衰运。至于我们中国人说历史，如"天运循环"、"暑往寒来"，这一理论，西方人是不易接受的。但即拿人的生命来讲，生命走入物质中，从生物学讲，每一种生物，发展都有一最高限度。到人类形体，几乎是再难演进了。人又不能不死，起初是生命依赖物质而表现，生机在物质中，但物质限制着生机，物质变化，生机坏了，生命亦跟着坏。任何生命不得不依赖物质。有物质就有死亡，生命只有转向新物质体中去求再生。

讲到中国历史的发展，似乎没有一定型，至少是不倾向某一定型而发展。亦可说，它没有一个客观外在具体而固定的物质形象，可作为其历史文化的象征。因此，中国文化转向是新陈代谢生机活泼。姑举历代首都为例，但在我们，历代首都，一个接一个地毁灭，在今天去游洛阳、长安，真有铜驼荆棘，黍离麦秀之感。文物建设荡焉无存。但国脉不伤，整个文化传统依然存在。雅典毁灭了便没有希腊，罗马城毁灭了便没有罗马，今天的伦敦、巴黎不存在了，英法又如何，这就很难想象。这是中西双方历史文化一相异点，值得我们注意。

再讲整个国家体制，在中国亦可谓未有一定型。从远古起，夏、商、周三代一路下来，大体言之，永是一中国。实际上，中国疆域是在慢慢地扩大而始有今天的。西方又不然，英国就是一英国；法国就是一法国。定了型，再向外，便成为帝国主义。到今天，在欧洲有罗马、有巴黎、有伦敦、有柏林，有英、法、德、意诸国，国家虽小，历史虽短，都像已成了型。

中国并非没有物质建造，物质建造则必然形象化，但与中国文化大统没有甚深之勾联。即是说，中国文化命脉，不表现在这些上，也不依托在这些上。其存其毁，与中国文化大统无甚深之影响。

所以顾亭林有"亡国""亡天下"之辨。如西周镐京毁灭了，秦之咸阳、西汉长安、东汉洛阳毁灭了，改朝易代，此之谓"亡国"。如何是亡天下？中国人不成为中国人，尽变成夷狄了，即是说中国人所看重的人道亡了，这叫做"亡天下"。国家体制摆在外面，大乱局面已成，一时挽回不过来。但还有隐藏在后面的，文化大传统，道之兴亡，则寄放在每一人身上，因此每一人各有一份责任。因此其文化传统与道究也不易亡，因每一人都可为转移气运扭转时代的中心。而且这一事又是最自由最坚强，谁也夺不了你的"志"与"德"。此番话，说给西方人听，会说你有点神秘性。这不错，这是中国人内倾文化的说法啊！

中国人爱讲天运循环，又说"物极必反"。物则必有极，"极"是尽头处，物到尽头，自然向前无路了。人要做一完人，当下现前即可做，所谓"我欲仁，斯仁至"。但也不是一为完人便到了尽头，也还须时时不断地"修"与"养"。做人如此，世运亦然。世运转了，不是尽可恃，还有盛衰兴亡接踵而来，但不能说道极必反。因道在人为，非必反，亦非必不反。

现在再讲"世运"与"人物"。世运转移也可分两方面来讲。一是自然的物极必反，饥者易为食，渴者易为饮，久乱则人心思治，那是气运自然在转了。但人物盛衰有时与气运转移未必紧密相依成为并行线。有的是新朝开始，像是气运已转，然而人物未盛，如秦代统一，这是中国历史上最大一新气运，但秦始皇、李斯这些人物并不够条件。到汉武帝时，然后人物大盛。从历史看，新朝崛起，不一定就是太平治世。而旧朝垂亡，却已有许多新人物预备在那里。如唐初新人物早在北朝末及隋

一九五一年　辛卯　五十七岁

代孕育。明亡了，人物未衰，清人入关，那辈人物，间接直接，都影响了清初的政治。但运气可以陶铸人才，新气运来了，自然有新人物产生，而人物也可扭转气运，纵在大乱世，只要有人物，自可转移气运，开创出新时代。

（三）中华民族历史精神

《论语》里孔子所说"岁寒然后知松柏之后凋"这句话。这句话也已流传了两千五百年，直到今天，成为中国社会人人俱知的一句话。但此话实具深义，我们正可即凭孔子此一句话来发挥说明我们民族的历史精神。

中国人接受孔子教训，人人尽知在新春盛夏清秋之后，必然会有严冬之来临。方其在新春盛夏清秋时，却先已为严冬作准备。

我中华民族，正为能遵守孔子古训，看重松柏之后凋，而轻视了桃李之争春。我中华民族五千年来之整部历史，其间亦不乏盛时，但一辈先知先觉，都能教人保泰持盈，适可而止，不为已甚。知亢龙之有悔，每思患而预防。及其遭逢挫折，陷处困阨中，乃仍能自强不息。所以我中华民族五千年来的整部历史，乃常是一部居安思危，履险若易的历史。惟其能居安而思危，所以能履险而若易。惟其不作春风之得意，所以亦不面对严冬而丧气。

又如关羽、岳飞、文天祥、史可法此等人物，皆受中国社会人人奉仰。在中国历史上，建大业成大功之名将亦何限。在当身，固是功名煊赫，在其当时，亦复对国家社会有大贡献，得大福利。然而我国人之崇拜失败英雄，则尤益加甚。岂不以彼辈之功业，亦如三春桃李，而此辈之风烈，则如严冬松柏。我民族之常能在天寒、地冻、坚冰、厚雪中屹立无恙，正是凭此番心情与此种精神之有以致之。

（四）晚明诸儒之学术及其精神

任何一时代的学术，大体都赖外力扶护而在良好环境下产生，独晚明诸老所处时代特为不同。他们的学术，乃在外力极端摧残压迫下成长。他们的精神，纯为一种对时代反抗、对环境奋斗的精神，可说是一种最艰苦最强毅的革命精神……晚明诸老之生活之最显著的特征，厥为"艰苦"与"强毅"。当知诸老为学，乃纯粹为国家民族之无限生命着想……

明末的北方,先受流寇之祸,继则满清入关,社会生产整个破坏,他们多半受到经济上极穷苦的压迫。南方诸儒家世比较优裕,但是莫不参加民族复兴工作,因此受政治上的压迫多些。大抵牢狱流亡饥寒孤寂,是晚明诸儒生活上的特色……一言蔽之,晚明诸老之学,可谓是已达"明体达用"、"内圣外王"之境界。晚明诸老学业成就于中国整个学术思想上之地位。

他们能在国家民族无希望的时代,重新给我们以一个希望;在国家民族失却自信心的时代,重新给我们以一个信仰;在国家民族前途艰难困苦无办法无出路的时代,重新给我们以办法与出路;而且他们所给我们的希望、信仰、办法与出路,能在他们自己身上确切表达出一个象征来。因此我们可以说:晚明诸老之学业成就,实在又是一个大结集,为汉、唐、宋、明以来之大结集。他们确能综合传统与革命于一途;他们确想以革命来光大传统;他们亦确实是在传统中培养出来的革命。虽因时代关系,他们的革命力量,没有能十分发挥得出,但他们确已播下了革命的种子。直到二百年后的"辛亥革命",晚明诸老,实有他们精神上极大之启导与助力。

晚明诸老学业成就之境界与内容。第一、是他们个人人格之伟大。第二、是他们为学目标之正确。第三、是他们学问门径之广博。第四、是他们指示为学方法之亲切。第五、是他们著述之精勤与美富。

晚明诸老与"三民主义"之关系。第一、讲到民族主义。晚明诸老均抱极强烈的民族观念,而其最伟大的贡献,则在他们对于民族文化精神之发扬与光大。

第二,讲到民权主义。晚明诸老对中国传统政治制度,皆抱一种彻底革新之主张;而其立论根源,皆能从民权方面着想。尤其是梨洲、亭林两家,他们均有极详明的方案。

第三,讲到民生主义。这一方面特别是船山、习斋、亭林三家贡献为大。他们不仅注重于生产(富),尤能注重于分配(均),更能进而注重于消费方面之合理性,即民生享用方面之文化的意义与价值(礼与文、风俗与教育),此乃中国传统文化之最精美处。

当代著名学者对《中国历史精神》的评论

余英时教授说:钱先生十六岁萌发爱国思想与民族文化意识,深入中国史,寻找中国不会亡的根据……他深深为梁启超的历史论证所吸引……钱先生以下八十年的历史研究也可以说全是为此一念所驱使。(《犹记风吹水上鳞——钱穆与现代中国学术》,页一八~一九)

一九五二年　壬辰　五十八岁

一　国内大事

一月一日，美国军队在朝鲜和中国东北境内开始使用细菌武器。

四月二十八日，"中日和约"在台北签字。

"行政院"会议通过孔子诞辰纪念日与教师节改为九月二十八日。

"行政院"会议通过实施《耕者有其田条例（草案）》。

二　事略

春，先生应"总统府战略顾问委员会"主任委员何应钦之邀作讲演，择题为"中国历代政治得失"，共讲五次，是为在台北有系统演讲的第三次。后来先生回忆道："他年此书及去岁所讲《中国历史精神》一书，香港大学定为投考中文系必读之书，因此，香港中学多诵此两书，至今不辍。"（见《师友杂忆》页三八三）

是岁，四月十六日，应朱家骅之邀为联合国中国同志会作例行演讲，讲坛设在淡江文理学院新建惊声堂。讲演方毕，屋顶水泥块突坠落，听讲者"立法委员"柴春霖重伤不治，先生亦被击中头部，昏厥送中心诊所就医，出院后，赴台中养病，适有新亚学生胡美琦在台中师范学校图书馆服务，日来相陪。前后约共四个月。返香港后，经过一年始痊愈。

三　著述

四月，《如何探究人生真理》，刊于《民主评论》第三卷第八期。收入《人生十论》，二〇〇〇年台北素书楼文教基金会·兰台出版社，页五一～六五。其摘要如下：

（一）

宇宙指整个自然界而言，那是无限的。世界指整个人生界而言，则是有限的……人生既属有限，于是人生所可获得之智识亦有限。就此无限自然之无限真理言，此有限人生所发现之有限真理，固得承认为真理否？此应为有限人生中一绝大之问题。就此问题上，东西文化精神，有其显相违异之意见与态度。我常谓东方文化乃内倾型者，西方文化为外倾型者；亦即谓中国人追求真理重向"内"，而西方人追求真理则重向"外"……因此西方人之真理观，常为超越人生而外在，西方人所认为之真理，必为一种客观的，由此而产生宗教、科学与哲学。宗教信仰有上帝，上帝超越人生而外在……科学探究自然。自然无限，则科学所探究者亦无限。

……西方哲学界常有唯心唯物之争，此指无限宇宙无限自然之最后本质，属心抑属物，此仍是一无限真理方面之争辩。

（二）

而有两端必然可说者。其第一端既主向无限追寻，则必然易于分道扬镳，各自乖离，而其所得之真理，则往往偏而不全……故近代科学分科分类，枝叶繁滋，各成专门，循至互不相涉。而哲学上之派别分歧，莫衷一是，更属显著……庄子所谓"道术将为天下裂"，恰似说中了西方的智识界。兹再说第二端。宇宙既属无限，则向外追寻，其路途亦无穷。无论其所到达如何远，必将永远如在中途，将永远无终极之归宿……然而追寻愈远，其回向人生，亦将愈感疏阔，愈成隔阂……近代欧洲，又是科学哲学向前探索太远，而发生流弊。人文科学追不上自然科学，形成目前之文化脱节，此义已得近代西方大多数人之认可。哲学上之唯心论、唯物论、实在论、唯生论，种种思辨，只要推寻愈深，摸索愈远，其回头来指导人生，求在人生世界实际应用，亦必愈感隔膜，愈多扞格。

（三）

中国人追求真理，主先向内，先向人生世界之本身求体验……《尚书》言，"天视自我民视，天听自我民听。"要了解上帝，即在了解人生。孟子言，"尽心知性，尽性知天。"要了解天，即在了解人……《中庸》言，"尽己之性，可以尽人之性。尽人之性，可以尽物之性。尽物之性，而后可以赞天地之化育。"仍主先从有限世界通向无限宇宙,不主先由无限宇宙回向有限世界。如是则不会有像西方般的科学。中国科学,则如所言"正德、利用、厚生",仍是人本位……孔孟言仁,言性善,言中庸,仅属于日常人生。故曰"下学而上达"……因此中国所长,不在宗教,不在科学,亦不在哲学,而在其注重讨论人生大道上。人生大道属于有限世界。向有限世界体验,可以当体即是。人若面向无限宇宙,不免有漆黑一片之感。但返就自身,总还有一点光明……孔子所谓"知之为知之,不知为不知,是知也",此一语,实为中国传统知识论奠基。

(四)

西方的哲学家,总在摆脱人类常识界之所谓已知的,而更求闯进另一不可知之无限界。此种努力,其贡献亦甚大。但若临到他们自己提出一种对于无限不可知界之假说与推论,则永远只是一种假说与推论,只成其人类知力之一种游戏三昧,而同样必然仍将陷于又一迷惘中……所以人类求真理,必当还就人类本身之有限可知中求之,而同时又必知人类本身所知之永远是有限。而此有限之外,永远有一无限不可知者包络之。

(五)

就东方人传统的求知方法论,此一有限中之更有限者,正为人类求知之唯一最可凭据之基点。故人类求了解宇宙,最先第一步在了解人生。人类求了解人生,最先第一步在了解各个自己,即我之个人。就中国观念言,乃因"我"为人类社会一中心,犹之"人类"之为宇宙之中心。故《大学》言修身、齐家、治国、平天下……因此就西方言,主张个人主义者,常易轻视人类之全体。他们常认为个人即可直接上帝,面对自然。中国人的人生观,乃非个人,非全体;亦个人,亦全体,而为一种"群己"融洽。"天人"融洽之人生。由中国古来习用语说之,此乃一种"道德人生",亦即"伦理人生"。伦理人生亦称"人伦"。中国人于人伦中见仁、见善、见中庸、见德性、见道。于人伦中见"人道",亦即于人伦中见"天道"。无个人,即无全体,而个人必于全体中见。因此在中国社会有"五伦"。父子与兄弟为天伦,君臣与朋友为人伦。从天伦有家庭;从人伦有社会。而夫妇一伦,则界在天人之际。夫妇如朋友,属人伦，而天伦由此一人伦而来。故就自然言，先有天，后有人。就人文言，实先有人而后有天。故以五伦立"人极"，而五伦又以各人之"自我"为中心。故中国人之所谓修身，既非个人主义，亦非全体主义，而乃一种个人中心之大群主义，亦可谓是以小我作中心之社会主义……再推此有限的人生世界，扩展到无限的自然宇宙，亦以宇宙为外围，以世界为中心。一如以世界为外围，而以自我为中心。如是则"天人合一"，"有限""无限"自可融成一体。故中国文化精神，乃以此有限中之有限个人小我为中心，而完成其对于无限宇宙之大自然而融为一体者……故中国文化，最简切扼要言之，乃以教人作一"好人"；即作天地间一"完人"，为其文化之基本精神者。此所谓好人之"好"，即孟子之所谓"善"，《中庸》之所谓"中庸"亦即孔子之所谓"仁"。而此种精神，今人则称之曰"道德精神"。换言之，即是一种"伦理精神"。因此种精神，必从人伦上见。

（六）

宇宙真理，亦必建基于此。此亦至平等，至自由。因其为人人之所知，人人之所能。所谓"我欲仁，斯仁至矣。""人皆可以为尧舜。""中庸之道，虽愚夫愚妇，与可有知焉。"人皆可以为尧舜，此乃"中庸"之道，然此即人人皆可"为天地立心，为生民立命，为往圣继绝学，为万世开太平。"亦即人人可为此无限宇宙之中心。故亦惟此始为最博爱之学。孟子曰："先立乎其大者。"此乃人文大本。由此再向四围，则宗教、科学、哲学皆有其出发之基点，亦皆有其终极之归宿。然则中西文化精神，岂不由此可以绾合。

四月，《如何完成一个我》，刊于《民主评论》第三卷第九期，收入同前书《人生十论》页六六～七七。其大要如下：

（一）

"我"之发现，有赖于"人心"之自觉……当知目前之所谓我，仅乃一种所以完成真我之与科，此乃天地自然赋我以完成真我之一种凭借或器材。所谓我者乃待成，非已成。若果不能凭此天赋完成真我，则百年大限，仍将与禽兽草木同腐……

（二）

人本与禽兽相近。其具此高贵之品格德性者，仅属人中之某一我，此乃后起之人，由于"人文化成"而始有。惟既文化演进日深，人人期望各自成一我，故若为人人必如此而后始得谓之人。此种观念，则决非原始人所有……换言之，则人当于历史文化中完成我。此亦是中国古语之所谓"理一分殊"。先我、后我，其为我则一，故曰"理一"。而我又于一切先我之外，自成此一我，故曰"分殊"。

（三）

《中庸》有言："极高明而道中庸，致广大而尽精微，尊德性而道问学。"此三语，为中国人教人完成一"我"之最高教训。

（四）

中国古代格言，又有立德、立功、立言称为"三不朽"之说。不朽即如西方宗教中之所谓永生与所谓复活。然立功有际遇，立言有条件，只有立德，不为际遇条件之所限。因此中国人最看重"立德"。运水搬柴，似乎人人尽能之。既无功可建，亦无言可立。然在运水搬柴的事上亦见德。我若在治国平天下的位分上，一心一意治国平天下，此是大德。我若在运水搬柴的位分上，一心一意运水搬柴，水也运了，柴也搬了。心广体胖，仰不愧俯不怍，职也尽了，心也安了，此也是一种德。纵说是小德，当知大德敦化，小德川流。骥称其德，不称其力。以治国平天下与运水搬柴相较，大小之分，分在位上，分在力上，不分在德上，"位"

与"力"人人所异，"德"人人可同。不必舜与周公始得称纯孝，十室之邑，三家村里，同样可以有孝子，即同样可以有大舜与周公。地位不同，力量不同，德行则一。中国圣人，着重在"德性"上，不着重在地位力量上。伊尹、伯夷、柳下惠，皆似孔子之德，亦皆得称为圣，但境遇不同，地位不同，力量亦不同。孔子尤杰出于三人，故孔子特称为"大圣"。运水搬柴满街熙熙攘攘者，在德性上都可勉自企于圣人之列，只是境遇地位力量有差，但其亦得同成为一我，亦可无愧所生，其它正可略而不论了。

（五）

以上所说如何完成一我，系在德性的完成上、品格的完成上说。若从事业与行为的完成上说，则又另成一说法……先"尽其在我"，那便不是法而是"礼"。礼不在防御人，而在"诱导"人……因此中国圣人常主"循礼"不恃法。孔子说："克己复礼为仁，为仁由己，而由人乎哉？"这是中国观念教人完成为我的大教训。

综合上述两说，在我的事业与行为上，来完成我的德性与品格，这就成为中国人之所谓礼。亦即是中国人之所谓仁。"仁"与"礼"相一，这便是中国观念里所欲完成我之内外两方面。

五月，《如何解脱人生之苦痛》，刊于《民主评论》第三卷第十一期，收入同前书《人生十论》页七八～八九。其大要如下：

（一）

世界各大宗教，莫不于观察人生处有特见之深入。但似乎他们都一致承认人生本质，乃一苦痛的过程……今试问人生何以有苦痛？殆缘人生本属有限。举其大者，人生有两大限：一为"人、我"之限。一为"生、死"之限。人生一切苦痛，则全从此两大限生……惟孔孟儒家，则主即在此有限人生中觅出路、求安适。

何从即就有限人生解脱此有限？曰："身量有限，而心量则无限。"人当从自然生命转入心灵生命，即获超出此有限。超出有限，便是解除苦痛。

（二）、（三）、（四）略。

（五）

今试问：生与死的真实界限，究竟在哪里？而生之有死，究竟又何尝真可怕？真苦痛？从身上起见，将感人死则身灭。若从心上起见，则何有乎一切恐怖。上述两大义，正是儒家孔孟所以教人解脱此有我之"身"与有身之"死"之两大限之种种迷惘牵累之苦痛。若明白得此两义，将见人生如海阔天空、鸢飞鱼跃，活泼泼地，本身当前即是一圆满具足，即是一无限自由，更何所谓苦痛，而亦何须更向别处去求真理寻快乐？更何待于期求无我与无生，归向上帝与天国？此是中国圣人孔孟，对人生不求解脱而自解脱之当下人人可以实证亲验之道义所在。

六月，《庄子与中庸》，刊于《当代青年》第四卷第四至六期。收入联经《全集》第七册《庄老通辨》中的是《庄老与易庸》，此外遍查《全集》第五十四册总序目，无此文，故存目。

九月，《经学与史学》刊于香港《民主评论》第三卷第二十期。收入《中国学术通义》，二〇〇〇年台北素书楼文教基金会·兰台出版社，页一～三〇。其大要如下：

一　经学

（一）
经学向来认为是中国学术中最先起而又是最重要的一门学问。但经学只指对于中国古代相传几部经书之特有研究而言。

中国古代经籍，最先分为《诗》、《书》、《礼》、《易》、《春秋》五种，谓之《五经》。其实此《五经》之结集时代并不早，或当在秦末汉初之际。汉人又称《六经》为《六艺》，而汉代并不曾有"乐"之一经，则《六经》、《六艺》之名只是虚设。《五经》之后，又有《七经》、《九经》、《十三经》之汇集。此下中国经书则只限此十三种，并无再有增添……

我认为，中国传统学术有几项特殊的侧重点，此乃与中国文化传统之特殊精神所在，有甚深密之关系，应先指出：（1）中国传统文化，以"人文精神"为中心。（2）中国传统文化，是注重"历史精神"的。（3）中国传统文化是注重"融合合一精神"的。（4）中国传统文化，是注重"教育精神"的。因此，中国人研究经学，其最高向往，实在周公与孔子其人。周公成为一大政治家，孔子成为一大教育家。中国人认为只有会通综合以上诸经而加以研究，才能了解周公、孔子之为人及其在历史上之贡献影响。

中国传统文化，注重对人文社会与历史演进之实际贡献。中国人爱说"通经致用",或说"明体达用"。中国人看重经学,认为经学的伟大,其理想即在此。即由学问来完成一个人,再由此人来贡献社会。所贡献的主要事业对象则为"政治"与"教育"。此等理想人格之最高境界,便是中国自古相传所谓的"圣人"。因此,经学在中国,一向看为是一种"做人"之学,一种"成圣"之学。

要做一理想人,要做一圣人,便该在实际人生社会中去做……而从此寻求出一套当前可以活用的学问来真实贡献于社会。此是中国经学所理想追求之大目标。

(二)

中国经学自儒家兴起后才开始。直到西汉初年,经学传统始正式成立。

两汉的经学,主要在求政治上应用……当时称孔子为"素王",又称其"为汉制法"。此因大一统局面初成立,王权骤张,一辈儒生乃高抬孔子与经学把来压在新王权之上,渐渐形成此下历史上一个能接受学术指导的政权,这是汉儒的功绩。

魏晋南北朝儒学中衰,但此下《十三经注疏》中之大部分工作,实在此时期完成。经学上义疏之学,也与当时佛教中人解释佛教经典的工作有关系。

唐代统一,把南北朝时代各家义疏集合起来,勒成《五经正义》,用作政府考试标准。但唐代考试门类中更受重视的却是诗赋文学,而当时人对于人生哲理及教训,则更偏向于佛学……直待宋代,始有"新儒学"兴起。

宋代新儒学之主要目标,在于重新发扬古代儒家之人生理想,俾其再与政治理想通会一贯,把孔子教理来排斥释迦教理。既有新儒学,因亦要求有"新经学"。宋儒努力作新经学运动者,在北宋主要有王安石,在南宋主要有朱熹。此两人可为宋代从事复兴新经学运动之代表。

……直到南宋朱子,才在中国经学史上掀起了绝大波澜,上接古代传统,而完成了一套新经学。朱子为《诗》与《易》两经作新注,更重要的是另定《论语》、《孟子》、《大学》、《中庸》四书来代替古代《五经》的地位。

元代蒙古政权统治中国八十年，朱子学说在当时社会上已有了广遍深厚的基础，政府亦把朱子《四书》定为国家考试的新标准。明代承袭元制，从此直到清末，没有改变。

朱子把自己一套说法，从上推溯到北宋周濂溪、张横渠、程明道、程伊川四人……后代因把周、张、程、朱五人并称为宋代理学之正宗，近人又称之为"新儒家"。实则理学完成为一种新经学，则是朱子之功。经学、理学出于同一传统，经学较偏在大群的政治方面，理学较偏在私人心性修养方面，只此稍有不同而已。

明亡后，学术重心又变。清儒想把两宋以下的新经学重新回返到两汉以下的旧经学……两汉经学注重政治实绩，清代经学则专注心力于书本纸片上之整理工夫。

（三）

在目前，经学地位已全不存在，于是政治理论和人生信仰两方面，失却了联系，失去了重心，而且也没有了自己文化传统的历史基础。此是现代中国在学术思想上一大难题。有待此下学术界之新努力。

二　史学

（一）

史学在中国，一向成为一支盛大光昌的学问，中国人一向看史学，可谓仅次于经学。

……中国历史记载，自始即涵有一种褒贬意义。即价值批判与人格评论之存在。

孔子在鲁国，写下一部包括两百四十二年的历史，书名《春秋》，这是中国第一部有系统的历史书……在中国历史上正式成为一个史学家的，应推西汉的司马迁。他写下一部《太史公书》，后人称之为《史记》，他自承为师法孔子《春秋》。

司马迁自称他写《史记》，将以"明天人之际，通古今之变，成一家之言"。这三句话，成为此后中国史学家着史一种崇高的目标。

后来西汉亡了，班固截取西汉一代两百几十年的经过事实，写成一部《汉书》，于是中国始有断代史。

此下，每一朝代亡了，必由下一朝代的人，搜罗上一朝代治乱兴亡种种史迹，来写一部断代史，如此直沿袭到清代，先后共有了二十五史。

（二）

上面说的是中国的史学精神，下面再说中国的史学方法。我所说的史学方法，主要从史书的体裁说起。

中国史书，大别可分为三体：一、编年体，二、列传体，三、纪事本末体。编年体起始最早，孔子《春秋》以下如《左传》，至宋代司马光《资治通鉴》皆是。编年体之长处，在其逐年逐月随时把事件记下，较之事后追述，可以更客观，更易把捉到历史事件演进之真相。

其次是"列传体"，此体由司马迁《史记》创始，经后人沿用，并目为"正史"，《二十五史》全属此体。历史本是由人创造，列传体特别以人物为主，正合中国传统人文主义的文化精神。中国史书中的列传体，重在"分人立传"，此方法亦极易得客观的真实……而且列传体也极富一种启示性的教育意义……正因中国史家看重人物，使人容易了解每一人可能在历史上发生之意义与影响，每一人能在此下历史上发生某一种价值。此一真理之显示，乃中国史学一种最大的教育功能。

中国史中之编年与列传，可说是记录了历史之动态，书和志则比较是记录了历史之静态。所谓静态者，指其能绵历较长时期而言。以其所记贯通各代，故对断代史言，此等体裁乃称为"通史"。

至于分事件来写历史的，则称为"纪事本末体"。《尚书》是最早的这一类的史书，但此下即为《春秋》编年与《史记》列传两体所替代，直要到南宋，此体始再有出现。此体何以发展最晚，而且亦较不受重视，这亦有理由。据一般言，历史本该是记载事件的，但历史事件如水长流，难可割截。究竟某一事件从何处起、到何处止，并不能明确划分。而且此一事与彼一事，相互间各有关联，亦很难严格分开。一件事尽可分作两件，两件事也尽可并作一件。而且史家既然记载某一事，必为此事安上一题目，此项题目则多出写史者之主观，很难恰当……因此，把历史过程分为若干事件来看，有时反易无当于历史全体之真过程。又在写史者之心中，先已认定了这一事、那一事，把来分别突出，则易把另外许多事忽略遗漏。又在写史者之心中，因先已认定了某一事之起讫，及其前因后果，心中先存下了此一事之一图案，于是在叙述时，一切取舍详略，也易于遵照此图案来定标准。此等历史叙述，骤看像既扼要，又明晰，其实是写史者之主观成分反掩盖了当时历史的真过程。用此等方法写历史，往往仅供一时之需要。时代变了，关于历史知识之需求亦变了，于是又该另写新史。但先时史料，因未能仔细保存录下，遂苦追踪无从。这一个大损失，终于无可补偿。

中国历史，比较少此病。正因中国历史，不先凭主观分立事题，只重分年、分人、分类，把历史过程中在当时所共认为重要的事项，客观地一一记载下来，骤看像仅是一堆材料，但其重要价值亦正在此。

我们也可以说，分事写史比较是一种"叙述"，叙述则多寓有叙述者之主观。而分年分人写史，则比较是一种"记录"。记录与叙述之相异处，则因记录更近于客观。中国史学方法之长处，正在其重记录胜过了重叙述。

正因中国史书注重记录，故使后代史家可以根据前代史书因时所需，不断来创写新史，或不断来发扬新的史论。新的历史知识可以层出不穷，而旧的那些历史记录，则同时可以永存不废。此亦中国史学一种特殊的长处。

（三）

（此节系作者对上述问题作深一层的推论。兹因限于篇幅，故从略。若欲知其详，请见原书。编者。）

（四）

中国史籍，除上述诸体外，尚有其它诸体，一看清代《四库提要》的史书分类，便可略知其梗概。凡此皆是就于各项历史材料，而斟酌体裁来加以记录的。一为"地方志书"，那是分着地域来记载的……又有"家谱"，专载各一家族的历史，在历史学中称为氏族谱谍之学。家谱中最富代表性的便是孔子一家……又有"年谱"一体，此乃个人之编年史……到现在，凡属中国史上有名人物，几乎都有人来替他作年谱。

（五）

上面《经学篇》里曾说过，中国文化传统特别注重人文精神与历史经验。这是史学在中国极为发达之主要原因。

至于上述各种体裁，虽若一一有成法可循，但在史学中真负盛名的，像司马迁、班固、欧阳修、司马光、杜佑、郑樵那些人，莫非通才博学，不像以专在历史一项学问上见长。这一层，尤可为上面《经学篇》中所提中国学术传统一向重视学问之整全体之一例。故中国史学家创写一部新史书，其内容所包，实决不止于史学之一面，此一层尤当深知。

九月，《我们如何来庆祝双十节》，刊于香港《中国学生周报》第十二期。收入《中国文化丛谈》，二〇〇〇年台北素书楼文教基金会·兰台出版社印行，页三二八～三三二。其大要如下：

我们庆祝国庆，同时该庆祝我们是一个中国人……生为中国人，有何该庆祝之处呢？因为中国是世界上最有光荣的国家之一。何以故？因中国有其传统悠久的历史文化。而中国的历史文化，不仅对其本国有价值，抑且对全世界人类有价值。尤其对目前世界之最近将来，急待宣扬和平真理与人生大道，中国传统文化在此一方面，该有它的大贡献。这该是我们中国人的责任。我们能生为中国人，来向全世界人类担负起这一大责任，这是生为中国人之第一可庆处。

十月，《汉代制度得失》，香港新亚文化讲座演讲稿，收入《新亚文化讲座录》。二〇〇〇年与所收入素书楼文教基金会·兰台出版社之《中国历代政治得失》标题稍异，页三二～四〇。其大要如下：

一些汉代制度之缺点。首先在经济方面，土地问题没有解决，形成兼并；富者田连阡陌，贫者无立锥之地，使政府的减轻租税政策全失功效。至王莽把土地收归国有，此事又激起社会多数人的反对，结果失败了。但王莽的废止奴隶政策，却继续为东汉政府所承袭。东汉时代也屡有废奴的诏令。但只要社会经济情形不变，此项诏令是不会有实效的。

其次说到军队制度。中国地大人众，虽说分区训练各别的兵种，但每年一个月的操练是不够的。遇到打仗，各地调遣，也不方便。所以全国皆兵制，在中国论，一则军队数量太多，二则训练太简略，调动不方便；结果全国皆兵，弄得有名无实。一旦起了问题，还是解决不了。

再次讲到政府组织。皇权、相权是分开的，皇室和政府也是分开的。

但中国一向似乎看重不成文法，往往遇到最大关节，反而没有严格明白的规定。这也可以说是长处，因为可以随宜应变，有伸缩余地；但也有坏处，碰着一个能干有雄心的皇帝，矜才使气，好大喜功，常常要侵夺宰相的职权。现代的西方国家，皇帝私人，无论怎样好，规定他不能过问首相的事。汉武帝雄才大略，宰相便退处无权，外朝九卿。直接向内廷听受指令。这样一来，皇帝的私人秘书尚书的权就大了。汉武帝临死时，他的太子已先死。他要把帝位传给小儿子昭帝，他却先把昭帝的母亲处死。于是武帝临死，派一个霍光做大司马大将军辅政。现在皇帝不把宰相做皇室代表人，而在皇宫里另设一个大司马大将军来专帮皇帝的忙，如是就变成外面有宰相，内面有大司马大将军，皇宫和朝廷就易发生冲突。当时一称"外廷"，一称"内朝"。大司马大将军霍光辅政，他是内朝领袖，外廷则仍由宰相统治……皇位继承是政府事。光以后，元平元年，昭帝崩，也诏群臣议所立。可见皇帝世袭，是政府法理规定。若遇皇帝无嗣，及其它变化，仍该依照政府意见公议决定。但这也是一种不成文法，霍光得以上下其手。霍光纵说政府领袖不必预闻皇室事，而他仍要召集其它政府大僚来公议所立，可见霍光也是情有所怯，并不敢全违背当时习惯。再就另一点说，原先尚书只是皇帝的内廷秘书，而内廷诸职又隶属于御史中丞；现在皇室又另一个代表，霍光以大司马大将军辅政名义来掌领皇帝的秘书处，他不让外面宰相知道皇室事，他却代表皇室来过问政府事；如是则皇室超越在政府之上，那岂不是要出大毛病？所以后来汉宣帝想把霍氏权柄削减，便恢复旧制，仍由御史中丞来管领尚书。如是便由御史中丞透过御史大夫，而达到宰相。内廷与外朝声气又通，大司马大将军便没有权重了，霍家也就垮台了。

可见汉代制度，在皇帝与宰相、皇室与政府之间，确是有一番斟酌的。虽没有硬性规定皇帝绝对不许预闻政治的一句话，这也并不是大失错。而且若要皇帝绝不预闻政府事，那宰相的任命便成问题。汉武帝自己是雄才大略，他自己揽权，尚不甚要紧；他死了，他须替他后代小皇帝着想，于是来一位大司马大将军辅政，便出了问题了。汉宣帝以下，霍氏虽败，结果还是大司马大将军外戚辅政，还是内廷权重，外朝权轻，于是有王莽代汉而兴。王莽便是由大司马大将军而掌握大权的。

到东汉光武帝，惩于前失，因怕大权旁落，自亲庶务，于是尚书地位日渐加重。而外朝的宰相，却分成三个部门。后来因有大司马大将军横插进来，所以又把此三公变成大司徒、大司马、大司空三职分别。大司空完全变成外朝官，大司马却依然代表皇室。从前御史大夫管得到宫廷，现在大司空管不到宫廷。不仅丞相改大司徒是失职，御史大夫改大司空也是失职，权重依然在大司马手里。这还是皇家和政府权限划分不清之故。东汉初年，光武帝的私意，则索性把政权全操在自己手里，三公只是名位崇高而已，实权则在尚书。换言之，则是由皇帝来总其成……汉光武自身是一好皇帝，明帝、章帝都好；然而只是人事好，没有立下好制度。因此皇帝好，事情也做得好。皇帝坏了，而政治上并不曾有管束皇帝的制度。这是东汉政治制度上的一个大问题。也是将来中国政治制度史上一个大问题。

选举在汉代，也发生了问题。在汉武帝时，只叫地方长官每年要选举些孝子廉吏；但后来孝廉充斥仕途，别的进仕之路都为之阻塞了，于是大家都争要为孝廉。本来所谓孝廉，一种是孝子，另一种是廉吏；后来规定每郡满二十万户口的只能举一个，如是则孝廉不分，仅成一个参政入仕的资格而已。后来又因请托舞弊，逼得朝廷于察举孝廉后再加上一番考试；如是则全失却原来察举孝廉之用意。但中国政权，却因此开放给全国各地了。从此以后，无论选举或考试，都是分区定额的。因此中央政府里，永远有全国各地域人民之参加，不致偏荣偏枯。因此中国政府，始终是代表着全国性的，全国人民都有跑进政府的希望。而且实际上，也是全国各地永远都有人跑进中央政府的。又汉制郡县长官，例须避用本郡本县人。如是则中央政府既是绝对的代表全国性的，而地方政府却又竭力避免其陷于地方性。这样才可使大一统的局面，永远维持。不致隔绝，不致分离。这一制度，自汉代起直至清代始终沿用。这是中国传统政治制度里一最应着眼之点。

而且汉代选举，就大体言，最先必进学校读书，才获补吏。补吏以后，才获察举。这由教育而行政实习，由行政实习而选举，再由选举而考试，由考试而任用之几个阶段，骤看极合情理，切实施行，像不会出大毛病；然而依然有毛病存在。因古代社会，读书机会就不易得。第一是书本不易得。当时一个读书家庭,很容易变成一个做官家庭,而同时便是有钱有势的家庭……上面说过,汉代选举,是分郡限额的。每郡只有几个额;于是却永远落在几个家庭里。如是则每一郡必有几个像样的家庭,这便造成了将来之所谓"世族门第",也便是世族门第必然带有"郡望"之来历了。

十月,《唐代制度得失》,香港新亚文化讲座演讲稿,收入《新亚文化讲座录》。参看二〇〇〇年收入同上出版社《中国历代政治得失》第二讲《唐代》,页四一～七七。(兹略)

十月,《谢著〈中国政治思想史纲〉序》,刊于《人生》第七卷第九期。(存目)

十一月,《如何安放我们的心》,刊于《民主评论》第三卷第二十三期,收入同前兰台版《人生十论》页九〇～一〇三。其大要如下:
(一)
如何保养我们的身体,如何安放我们的心,这是人生问题中最基本的两大问题……人类经过了原人时代,逐渐进步到有农业、有工商业、有社会、有政治,如何保养身,这一问题,好算是十分之九解决了……此刻世界人类所遭遇的问题,完全是心对心的问题,不复是身对身或身对物的问题了。显言之,这是一思想问题,一理论或信仰问题,一感情爱好问题,这是一人类文化问题,主要是"心"的问题……因此人类当前的问题,主要在于如何"安放"我们的心,把我们的心安放在那里?

(二)、(三)(略)
(四)
……只有中国孔子,他不领导心向神,也不领导心向物,他牖启了人心一新趋向。他牖启心走向心,教人心安放在人心里。他教各个人的心,走向别人的心里找安顿、找归宿。父的心,走向子的心里成为"慈";子的心,走向父的心里成为"孝";朋友的心,走向朋友的心里成为"忠"与"恕"。心走向心,便是孔子之所谓"仁"。父的心走向子的心，子的心走向父的心。如是则"身心"还是"和合"，还是相亲近、相照顾……于是一人之心，化成了一家心。一家之心，化成了一国心。一国之心，化成了天下心。天下人心，便化成了世界心与宇宙心……于是我的心可以寄寓在一家，寄寓在一国，寄寓在天下，寄寓在世界与宇宙中。我的心与家，可和合而为一，与国与天下，也可和合而为一。与世界宇宙，也可和合而为一。如是，心即是神，而且心即是物。因为，世界宇宙和万物离不开，心和世界宇宙和合为一，也便和万物和合为一了。

（五）

心与神、与物，和合为一了，那是心之大解放，那是心之大安顿。如是则历史心、文化心，还只是自己现前当下的心……惟中国人则能认为宇宙即我心，我心即宇宙……此一宇宙，是大道运行之宇宙。此一世界，亦是一大道运行之世界。此一心，则称之曰"道心"，但实仍是"仁心"。孔子教人把心安放在"道"之内，安放在"仁"之内。又说："忠恕违道不远，孝悌也者，其为仁之本欤。"孔子教人，把心安放在"忠恕"与"孝悌"之道内。孔子说："择不处仁焉得知？"孟子说："仁，人之安宅也。"这不是道心即仁心吗？

一月，《文化学大义》，于一九五一年由台北正中书局出版。一九九七年由联经出版公司出版《全集》时，即以先生于一九八七年整编的书稿为底本。二〇〇〇年五月素书楼文教基金会·兰台出版社又加以整理重排出版，页一～二〇六。其大要如下：

《文化学大义》一书，是于一九五〇年十二月，钱先生第一次由香港来台北，在省立师范学院（今台湾师范大学）作连续四次八小时讲演的讲词整理而成。此书为先生继抗日战争时期所撰《中国文化史导论》一书后，又一次对文化学作系统性之讨论。先生自言，此番讲演之用心所在，乃基于数十年来对世界整个局势之观察与认识，认为当前无论中国问题，乃至世界问题，无不由文化问题产生，故无不需由文化问题来解决。又言"文化学"一门，此后必将为学术思想中一主要科目。（以上为出版说明——编者）

一　为什么要讲文化学

今天的中国问题，乃至世界问题，并不仅是一个军事的、经济的、政治的，或是外交的问题，而已是一个整个世界人类的文化问题。一切问题都从文化问题产生，也都该从文化问题来求解决。

至于中国文化，远的不说，至少在此一百年来，早已病痛百出。除非中国文化，有一彻底的新生，中国近百年来种种失败，种种苦痛的历史，也将继续推演；而且将愈演愈深，愈演愈烈。

根据上述看法，无论中国乃及世界问题，都使我们要着眼到文化问题上去。一切问题，由文化问题产生。一切问题，由文化问题解决。

二　文化学是什么一种学问

文化是指集体的、大群的人类生活而言。在某一地区、某一集团、某一社会，或某一民族之集合的大群的人生，指其生活之各部门、各方面综合的全体性而言，始得目之为文化。

文化尽管必须在每一个个人人生上表现，但个人人生究竟无法超脱其当时的集体文化而存在。文化规范着个人人生，指导着个人人生，而有其超越于每一个个人人生之外之上的客观存在。这一种存在，即是我此刻所要讲的"文化学"。

因此我们可以说，文化学是研究人生价值的一种学问。"文化学是就人类生活之具有传统性、综合性的整一全体，而研究其内在意义与价值的一种学问。"

三　文化的三阶层

（一）

我们本此意向，暂把人生全体分为三大类。

第一是"物质的"人生，亦可说是"自然的"人生，或"经济的"人生。一切衣、食、住、行，较多隶属于物质方面者，均归此类。

其次是"社会的"人生，或称"政治的"人生，"集团的"人生。在第二阶层里，人面对着人，即人生大群。这时的人生，主要在添进了许多"人与人"之间的关系。

最后才到达人生第三阶层,我们可称之为"精神的"人生,或说是"心灵的"人生。全属于观念的、理性的、趣味的,如宗教人生、道德人生、文学人生、艺术人生等皆是。只有这一种人生,最可长期保留、长期存在。

(二)

第一阶层之特有目的,在求生存,即求各个肉体生命之存在。第二阶层之特有目的,在求安乐,即求大群体生命存在之安乐。第三阶层在求人类生活之崇高,实即仍在求安乐之崇高。

(二)、(三)、(四)、(五)(略)

四　文化之两类型

(一)

大抵人类文化,最先还是由于自然环境之不同,尤要的如气候物产之相异,而影响及其生活方式。再由其原始的生活方式之不同,影响到此后种种文化精神之大趋向。有三大类型:

1. 游牧文化。
2. 农耕文化。
3. 商业文化。

大抵游牧发展于草原高寒地带,耕稼则多在温带平原河流灌溉之区,商业则繁盛于海滨及近海各岛屿。

(二)

而此三大类型又可再归纳为两类型:一是农业文化,另一类型则是游牧与商业文化。原来农业文化大体上是自给自足的,而游牧与商业,则同样的需要向外依存。游牧民族必然是流动的,逐水草而迁徙。老守一地,草尽水涸,生活即无法维持,迫得他不得不向外迁移。这正和商业民族同样,因其本地区之生产不足,必待出外与近邻交换……因此农业民族自然的生于斯,长于斯,老于斯,子子孙孙永远守此一分田园祖业。因此农业民族是安定的、保守的,游牧与商业民族则是流动的、进取的。

惟其可以自给自足，安守已分，邻里乡党，几十百年的相处，谁也不侵犯谁，谁也不依赖谁，农村永远是和平相处，也永远是散漫相处的。游牧部落则不然，结队迁徙，遇着一片草原，两族争夺起来，友乎！敌乎！十分显著，所以游牧民族对内是团结的，对外是斗争的。商业民族亦然。因此游牧与商业社会，必然是对内团结，对外斗争的。换言之，则是向外侵略的。

因此游牧人、商人全富征服感。不仅敌我对立，而且是天人对立。农业民族则不然。下了种，须得耐心静待，五日一风，十日一雨，是上天恩赐。天人合一，一半是自然，一半是人力。农业民族的宇宙观乃及人生观，由此与游牧人商人不同。一是"天人交和"的，一是"天人敌对的"。因此一主"性善论"，一主"性恶论"。于是遂一偏仁慈，一偏机智。

游牧人商人又特富于财富观。而且游牧与商业，对于基本生活所需，并不在自己手里，多半要向外求取。因此他们积聚的，都是可以向人交换的间接的一种价值符号。因此养成他们渐渐远离着实际生活的一种财富观念。农民则百亩田，十亩桑，五母鸡，二母豕，一年吃着无愁。在他们手中的，是实际衣食所需，不待交换，亦难积存。因此游牧商人的财富是符号的，农民的财富是实质的。游牧商人的财富可以激增，亦可以惨落；有恐怖，亦有希冀；时时有刺激，有兴奋。农业民族只懂生产，不懂财富；只知实物，不喜抽象；有恃无恐，但亦不奋发向前。一方的心灵常是跳落动荡；一方的心灵则常是沉着稳健。

（三）

让我把游牧商业一类型的文化称作甲方，农业型的文化称作乙方。则甲方起于内不足，故常外倾；乙方起于内在自足，故常内倾。

甲方常是趋向"富强性"的文化；而乙方则是趋向于"安足性"的文化。但亦各有缺点。甲方是"富而不足，强而不安"；乙方则"足而不富，安而不强"。

甲方常觉得有一个外界和我对立着，永远引诱它"向外征服"，否则是向外依存；乙方则常觉外面也像内部，浑然一体，"只求融合"，不求扩张。

甲方的宇宙观是"天人对立"的；乙方的宇宙观是"天人合一"的。

甲方主"斗争"；乙方主"协调"。

甲方常想向外伸展，是注重在"空间"的；乙方常想向后绵延，是注重在"时间"的。

甲方要开疆扩土，"无限向外"；乙方要子孙万年，"永守勿失"。

甲方注意"群"，注意大集团，核心大，而外界狭；乙方注意"家"，注意小集团，核心小，而外界宽。

甲方必游离飘扬，归宿到"抽象化"，易于"发展宗教"；乙方必土着生根，归宿在"实体化"，易于"发展伦理"。宗教里的上帝，还是和我们人异类对立的；伦理里的人群，则是和我们同类并存的。因此坚信宗教的，可以对异信仰的不容恕；而道德伦理，则必以彼我内外互相容恕为前提。双方虽同主博爱，而一含"敌对性"，一含"容恕性"，仍然不同。

（四）

于是人类文化，遂在此两类型之偏胜偏短处，累累地发生了无穷的悲剧。这是以往一部整个的人类史，要待我们从头来安排、来调整。

五 文化七要素

（一）

但扼要分析，我们仍可将人类生活之诸多形态分划成七个大部门，我们此刻称之为文化七要素。

此文化七要素：1. 经济。2. 政治。3. 科学。4. 宗教。5. 道德。6. 文学。7. 艺术。

（二）

第一先讲经济。经济生活，则人类文化之基石……但经济水平愈提高，它对人类全部文化体系所能贡献之意义与价值，并不相随提高，甚至会相反地愈降低。

（三）

第二顺便先讲科学。但科学也只是文化七要素中一要素……科学只能辅助人生，方便人生，但人生决不能由科学来作指导与决定。我们了解到这一点，便可了解科学在人类文化整体中所应有的地位和价值。

（四）

若把更广义的科学来讲，科学应分两大部门：1. 是自然科学。2. 是人文科学。

近代西方，自然科学突飞猛进，但是他们好把研究自然科学的方法与观念来研究人文科学，这是一大毛病，至少是一大偏陷。

（五）

其次将说到政治。"政治"一名词包括人群组合之种种法律、制度、习惯、风俗等而言。

就西方言，它们的政治形态，不外三种：第一，是希腊型的"市府政治"，根本精神在个人之自由平等，由多少数来决定从违。第二，是罗马的"帝国政治"，其根本精神在权力之征服与组织。第三，是犹太型的，即基督教的，"上帝的事由上帝管，凯撒的事由凯撒管"，把宗教和政治分开。

以上三类型的政治，可说是"民权的"、"皇权的"与"神权的"。此三型之最高理论，都是归结到"主权"的。不过有主权在"人"与主权在"神"之区别；和主权在"在下之人民"与主权在"在上之皇帝"之分别而已。

只有中国政治，其领导中心在道德不在宗教。宗教是出世的，道德是现世的。由宗教领导政治是间接的，而由道德领导政治则是直接的。道德政治并不抹杀个人自由，因道德精神根本必须建筑在个人自由之基础上。中国人的政治理想，是修身、齐家、治国、平天下一以贯之的。是直下到个人，直上到天下的，而以各个人之心体性情为其主要出发，与主要归宿之共同所在。

（六）

科学面对物世界，政治面对人世界，用科学眼光看物，物在我之外，所以要斗争。用政治眼光看人，人亦在我之外，所以要组织。现在要讲艺术、文学、宗教与道德，此四种要素，则没有内、没有外，只有一个上下古今、天下大同的"心灵",内外交融,凝成一体。最先讲艺术。科学是理智的,艺术则是趣味的。理智中的物只是物,趣味中的物是"生命",是"心灵"。理智常要把物破毁、拆碎,改变原形,想看它一个究竟底细,此即所谓"分析"。艺术精神则重在"欣赏",把整个的我,即把我之生命及心灵,投入外面自然界,而与之融为一体。

(七)

再次讲到文学。艺术是把人生投向非我的"物世界",文学才把人生投向与我同等相类之"人世界"。它将发现在人中有我,而我在人中则融释了、化了、不见了。艺术可"忘我于物";文学则"忘我于人"。艺术偏于趣味的;文学则是偏于情感的。人生求要有趣味,更求要有情感。

(八)

其次要说到宗教。人到无可奈何时,才感到需要信天、信宗教。宗教是一件变相的艺术,变相的文学。

由近代科学言,宗教似非宇宙真理。遍觅太空自然界,找不出一上帝及其所在地。但由艺术、文学立场言,宗教显然亦可说是发生于人生之心性,乃心性中一要求。

(九)

最后讲到道德。在中国人观念里,人生终极希望,乃道德,非宗教。耶稣的十字架精神,这种人生始是道德。道德是人生理想之实践。而道德则有献非求。道德只求"尽其在我",不更向外别有求。

科学可以反宗教,却不能反道德。艺术文学可以是非道德的,而真道德却不该是非艺术非文学的。

西方文化的最高精神,是"外倾的宗教精神"。中国文化的最高精神,是"内倾"的"道德精神"。外倾精神之发展,一方面是科学,又一方面是宗教;内倾精神之发展,一方面是政治,又一方面是道德。

(十)

中国所重在政治、道德、文学、艺术诸部;西欧所重在经济、科学、宗教诸部;印度所重则在宗教、艺术、文学诸部。

此七要素中,"入世文化"的终极指导为道德,"出世文化"的终极指导为宗教。

因此我们可以说，宗教精神普通都是柔性的、阴性的，带有消极性；而道德精神则总是刚性的、阳性的，带有积极性。

六 中西文化比较

（一）（略）

（二）

近代西洋文化有三大渊源：1. 希腊。2. 希伯来。3. 罗马。

希腊人始终不能构成一国家，老在市政府政治下停留了。那是它的大缺陷。

犹太民族是一个流离播迁吃尽苦楚的民族，轮不着他们来预闻到大群政治社会的一切措施。他们常在想，外面人都不好，都在欺侮他们。他们自身也不好，所以永远受人欺侮，必是罪有应得，因此上帝不给他们过好生活。希腊的文学艺术是欢乐的，犹太人的宗教观念是悲哀的。人生本身即是罪孽，根本无好希望！只盼一救世主出世，来拯救他们。耶稣便应此民族内心之呼召而来。

再次是罗马，罗马人的法律政治，确有大成就。若说罗马人也懂得道德，那是政治性的道德，非道德性的政治。罗马是政治、法律、权力、组织高出一切的。耶稣教传入罗马，罗马帝国统治下的一群被压迫人民，像疯狂般地信从。罗马政府无法弹压，无法禁止，结果凯撒向上帝求和，罗马皇帝也信奉耶教，暂求妥协。但罗马帝国不久也便覆亡了。

中世纪日耳曼蛮族入侵，帝国瓦解，凯撒并不能借上帝之力来援救罗马，但上帝却反而借用了凯撒之力，把罗马人的法律组织灌输到教会里，形成一大力量，渐渐克服那大批的蛮族，使他们亦来听受教化。但这里又出了毛病。宗教而政治化，由宗教来控制政治，那得无病？宗教革命，是"凯撒事由凯撒管，上帝事由上帝管"耶稣那一句遗教之复兴，政治再从宗教牢笼下挣扎独立，这样才有西方现代国家之产生。

（三）

法国大革命，提出个人自由，平等的口号，那是希腊精神。近代欧洲英法诸国，其内在核心的政治体制是民主的，但对国外被征服地，则师承罗马帝国规模。那是罗马精神。近代西洋文化，正由如此三方面的文化传统所拼凑而合成的。

他们许多哲学家、政治学家、社会学家、经济学家，绞尽心血，早在面对此种种困难寻求解决的出路，却不料出了一绝大的反动。"唯物史观"针对着宗教信仰，"阶级斗争"针对着个人自由。此刻则凯撒兼做了上帝，只许你信凯撒，不许你信上帝。

（四）

中国文化，从头即是自本自根，从一个源头上逐渐发展而完成。西方是诸流竞汇，中国则是一脉分张。

就整个文化体系之配搭与演进言，中国比较合理而稳健。因此中国历史上的文化病，常是些外邪风寒。若说其本身有病，则只是些一时弱症。中国土地大，国防线长，社会内部安定和平得久了，易于暴露弱症，但这不是一个本源病。因此中国史上虽有好几度的外族入侵，但撼不动中国文化底本质，推不倒中国文化之全体系，中国人终于凭仗此文化潜力，把外患继续消弭了，也把外族继续同化了。

近百年来，中国本身内部，早又犯了病，而外面大风邪，则是近代西洋崭新的具有另一套的文化体系精神的强大压力，远不比以往的外患，才使近代中国陷入一前所未有的大困难。

（五）

有人说：中国文化根本要不得，应该全盘西化。这一说，实在不合历史情实。中国文化绵历四千年，可大可久之成绩，早已客观显著。人类历史演进，本非直线地上升或降落，而常循波浪式的曲线进行。我们不该横切这短短的两百年，来衡量双方全过程，而说中国文化根本要不得，便该全盘接受西方化。

另一部分人，认为人类文化在本质上实无大差别，差别的只是前进与落后。这一说，其本身即是唯物史观的见解。未免看轻了文化本质差异之重要。

我们若盼望中国将来之文化新生，我们还得统盘筹划，从头努力，这须是一个学术的，理智的最高认识，不是仅凭感情精力，便能胜任愉快的。

七　文化的衰老与新生

（一）

文化之衰老与再生的问题。根据历史，确然有许多民族的文化，好像是毁灭了，死亡了。在第一次世界大战前后，德国哲学家斯宾格勒，他写了《西方的没落》一部书，发挥他对人类文化之"悲观论"，认为人类文化，也如个人生命般，不可逃避生老死灭之自然顺序。但这里有一个客观的历史事实，即中国文化确已绵延了四千年，直到今天，依然还存在，这显然与斯宾格勒的论调正相反。

只要文化生命持续，民族生命亦可相随持续……一个生物界的人，寿命甚短；一个文化理念界的人，寿命可甚长。孔子、耶稣的自然生命，早已不存在，孔子、耶稣在人类理念中的文化生命，至今仍存在。

希腊文化因其早熟，罗马文化因其半途凝结，而不幸相率早夭。但希腊、罗马文化之菁华，仍可为别种民族吸引融化，而保留常存。今天只要西洋文化存在，不能说希腊、罗马文化已归消灭，如是则文化生命之持续性，更比民族生命为悠久。

（二）

文化即是人生，而人生所赖，最基本的还在"农业"。因此世界最古文化发源地，如埃及、巴比伦、印度、中国，都是平原河流灌溉区域里的农业文化。农业文化之缺点，主要的是安而不强，足而不富，和平是其长处，软弱是其短处。埃及、巴比伦，都是小型农区，达到饱和点后，其文化精神即难继续上升。于是便积渐腐溃。第二是小型农区力量薄弱，不够抵御四邻外围游牧民族之武装侵略。巴比伦、埃及，都在此上夭折了。印度则气候太热，生物丰盛，生产太易。在其整个的文化体系中，也并没有建立起健全的基础。在印度、宗教、文学、艺术都有很高成就，而政治低能，也和希腊、希伯来同样犯了一个软腰病，他们的病源不同，病症则一。

只有中国，是一个"大型农区"：它何啻包括好几十条尼罗河与底格里斯、幼发拉底河，何啻包括好几十个埃及与巴比伦。而且它地处北温带，气候比较寒冷，生产比较艰难。若论产生文化的自然条件，较之埃及、巴比伦、印度，可谓得天独厚。然正因此故，中国文化之果实，却结得最坚实、最满足。中国文化，至少经历了两千年的长期演进，直到春秋、战国时代，渐臻成熟。那时抟成一大民族与大国家的文化条件，才开始完备。但那时埃及、巴比伦早已夭亡。待到西方希腊文化消散，正是中国秦汉大一统局面完成，中国文化的全部机构，与全部组织，才开始确立。

因为中国疆域辽阔，土地广大，黄河、长江、淮水、济水、汉水、珠江、辽河、黑龙江、澜沧江，一条水又是一条水，一个水系又是一个水系，最先的文化核心，只在几条小河流几个小水系上面，孕育长成。此后逐步扩展，逐步凝结，不知经历多少努力，多少奋斗，费却多少心血，增长多少经济，绵历着两千年的长时期，不断有新刺激，不断有新进展，不让它停顿壅郁，亦不让它轻易升腾，按部就班，脚踏实地。

中国一到秦汉时代，全部文化体系之大方案、大图样、大间架，开始确立。那时中国文化已有坚实的内力，因此可以抵得住外面匈奴蛮族之武力侵犯。罗马帝国之建立，是纯武力的向外征服。中国秦汉大一统，是两千年来酝酿成熟的全部文化图案之具体实现。因此罗马帝国基础不稳固，罗马人的心思聪明智慧，全集中消耗在如何维持他们的帝国。中国秦汉大一统，基址稳固，这是一文化凝成的民族国家，精神贯彻到全国的大疆境。此后虽有五胡乱华，印度佛教传入，但中国传统文化之大方案、大图样、大间架，依然保存。只加一番提撕、调整和充实，即有隋唐文化之再生。外面力量转不过这一个大体系之内在精神，终于为此一大体系所吸纳而融化。在此大图案中，小小破坏，小小修订，小小润饰，还是这一个大图案。此后经历安史之乱，辽、金、元内侵、宋明文化，一样能撑持，能再获新生。实在还是这一个图案，还是这一个间架，不过是继续提撕，继续调整，继续充实。

（三）

农业文化，亦将是人类文化中最基本、最主要、最正常的文化。而此一文化，先天的有其弱症。

在古代，易于受游牧文化之蹂躏；在近代，则易于为商业文化所摧毁。

而中国文化，则是世界各地区、各民族农业文化中发展得最悠久的，因此也是最完成、最标准的。它在以往历史上，已经历受好几次游牧文化之侵凌，而终于屹立存在。

现在则又须受一番新历练、新试验，看其能否抵得住现代商业文化犹如新游牧文化之侵凌而依然完好，依然持续。

这一历练，这一试验，则全看其能否再提撕、再调整、再充实，而决非中国文化全部要不得，决非只有全盘西化是它的出路，亦决非专在物质生产科学工业化上着想，便能胜任而愉快。

（四）

中国文化是以"道德精神"为其最高领导的一种文化。亦该是道德性的政治。亦该是道德性的经济。至于文学艺术，莫不皆然，其最高领导者，还是道德精神。

中国文化之最弱点，则在宗教与科学。中国是以道德精神来洗炼了宗教信仰，并非由宗教信仰来建立道德根据。

佛教传入中国，逐渐接受中国传统道德精神之洗炼。中国人主张"人性善"，"人皆可以为尧舜"，佛教亦强调人皆有佛性，人人皆可成佛，即心即佛，而且可以立地成佛，肉身成佛。佛教又容许为祖宗荐功德，赎罪过。崇祀先圣先贤，礼拜天地诸神，各种祭祀。耶稣教主人生罪恶，绝不能说人人可成耶稣，又绝不许人祭祀祖先，崇拜圣贤，遂与中国传统文化格不相入，所以耶稣来中国三、四百年，仍难在中国风俗中流行、文化里生根。

而今天的中国人，却误认为要接纳西方的近代科学，先需推翻中国文化传统里的道德精神，这一拐，可使中国现实的政治社会一切基础，发生了一种严重的大创伤。

（五）（六）（七）（略）

（八）

人生终极向往，是一个生命之"永生"，生命之"不朽"。但自然生命断无永生不朽之理。只有历史生命、道德生命，真可永生不朽。

中国人所谓立德、立功、立言之三不朽，是在历史文化生命中之一种道德精神之不朽。

一九五二年　壬辰　五十八岁

八　世界文化之远景

我们纵认为世界文化诞生之第一步骤，由于近代西方文化之控制与领导，则此一步骤，殆将过去。其第二步骤，将为世界各地域、各民族、各文化系统之得从此控制下解放出来，经此一番鞭策与警惕而各自新生。将来之新世界，将以各地之文化新生，代替以往之西方文明之传播；再将以各地文化新生中之相互交流，代替以往西方文明传播中之经济磨擦。各地域、各民族之秩序与组织，将由各地域、各民族之文化新生而完成。斗争性的世界史，将渐转为组织性之世界史。然后由于各地域、各民族之各得重新完成其秩序与组织，而转进到世界之大融和。

附　录

一、世界文化之新生

二、人类新文化与新科学

三、中国文化与人权思想

四、中国文化演进之三大阶程及其未来之演进

五、个人与家国

六、西方个人主义与中国为己主义

七、中西政教之分合

八、天性与学问

复智按：以上八篇，皆非撰刊于一九五二年，已将其编入撰写或刊出的当年中。

十一月，《中国历代政治得失》，于一九五二年冬在香港初版。一九七七年，以修订版交台北东大图书公司发行。一九九八年收入联经《全集》第三十一册，二〇〇〇年收入素书楼文教基金会·兰台出版社《中国历代政治得失》。其大要如下：

序

要研究中国传统文化，绝不该忽略中国传统政治。辛亥前后，由于

革命宣传，把秦以后政治传统，用"专制黑暗"四字一笔抹杀。因于对传统政治之忽视，而加深了对传统文化之误解。我们若要平心客观地来检讨中国文化，自该检讨传统政治。这是我想写中国政治制度史之第一因……其实中国历史上以往一切制度传统，只要已经沿袭到一百两百年的，也何尝不与当时人事相配合。又何尝是专出于一、二人之私心，全可用"专制黑暗"四字来抹杀这是我想写一部中国政治制度史之第二因。

前 言

本来政治应该分为两方面来讲：一是讲"人事"，一是讲"制度"……首先，要讲一代的制度，必先精熟一代的人事。若离开人事单来看制度，则制度只是一条条的条文，似乎枯燥乏味，无可讲。而且已是明日黄花，也不必讲。

第二，任何一项制度，决不是孤立存在的。各项制度间，必然是互相配合，形成一整套。否则那些制度各自分裂，决不会存在，也不能推行。

第三，制度虽像勒定为成文，其实还是跟着人事随时有变动。某一制度之创立，决不是凭空忽然地创立；它必有渊源，早在此项制度创立之先，已有此项制度之前身，渐渐地在创立。某一制度之消失，也决不是无端忽然地消失了；它必有流变，早在此项制度消失之前，已有此项制度之后影，渐渐地在变质。如此讲制度，才能把握得各项制度之真相。否则仍只是一条条的具文，决不是能在历史上有真实影响的制度。

第四，某一项制度之逐渐创始而臻于成熟，在当时必有种种人事需要，逐渐在酝酿；又必有种种用意，来创设此制度。这些，在当时也未必尽为人所知，一到后世则更少人知道。但任何一制度之创立，必然有其外在的需要，必然有其内在的用意，则是断无可疑的。

第五，任何一制度，决不会绝对有利而无弊，也不会绝对有弊而无利。所谓"得失"，即根据其实际利弊而判定。而所谓利弊，则指其在当时所发生的实际影响而觉出。

第六，我们讨论一项制度，固然应该重视其"时代性"，同时又该重视其"地域性"。推广而言，我们该重视其"国别性"。在这一国家，这

一九五二年 壬辰 五十八岁

一地区，该项制度获得成立而推行有利；但在另一国家另一地区，则未必尽然。正因制度是一种随时地而适应的，不能推之四海而皆准，正如其不能行之百世而无弊。

第七，说到历史的特殊性，则必牵连深入到全部文化史。政治只是全部文化中一项目，我们若不深切认识到某一国家某一民族全部历史之文化意义，我们很难孤立抽出其"政治"一项目来讨论其意义与效用。

我们单就上举七端，便见要讲历史上的政治制度，其事甚不易。我们再退一步，单就制度言，也该先定一范围。我此刻首先想讲"政府的组织"。换句话说，是讲政府职权的分配。即就汉、唐、宋、明、清五个朝代来看中国历史上政府职权分配之演变，我们便可藉此认识中国传统政治之大趋势，及其内在之根本意向。

第二范围想讲"考试和选举"……第三范围则讲政府的"赋税制度"……第四范围我想讲"国防与兵役制度"……其它如学校制度、教育制度等，本也很重要。

第一讲 汉代

一 汉代政府组织

（一）皇室与政府

直到秦汉，中央方面才有一个更像样的统一政府；秦代只是汉代之开始，汉代大体是秦代之延续。所以秦代暂亦不讲，而只讲汉代。汉代政府究竟是怎样组织的？我们要看政府的组织，最重要的是看政府的职权分配。我亦只想提出两点来加以申说：第一是皇室与政府之职权划分，第二是中央与地方的职权划分。

秦以后，中国就开始有一个统一政府。在一个统一政府里，便不能没有一个领袖。中国历史上这一个政治领袖，就是皇帝。这皇帝又是怎样产生的呢？中国到秦汉时代，国家疆土，早和现在差不多。户口亦至少在几千万以上。而且中国的立国规模，并不是向外征服，而是向心凝结。何况中国又是一个农业国，几千万个农村，散布全国；我们要责望当时的中国人，早就来推行近代的所谓民选制度，这是不是可能呢？但从秦汉以后，封建制度早已推翻。单只皇室一家是世袭的，除却皇帝可以把皇位传给他儿子外,政府里便没有第二个职位,第二个家庭,可以照样承袭。郡太守不能把郡太守的职位传给他儿子,县令不能把县令的职位传给他儿子。这已是政治制度上一项绝大的进步。

拿历史大趋势来看,可说中国人一向意见,皇室和政府是应该分开的,而且也确实在依照此原则而演进。皇帝是国家的唯一领袖,而实际政权则不在皇室而在政府。代表政府的是宰相。皇帝是国家的元首,象征此国家之统一;宰相是政府的领袖,负政治上一切实际的责任。"皇权"和"相权"之划分,这常是中国政治史上的大题目。我们这几十年来,一般人认为中国从秦汉以来,都是封建政治,或说是皇帝专制;那是和历史事实不相符合的。

要讲汉代"皇权"和"相权"之划分,当时皇帝、宰相,各有一个秘书处,而两边的组织大小不同。汉代皇帝有"六尚","尚"是掌管意。六尚是尚衣、尚食、尚冠、尚席、尚浴与尚书。五尚都只管皇帝私人的衣服饮食起居,只有"尚书"是管文书的,这真是皇宫里的秘书了。这皇帝的秘书处。若说到宰相的秘书处,共有十三个部门,即是当时所谓的"十三曹",一个"曹"等于现在一个"司"……这十三个机关,合成一个宰相直辖的办公厅。我们只根据这十三曹名称,便可想见当时全国政务都要汇集到宰相,而并不归属于皇帝。可见汉代一切实际事权,照法理,该在相府,不在皇室。宰相才是政府的真领袖。

(二)中央政府的组织

汉代中央政府的组织。当时有所谓"三公""九卿",这是政府里的最高官。丞相、太尉、御史大夫称三公。丞相管行政,是文官首长;太尉管军事,是武官首长;御史大夫掌监察,辅助丞相来监察一切政治设施,他是副丞相。当时最高行政长官实在是丞相。汉代的九卿,那是:太常、光禄勋、卫尉、太仆、廷尉、大鸿胪、宗正、大司农、少府。他们的官位都是二千石,又称"中二千石"。因他们都是中央政府里的二千石,以示别于郡太守地方行政首长之亦是二千石而名。

九卿,照名义来历,都是皇帝的家务官,是宫职,而系统属于宰相;岂不是宰相本是皇帝的总管家吗?但换句话说,便是当时政府的首长,宰相,可以管到皇宫里的一切。

（三）汉代地方政府

汉代的地方政府，共分两级：即"郡"与"县"。汉代有一百多个郡。一个郡管辖十个到二十个县。大概汉代县数，总在一千一百到一千四百之间。单就行政区域之划分而论，汉制是值得称道的……郡太守调到中央可以做九卿，再进一级就可当三公；九卿放出来也做郡太守。汉代官级分得少，升转极灵活，这又是汉制和后来极大的不同。

（四）中央与地方之关系

中央和地方的关系。每郡每年要向中央上计簿，"计簿"就是各项统计表册，也就是地方的行政成绩。一切财政、经济、教育、刑事、民事、盗贼、灾荒，每年有一个簿子，分项分类，在九、十月间呈报到中央，这叫做"上计"。

中央特派专员到地方来调查的叫"刺史"。全国分为十三个调查区，每一区派一个刺史。他的调查项目也有限制，政府规定根据六条考察六条以外，也就不多管。这此刺史，上属于御史丞。

二 汉代选举制度

汉代的选举制度，历史上称之谓"乡举里选"。当时各地方时时可以选举人才到中央。他们的选举，大体可分为两种，也可说是三种：一种是无定期的。第二种是特殊的选举。又有一种有定期的选举，那就是选举"孝廉"。

武帝以后，汉代逐渐形成了一种一年一举的郡国孝廉；至少每年各郡要新进两百多个孝廉入郎署。汉代的做官人渐渐变成都是读书出身了……这一制度，又由分区察举，演进到按照户口数比例分配，制为定额。那时是郡国满二十万户的得察举一孝廉。

一个青年跑进太学求学，毕业后，派到地方服务。待服务地方行政有了成绩，再经长官察选到中央，又须经中央一番规定的考试。然后才始正式入仕。那是当时入仕从政的唯一正途。政府一切官吏，几乎全由此项途径出身。这样的政府，我们只能叫它做"读书人的政府"，或称"士人政府"。从汉代起，中国历史上此下的政府，既非贵族政府，也非军人政府，又非商人政府，而是一个崇尚文治的政府，即"士人政府"。

三　汉代经济制度

支持政府的主要经济问题，即赋税制度……汉代税额规定就只有十五税一。而且实际上只要纳一半，三十税一……然而汉代税制，有一个大毛病。当时对于土地政策，比较是采用自由主义的。但耕户卖去了他的土地所有权以后，他就变成一佃农。田主对佃农的租额是很高的。有的高到百分之五十，即十分之五。结果政府的租税愈轻，地主愈便宜；农民卖了地，要纳十分之五的租给地主，地主向政府只要纳三十分之一的税。政府减轻田租，只便宜了地主，农民没有受到分毫的好处。

到秦汉统一政府出现，关于土地所有权的观念却依然承袭旧贯。他们认耕地为农民私有，而非耕地即封建时代相传之禁地则仍为公家所有。所以全国的山林池泽，照当时人观念，便全归皇室。再从这一所有权的观念影响到赋税制度，所以当时凡农田入归诸大司农，充当政府公费；而山海池泽之税则属少府，专供皇帝私用。

汉武帝讨匈奴，通西域，军费浩繁，大司农的钱用完了，农民的田租，三十分之一的定额，制度定了，又不便轻易再变更，再增加。汉武帝把全国的山海池泽一切非耕地收还，由我让给政府来经营吧！这便是汉武帝时代有名的所谓"盐铁政策"……消耗着人生日用必的米麦来做成的一种奢侈享乐品，因此也归入官卖，不许民间自由酿造。

到汉昭帝时还有一番热烈的讨论，当时一位民众代表事后留下一份记录，就是有名的《盐铁论》。我们此刻要讨论历史制度，全该注意当时的历史传统与当时人的历史意见，作为主要之参考。

汉代的经济政策，对工商业，是近于主张如近人所谓"节制资本"的一面；而在对农民田租方面，则也已做到了"轻徭薄赋"，但并未能"平均地权"。在汉武帝时，董仲舒曾主张限田政策，这个政策也并未能推行。于是王莽起来，把一切田亩归国有。称为"皇田"，重行分配。王莽失败了，从此中国历史上的土地制度也不再有彻底的改革了。

四　汉代兵役制度

（其精义详见《中国历史精神》第四讲，此略。）

五　汉制得失检讨

（其精义见前《汉代制度得失》，此略。）

第二讲　唐代

一　唐代政府组织

（一）汉唐相权之比较

汉和唐，是历史上最能代表中国的两个朝代，唐代的政府，政府与皇室的划分，自汉以来即然。惟就王室论，皇位世袭法永远无何大变动，只是朝代的更换，刘家换了李家；此等事并不重要。但就政府来说，其间变化则很大。政府中最重要者为"相权"，因于相权的变动，一切制度也自随之变动。唐代政府和汉代之不同，若以现在话来说，汉宰相是采用"领袖制"的，而唐代宰相则采用"委员制"。换言之，汉代由宰相一人掌握全国行政大权；而唐代则把相权分别操掌于几个部门，由许多人来共同负责，凡事经各部门之会议而决定。汉朝只有一个宰相，但遇政府有大政事，亦常有大会议，这是皇帝、宰相和其它廷臣的会议。唐代则把相权划分成几个机关，这几个机关便须常川会议，来决定政府一切最高政令。汉代宰相下有副宰相御史大夫；我们也可说，宰相掌握的是行政权，御史大夫掌握的是监察权。唐代宰相共有三个衙门，当时称为"三省"：一中书省，二门下省，三尚书省。此三省职权会合，才等于一个汉朝的宰相，而监察权还并不在内。

（二）唐代中央政府三省职权之分配（略）

（三）中央最高机构政事堂（略）

（四）尚书省与六部（略）

（五）唐代地方政府

唐代中央政府的组织似较汉代进步了，但以地方政府论，则唐似不如汉。唐代已渐渐进到中央集权的地步，逐渐内重而外轻。中央大臣，比较汉朝要更像样些，但地方长官则较汉为差。中国历史上的地方行政，最像样的还该推汉代。

（六）观察使与节度使

……总之，中国是一个广土众民的大国家，必须得统一，而实不宜于过分的中央集权。这在中国的政治课题上，是一道值得谨慎应付的大题目。现在专说唐代，似乎其中央行政比汉代进步，而地方行政则不如汉。中央的监察官变成了地方行政官，这是一大缺点。而由军队首领来充地方行政首长，则更是大毛病。唐室之崩溃，也可说即崩溃在此一制度上。

二　唐代考试制度

（一）魏晋南北朝时代之九品中正制（略）

（二）唐代之科举（略）

三　唐代经济制度

（一）唐代的租庸调制（略）

（二）唐代账籍制度（略）

（三）唐代的两税制

……总之，这一制度之变更，是中国田赋制度上的最大变更；这是中国历史上经济制度、土地制度古今之变的一个至大项目。两税制结束了历史上田赋制度之上半段，而以后也就只能沿着这个制度稍事修改，继续运用下去。这虽不能说是历史上之必然趋势，然而也实在有种种条件在引诱，在逼迫，而始形成此一大变动。中国历史上的经济与文化基础，一向安放在农村，并不安放在都市。先秦时代的封建贵族，唐以前的大家门第，到中唐以后逐渐又在变，变到既没有封建，又没有门第。而城市工商资本，在中国历史传统上，又始终不使它成为主要的文化命脉。一辈士大夫智识分子，还可退到农村做一小地主。而农村文化，也因此小数量的经济集中而获得其营养。若使中唐以后的社会，果仍厉行"按丁授田"的制度。那将逼使智识分子不得不游离农村，则此下的中国文化也会急遽变形。这一点，也足说明何以中唐以下之两税制度能一直推行到清末。

（四）汉唐经济财政之比较

现在再把汉、唐两代的经济财政政策两两相比，又见有恰恰相反之势。

汉代自武帝创行盐铁政策，这是"节制资本"，不让民间有过富，而在经济之上层加以一种限制。其下层贫穷的，政府却并未注意到。纵说汉代田租是很轻的，但农民并未得到好处，穷人还是很多，甚至于逼得出卖为奴。政府的轻徭薄赋，只为中间地主阶层占了便宜。唐代的经济政策，其主要用意，在不让民间有穷人。租庸调制的最要精神，不仅在于轻徭薄赋，尤其是侧重在为民制产。至于上层富的，政府并不管。在开始，商业尽自由，不收税。而每一穷人，政府都设法授田，使其可以享受水平以上的生活。简单说，好像汉代是在社会上层节制资本，而下层则没有力量管；唐代注意社会下层，由国家来计划分配，而让上层的富民能自由发展。这一情形，似乎唐代人更要高明些。他可以许你过富，却不让你过穷。这更有些近似现代英美的自由经济。汉代人似乎不大高明，他只注意不让你过富。而没有法子防制一般劳苦下层民众之陷入于过穷。不过这也仅是说汉、唐两代关于经济政策之理想有不同，而亦仅限于初唐，待后租庸调制崩溃，改成两税制，茶盐各项也都一一收税，便和汉代差不多。

至于汉代之盐铁政策，起于武帝征伐匈奴，向外用兵；而唐代租庸调制之破坏，以及茶盐诸税之兴起，也由于玄宗以下，先是向外开疆拓土；直到德宗时代，因向外用兵而引起军人作乱，内战频起；总之是由兵祸而引起了经济制度之变动，则汉、唐并无二致。

四　唐代兵役制度（略）

五　唐代制度综述

现在再略一综述唐代的制度。

论中央政府之组织：结束了上半段历史上的三公九卿制，而开创了下半段的尚书六部制。

论选贤与能：结束了上半段的乡举里选制，而开创了下半段的科举考试制。

论租税制度：结束了上半段的田租、力役、土贡分项征收制，而开创了下半段的单一税收制。

论到军队：结束了上半段的普及兵役制，而开创了下半段自由兵役制。

综此几点，我们可以说，唐代是中国历史上在政治制度方面的一个最大的转捩中枢。唐以后中国的历史演变是好是坏，那是另外一回事；但罗马帝国亡了，以后就再没有罗马了。唐室覆亡以后，依然有中国，有宋、有明、有现代，还是如唐代般，一样是中国。这是中国历史最有价值、最堪研寻的一个大题目。这也便是唐代之伟大远超过罗马的所在，更是它远超过世界其它一切以往的伟大国家之所在。但专就中国史论，汉以后有唐，唐以后却再也没有像汉唐那有声色、那样值得我们崇重歆羡的朝代或时期了。那也是值得我们警惕注意的。

第三讲　宋代

第四讲　明代

第五讲　清代

总论（皆略）

十月，《中国思想史》，于一九五二年十一月由台北中华文化出版事业委员会出版。一九七七年，增订后交由台湾学生书局重排印行。一九九八年收入联经《全集》第二十四册。二〇〇二年，台北，素书楼文教基金会·兰台出版社重新排编，页六～一八，一～二三二。其大要如下：

自　序

……故人情、物理、天心，在中国思想中，常求能一以贯之，成为三位之一体……中国思想，则认为天地中有万物，万物中有人类，人类中有我。由我而言，我不啻为人类之中心，人类不啻为天地万物之中心。而我之与人群与物与天，则寻本而言，浑然一体，既非相对，亦非绝对。最大者在最外围，最小者占最中心。天地虽大，中心在我。然此决非个人主义。个人主义乃由分离个人与天、物、人群相对立而产生。然亦决非抹杀个人，因每一个人，皆各自成为天、物、人群之中心。个人乃包裹于天、物、人群之中，而为其运转之枢纽。

例　言

一至十及十二（略）

十一、无思想之民族，决不能独立自存于世界之上。思想必有渊源，有生命。无渊源无生命之思想，乃等于小儿学语，不得称之为思想。

本　文

一　思想和思想史（略）

二　中国思想史（略）

三　春秋时代（略）

四　子产

……子产另有一句名言，他说："天道远，人道迩。"（《左传·昭公十八年》）

中国人爱讲人道，不爱讲天道。爱讲切近的，不爱讲渺远的。非切实有据，中国人宁愿存而不论，这是中国人传统的思想态度和思想方法。

五　叔孙豹

……在鲁襄公二十四年（在前引子产事前十四年）鲁叔孙穆子如晋，晋范宣子问他："如何是不朽？"穆子未对，宣子说："我范家远祖经历虞、夏、商、周四代直到此刻，禄位未辍，是否算得不朽？"穆子说："那是家族的世禄，非人生的不朽。"

> 豹闻之，太上有立德，其次有立功，其次有立言，虽久不废，此之谓不朽。（《左传·襄公二十四年》）

这一节对话，正可为上引子产的一节话作旁证。正因为那时的中国人，已不信人之生前和死后有一灵魂存在，故他们想象不朽，早不从"灵魂不灭"上打算。范宣子以家世传袭食禄不辍为不朽，叔孙穆子则以在社会人群中立德、立功、立言为不朽，只能不朽在此人生圈子之内，不能逃离此人生圈子，在另一世界中获得不朽。依照西方宗教观念，人该活在上帝的心里。依照中国思想，如叔孙穆子所启示，人该活在其它人的心里。立德、立功、立言，便使其人在后代人心里永远保存出现，这即是其人之复活，即是其人之不朽。因此中国人思想里，只有一个世界，即人生界。并没有两个世界，如西方人所想象，在宗教里有上帝和天堂，在哲学中之形上学里，有精神界或抽象的价值世界之存在。我们必须把握住中国古人相传的这一观点,我们才能了解此下中国思想史之特殊发展及其特殊成就。叔孙穆子这一番话,正当孔子三岁的婴孩期,这对孔子思想,无疑的有很大的影响。

六 孔子

孔子生在春秋晚期,他是中国思想史上有最高领导地位的人。但孔子思想并非凭空突起,他还是承续春秋思想而来。世界上一切宗教,似乎都想根据人死问题来解决人生问题,孔子则认为明白了人生问题,才能答复人死问题。世界上一切宗教,都把奉事鬼神高举在奉事人生之上,孔子则认为须先懂得奉事人,才能讲到奉事鬼。这一态度,使孔子不能成一宗教主,也使中国思想史之将来,永远走不上宗教的道路。孔子的思想态度,全偏重在实际人生上,即所谓"务民之义"。而对宗教信仰,以及哲学形上学的玄想,牵涉到人之生前和死后,以及抽象超越的精神界,如鬼神问题等,则抱一种敬而远之态度。

……当时孔子所要阐述的他对人生问题的大理论,最要的即孔子常常所讲之"仁"……"命"在孔子看来,是一个不必然的。孔子把"命"字来阐述宇宙界,把"仁"字来安定人生界。尽在不可知之宇宙里,来建立必然而可能之人生理想。

在中国思想里,好像很少注重到自由。其实孔子说"克己"、"由己"即就是自由。孔子认为人生只能有有节限的自由。"命"与"礼"是节限,"仁"是自由。为仁是全由自己的,仁是尽人可能而必然可得的,只要把自己先安顿在此节限之内。人在节限中获得其尽量之自由,这是一种乐。故孔子言礼必连言乐。人须认识得此节限是智,故孔子言仁必连言智。西方思想偏向外,所以更喜言智与乐。中国思想偏向内,所以孔子更喜言仁与礼。

我们若把孔子思想和上述子产、叔孙穆子相比,显见已有了绝大的进展。子产、叔孙穆子是智者分上事,孔子是仁者分上事。"仁"的观念,由孔子特别提出,那是中国思想史里最中心最主要的一观念。

七 战国时代

战国时代,是中国思想史里极光明灿烂的时代。因为有了孔子,遂开出战国思想之繁花,结成战国思想之美果。战国思想,有些在反对孔子，有些在阐扬孔子，我们将依次叙述。

八　墨子

极端反对孔子的，是墨子。孔子讲仁，墨子讲"兼爱"。又提"天志"的观点来，作为他兼爱理论之张本。他说："天兼天下而爱之。"孔子是把人的立场、人的标准来讲人道，所以主张仁。墨子则从天的立场、天的标准来讲人道，所以主张兼爱。换言之，孔子从人生界立论，墨子却从宇宙界立论。

九　杨朱

墨子极端反对孔子，杨朱却又极端反对墨子，则讲"为我"。孟子说他："拔一毛而利天下，不为。"（《孟子·尽心》）

一○　孟子

孟子思想的新贡献，在他的"性善"论。

……人性可为善，也可为恶，但就人类历史文化之长程大趋势而言，人性之向善是更自然的。此即孟子性善论的根据。人性之趋恶，是外面的"势"。人性之向善，则是其内在之"情"……我们也可以说，儒家是一种人文宗教，"人性善"是他们最高的宗教信仰，"杀身成仁"与"舍生取义"，是他们最高的宗教精神。

一一　庄子

孔、孟、杨、墨，其实全都偏在人生界，庄子思想却能更多注意到宇宙界。他常纵任他想象之所能及，来渲染此宇宙之无限。空间无限，时间无限，由此对比，显映出人生界之渺小与短暂，人生之有限，有限的人生，如何能了解得无限之宇宙？而人生则正安放在此宇宙中。我们既不知自己那个安放处，自难把自己安放好，由此庄子遂提出他许多对智识论上的问题来……

《庄子》书中之神，实非鬼神之神，而乃一"与化为人"之人……中国后代的神仙思想，全由庄周引起，虽不尽是庄周之原来想象，但神仙思想实导源于庄子，这也是中国思想史里一特点……《庄子》书里的神仙，依然是一个人，依然从人世界产生，不从另一世界降来，这就说明了庄子思想依然是中国思想。因此庄子虽喜讲宇宙界，但庄子绝没有西方宗教气味，而且是绝端的无神论者。但庄子思想亦不能走上西方近代自然科学之道路。明白言之，庄子思想实在还是人文精神的。

我们若说孔、孟、杨、墨所讲是一种"道德人生"，则庄子所追求的是一种"艺术人生"。其实庄子思想里，有许多点很近似孔子……

若说中国思想对世界思想史有贡献，无疑的，其最大贡献，多在人生界，不在宇宙界。人生界之积极方面，是道德人生，其消极方面，则为艺术人生。墨家思想衰落了，墨家精义，多为儒家所吸取而融化。于是将来的中国思想界，遇盛世积极，则讲道德人生，都崇尚孔孟儒家。遇衰世积极，则转讲艺术人生，偏向庄老道家。因此以后的中国思想界，遂形成了孔孟与庄老递兴递衰的局面。

一二　惠施与公孙龙

他们的思想，一样都从名字言辩上作根据。惠施喜欢把异的说成同，公孙龙却喜欢把同的说成异，他最喜欢讲"白马非马"。

一三　荀卿

战国思想……荀卿，来驳击诸家，重回孔子。其有功儒家，不在孟子下，但孟子主"性善"，荀子主"性恶"，两人思想又恰恰相反……荀子指自然为"性"，人为为"伪"。人类文化皆起于人为，但人为与自然之界线，则并不能严格划分。谓人性中有恶，固属不可否认。但谓善绝非自然，全出人为，此见实太窄狭。因此后来中国思想界，大体还是承袭孟子。荀卿在当时思想上之贡献，不在其提出了性恶论，而在其对其他各派反儒家思想能施以有力之抨击。

荀子着眼在人类群体生活上来阐述儒家的"礼"之精义。外面注意物质经济条件，内面注意情感需要条件。"礼"可以给此外、内双方以协调，使内心欲求不远超过外面物质经济之所允可。使外面经济物质供养，也不远落在内心欲求之后。这是兼顾心、物双方之一种人生调节与人生艺术。孔孟言礼，主从人类相互间的"爱"与"敬"出发，荀子则改从人类经济生活之利害上出发。故孔孟言礼，是"对人"的，而且当下即是一目的。荀子言礼，则转成"对物"，而且仅成一手段，荀子发扬儒学，而忽略儒之言仁，荀子毕竟只是一个智者，非仁人。

一四 老子

《老子》是战国一部晚出书,不仅在《论语》后,还应在《庄子》后。《老子》书中许多重要观点,几乎全从《庄子》引申而来。《老子》书出在荀子稍前一个不知名人之手。道家有庄老,等于儒家有孔孟,这是中国思想史里两大主要骨干。老子说:

……微妙玄通,深不可识。(《老子》十五章)

我有三宝,持而宝之。一曰慈,二曰俭,三曰不敢为天下先。慈故能勇,俭故能广,不敢为天下先,故能成器长。(《老子》六十七章)

说他《庄子·天下篇》"以深为根,以约为纪",那是对老子最扼要的评语。他的心智表现,是最深沉,而又是最简约的。此后中国的黄老之学,变成权谋术数,阴险狠鸷,也是自然的。

一五 韩非

韩非是荀子学生,他书中屡次推扬老子。但韩非只接受了荀、老两家之粗浅处,忽略了两家之高深博大处。

……韩非的意见,只注重在统治阶层。而其论统治对象,又是只注重在经济物质方面。至谓世事纠纷,仅恃严诛厚罚可以解决,更属偏浅。

……韩非殆仅知有政治,而不知有文化。仅知有国家,而不知有人生。仅知有君主,而不知有民众。

一六 秦汉时代

……《吕氏春秋》与《淮南王书》除此两派外,尚有一派新儒家,他们是先就融会儒、道再来融会百家的,那一派成就最大,对此后中国思想界影响最深。此下专把此一派来稍加申说,而以《易经十传》和《中庸》为代表。

一七 《易传》与《中庸》

《易传》和《中庸》,出于不知谁何人之手,与老子同类,都是中国古代几部无主名的伟大杰作。老子思想之大贡献,在提出一个天人合一,即人生界与宇宙界合一，文化界与自然界合一的一种新观点。关于此一问题，本是世界人类思想所必然要遭遇到的唯一最大主要的问题。春秋时代人的思想，颇想把宇宙暂时撇开，来专一解决人生界诸问题，如子产便是其代表。孔子思想，虽说承接春秋，但在其思想之内在深处，实有一个极深邃的天人合一观之倾向，只是引而不发。孟子的性善论，可说已在天、人交界处明显地安上一接榫，但亦还只是从天过渡到人，依然偏重在人的一边。庄子要把人重回归到天，然又用力过重，故荀子说其"知有天而不知有人"。但荀子又把天与人斩截划分得太分明了。这一态度，并不与孔子一致。老子始提出"人法地，地法天，天法道，道法自然"之明确口号，而在修身、齐家、治国、平天下一切人生实际事为上，都有一套精密的想法，较之孟子是恢宏了，较之庄子是落实了，但较之孔子，则仍嫌其精明有余，厚德不足。而且又偏重在自然，而放轻了人文之比重。《易传》与《中庸》，则要弥补此缺憾……

当知天地自然，只此一阴一阳，不息不已。不息不已即是有继续而不断。只要它能继续而不断，便即是"善"。如是则此至诚不息之道，本身即已是一至善。惟其不息不已，才演变出人生。惟其不息不已，才于人生中完成其"性"。性是从人生之不息不已中来，即是从道之至善中来。如此看法，并不是人"性"中能有"善"，乃是有了"善"才始成"性"。若无善，则无成，也不见有性了。这一种天人合一的见解，较孟子显然又进了一步。在此不息不已之道的看法上，儒、道两家亦生歧见，"仁者见之谓之仁"，此是儒家，故《易传》说"天地大德曰生"，天地化育即是一至善。"知者见之谓之知"，此是道家，故老子说"天地不仁，以万物为刍狗"，如是则自然本身并无善恶可言。君子之道，则必然该是仁知兼尽，而非偏智不仁的。这里便生出了人道与天道之分。

此整个天地大自然，尽管不息不已，但不害有许多现象之趋于绝灭。趋于绝灭亦是一自然，而非自然之正面。我们亦可说，趋于绝灭者该是恶，不是善。或说是有阳无阴，有阴无阳了。然尽管有许多现象之趋于绝灭，但仍不害于此整个天地大自然之不息不已，此其终所以为善。恶本身不可能存在，而只存在于善之中。若存在本身全是恶，则此本身即趋灭绝，不复存在。故恶必依存于善，而善不须依存于恶。因此存在本身，若统体达于至善，仍可存在，但善恶兼存，亦是自然。当前的人生界，既有恶之依存，则人生努力，端在把握此可继之善，择善而固执之，隐恶而扬善。

……老子必谓众人不知不能，是其偏知不仁处。《易传》、《中庸》必谓人人与知与能，是其仁知兼尽处。

一八　《大学》与《礼运》

中国思想，自始即偏重在人生界，因此对政治问题，普遍异常重视。但上文所述，对各家政治思想，均未能详细阐说，此刻当提出《大学》一书，为儒家政治思想之代表。大学的贡献，在把全部复杂的人生界，内外（心与行，德与业，知与物，我与人），本末（身与家、国、天下、个人与社会大群），先后，举出一简单的观念与系统来统统包括了。这是人生哲学里的一元论，也还是一种德性一元论。

《礼运》也是编集在《小戴礼记》中一篇无主名的作品。大概也出在荀卿之后，秦、汉之际，同样是会通百家后的新儒家理论。

一九　邹衍与董仲舒

董仲舒在百家庞杂中独尊孔子，颇似荀卿，但他承袭邹衍，来讲天人相应。

荀卿是儒家之逆转。儒家所重在人之情性（孟子曰："圣人先得我心之所同习耳。"），荀卿则抑低人性（性恶），来尊圣法王。邹衍是道家之逆转。道家所重在天地自然之法象（老子曰："天法道，道法自习。"），邹衍则在自然法象之后面寻出五位有意志有人格之天帝（一切自习法象，皆由此五天帝发号施令。）。荀卿、邹衍各走极端（荀卿主以人胜天，邹衍主以人随天。），而董仲舒则想综合此两家。于是天并非自然，并非法象，而确然为有人格有意志的天帝。在地上代表此天帝的则为王者。董仲舒又想抑低王者地位来让给圣人，于是孔子成为"素王"，《春秋》成为"为汉制法"之书……于是董仲舒一派的西汉经学，终于要转归"内圣外王"之最后目的，即以圣人来做新王。于是从《公羊春秋》促成王莽禅让，但于中国思想史上所要解决的大题目终是无所贡献。

二〇　王充

此种由邹衍、董仲舒相传，把天人古今，配搭比附，纠缠不清的模糊观点，到王莽时代而弊病暴著，思想界急于要脱出此陷阱，来证清一切氛雾，首先起来做摧陷廓清工作者是东汉初年王充的《论衡》。

西汉的思想界，尤其在思想方法上，自董仲舒以下，实在不免陷于虚妄，王充所首先攻击者，即是天有意志与天人相应之说。其次则反对圣人先知与神同类之说。其三，王充又深斥是古非今之偏见……王充力反时趋，独尊黄老，正为黄老一主天地自然，最不信鬼神上帝之说，王充捉紧这一点，遂开此下魏、晋新思想之先河。

二一　魏晋时代

两汉思想，董仲舒是正面，王充是反面，只此两人，已足代表。董仲舒上承邹衍，王充则下开魏、晋。魏、晋人在中国思想史上之贡献，正为其能继续王充，对邹、董一派天人相应，五行生克，及神化圣人等迹近宗教的思想，再加以一番彻底的澄清。

二二　王弼

王充只是魏、晋新思想的陈涉、吴广，若论开国元勋，该轮到王弼。王弼在这一时期思想史上的大勋绩，在其能确切指出前一时期思想界所运用的方法上之主要病根，而在正面提出另一新观点，好作此下一时期新思想之主要泉源。

王弼是一个卓绝天才，在他短短的生命过程中（弼卒时年二十四）注了一部《周易》，一部《老子》。他注《周易》提出两个极重要的观点。一是论《易》象，他说："象者，出意者也。言者，明象者也……然则忘象者，乃得意者也。忘言者，乃得象者也。"（《周易略例明象》）……天地间一切事理，实皆出在人心意中而不在外面的象上。若昧却心意，而循象求之，则成为王充之所谓"虚象"。另一是论易数。王弼说："变者，情伪之所为也。夫情伪之动，非数之所求也……见情者获，直往则违。"（《周易略例明爻通变》）

这是说人生界一切变动，其主因在乎人之情伪。此种情伪之变，决非数理所能穷，算法所能得。数理只能发明物理，不能推算人情。而人事变动，则主要在人情，不在物理。汉儒误认人事决定于天心，于是希望从自然界一切表象中，运用数理来推算出种种的预兆（汉儒都好用天文、历法、音乐，以及其它一切数字来推验人生之变）。这本是一大错误。从先秦以来，像名、墨两家，用名辨演绎来推定真理，像邹衍、董仲舒用天地法象来窥探真理，就中国传统思想言，都靠不住，都该纠正。在王弼思想里，想把宇宙观回归到庄、老，而把人生观则回归到孔孟。

老子实是一精于打算的人，他以有为为目的，以无为为手段。孔子始是无所为而为，绝无作为作用存其心中，才始是一个刚者。王弼并不认为老子为圣人，其注《老子》，颇持异见，凡《老子》书中权谋术数之意，弼注皆不取……至王弼注《老》，实多采其注《易》之义，换言之，乃是以儒家言注《老》也。惜早死，未见其学之所止。

二三　郭象与向秀

王弼注《老》，郭象注庄，后世推为道家功臣，其实他们两人思想绝不同。若谓郭象注《庄》亦有贡献，则只在其反复发挥魏、晋时代那一种无神的、自然的新宇宙观之一端。

……今向秀《注》已失传，而郭象《注》则与《庄子》并行，读者对其间异同，不可不辨。

二四　东晋清谈

东晋南渡，时代风气掩过了个人思想，日常生活掩过了文字著作。那是一个轻妙而懒散的时代。我们要了解那时人思想，应该从其生活态度及日常谈吐中找，大体还是承袭西晋。一言蔽之，只是庄子思想之世俗化、富贵化，向秀、郭象伥人哲学之普遍实践，当时谈辨资料，除却《老》、《庄》、《易经》外，尚有几个大家喜欢讨论的问题。一是"声无哀乐论"，二是"才性四本论"。不论东晋的名士们，对此问题的异、同、离、合抱如何的见解，要之他们看重性情，认为是先天的、本身的，看轻才业，认为是遭遇的、身外的，则可无疑。如是则人生陷入虚幻玄想，最多是一种"艺术人生"，没有"道德人生"积极向前奋斗努力的一种坚强精神……当时思想界大病，正为认性情不真切，正为其不自得，此在王弼、阮籍犹不免，遑论向、郭以下。当时人五情六欲，陷溺深了，却还要纵心调畅，不束于教，这才不得不仰待西方佛法来振救。

二五　南北朝隋唐之佛学

严格言之，南北朝、隋、唐只是一佛学时代。除却佛学，在思想史上更不值得有多说的。佛学是外来思想，又是一种宗教。中国思想界向少与外来思想接触，又对宗教情味最淡薄，而佛学入中国，能得普遍信仰，又获长期传播，这里自有契机。第一，佛学与其它宗教不同。宗教都信外力，信天帝，佛教独崇内力、自力。佛陀只是人中之一觉者，抑且凡具此种觉者都是佛，故有十方诸佛、三世诸佛、恒河沙界诸佛等。盖以人格观念而发挥平等义者，此义独与中国传统思想相近。第二，佛学依法不依人，更要不在觉者，而在其所觉之法。而其对于法性之阐明，重实践尤重于思辨，此又近似中国思想。第三，一切宗教，都偏重天国出世，佛教虽亦是一出世教，但重在对人生实相之种种分析与理解。佛学无宁是根据于其人生观而建立其宇宙观者，又无宁是出发于对人类心理之精微观察而达成其伦理的主张者。此一点又极近中国之人文中心精神。第四，佛学不取固定的灵魂观，亦不主张偏陷的唯物论，而宁采取一种流动的生命观，此层亦与中国见解大体相似。

佛学在中国之发展，大体可分为三期：一是小乘时期，二是大乘时期，三为天台、贤首、禅宗，为中国僧人自己创辟之新佛学。小乘偏教偏信，大乘偏理偏悟，台、贤、禅三宗则偏行偏证。佛学在中国流衍愈盛，却愈富中国味，这一层大可注意。

佛学之中国化，亦有七则理由（详见书，兹略）。

二六　竺道生

竺道生在佛学上之大贡献有二：一是他提出"顿悟"义，一是他提出"佛性人人本有"义。

生公特提"悟""信"两途，"信"是信奉外面教言，"悟"则发乎内心知见……能悟者是"心"，此能悟之心即是"佛性"。"阐提是含生之类，何得独无佛性？"（《名僧传》引生公语）依照生公此理，则人人尽得成佛，而成佛端赖内心自悟。然悟何为必是"顿悟"，而非"渐悟"……生公已为佛学中国化开辟了门径，悬示了标的。所以我讲中国思想史的佛学部门，首先要提到生公。

二七　慧能

生公为佛学中国化栽根，到慧能时才开花结果。所谓佛学中国化，最要的是在其冲淡了宗教精神，加深了人生情味。

慧能是禅宗六祖，其实可说是禅宗开山。佛教中有禅宗，实在可说是中国的宗教革命。慧能是一个不识字人，是岭南新州一樵柴汉。但慧能到黄梅五祖弘忍大师处，在碓坊舂米八月，深夜三更听五祖一语指点，即言下大悟，获传顿教衣钵。他自己说："但用此心，直了成佛。"（《行由品》）这在中国佛教史上，较之生公，真是更生动，更刺激，更令人兴奋的又一番现身说法。我们可以说，生公与六祖，是最标准的中国精神下的宗教神话，是十足人性的神话。中国思想史里的神，却永远是人性的。

　　禅宗只就人的本心本性指点，就生命之有情处下种，教人顿悟成佛。此种教义，远从生公以来，是中国思想里的人文本位精神渗透到佛教里去以后所转化表现出来的一种特色与奇采。若我们讲禅宗，必要从达摩祖师讲起，那将把捉不到中国思想之固有的特殊精神。但此种精神，也必然要轮到一位蛮荒偏陬不识字人的身上，才始能十足表现……也可说，到六祖，中国人的传统精神始完全从佛教里解决。

　　二八　慧能以下之禅宗（从略）

　　二九　宋元明时代

　　中国思想以儒学为主流。儒家可分先秦儒、汉唐儒、宋元明儒、清儒四期。汉唐儒、清儒都重经典，汉唐儒功在传经，清儒功在释经。宋元明儒则重圣贤更胜于重经典，重义理更胜于重考据训诂。先秦以来，思想上是儒、道对抗。宋以下则成为儒、佛对抗……宋明儒沿接禅宗，向人生界更进一步，回复到先秦儒身。家、国、天下的实际大群人生上来，但仍须吸纳融化佛学上对心性研析的一切意见与成就。宋明儒会通佛学来扩大儒家，正如《易传》、《中庸》会通庄老来扩大儒家一般。宋明儒对中国思想史上的贡献，正在这一点，在其能把佛学全部融化了。固此有了宋明儒，佛学才真正走上衰运，而儒家则另有一番新生命与新气象。

　　三〇　周濂溪

　　宋代理学开山是周濂溪，濂溪主要著作有《太极图说》与《易通书》。《太极图说》只是《易通书》之一部分。濂溪思想是以《易》学为根据的。时人形容濂溪人品，"如光风霁月"，那是艺术境界，非道德境界。

三一　邵康节

北宋儒学中有一豪杰，便是邵康节。从来认康节思想偏近道家，其实是更近庄周。康节精于象数之学，近似西汉阴阳家。我想称此一派为"观物哲学"。前有庄周，后有康节，这一派哲学，在中国思想里更无第三人堪与鼎足媲美。庄周是撇脱了人的地位来观万物，康节则提高了人的地位来观万物。庄周是消极的，康节是积极的。他著有《观物内外篇》。庄周要把人消融在天地万物中，康节则要把天地万物消融在人之中。所以成其为儒。

三二　张横渠

张横渠是北宋儒家中一能用思想人。他所著《正蒙》，乃精思凝炼而成，极为晚明王船山所推重。

但二程并不赞成横渠的《正蒙》，而盛许其《西铭》。

人生从宇宙来。譬诸家庭，宇宙是父母，人生是子女。横渠把先儒的孝悌之道推扩到全宇宙，把人生论贯彻到宇宙论，这是《西铭》宗旨。横渠《西铭》与濂溪《太极图说》，同为宋儒有数大文章。程门专以《西铭》、《大学》开示学者，却不提到濂溪《太极图说》，说《西铭》详说了人生与物同体之理。其实先秦儒并无此说。

濂溪高洁，康节豪放，横渠则是艰苦卓绝。我们若说濂溪是颜渊，康节是庄周，则横渠却像曾子、墨翟。

三三　程明道

论到宋儒思想入微处，该从程明道开始。他比较更看重《论语》、《孟子》胜过了《易传》与《中庸》。在他始是所谓吃紧人生。他最重要的文字是《识仁篇》，第二篇大文字是《定性书》。

北宋儒学，有时也还是艺术的胜过了道德的。只较道家与释氏，则他们更为落实到人生上，但不能如先秦儒之有气魄，有抱负。而明道立说尤见浑融，须有伊川来加以申释。

三四　程伊川

大抵明道自己便是一质美的大贤。其弟伊川，则姿性严毅，条理细密，又享高寿，所以其学与兄略有出入。

天理、人欲之辨，是宋儒一大题目。孟子只说同然之心，心与心相同然，即私便是公，伊川则谓要无私始是公。其实人心莫不有私，而且无私也不必即得人心所同然。依孟子意，要善推其心始是公，着重在行为上。依伊川意，天理、私欲之辨，着重在人心本体上。此处仍见宋儒与先秦儒之分别……总之，宋儒要在天地万物一切实体或现象之上来建立一本体，这是当时思想界一共同趋向，伊川仍和濂溪、横渠相距不远。而到朱子始集其大成。

三五　朱晦庵

……朱子思想极阔大，又极细密。他想把濂溪、康节、横渠、二程种种异见都包容和会，再上通诸孔孟先秦儒，兼及道、释，而组织成一大系统。但朱子思想，主要还是沿袭二程，更是沿袭伊川的多。最显著的莫如他的《大学格物补传》。

荀子云："凡以知，人之性知。可以知，物之理也。"（《荀子·解蔽》）昔子贡言孔子"性与天道，不可得闻"。孟子始力言性，《中庸》又盛言天道。荀子不喜言天道，乃曰："凡以知，人之性。可以知，物之理。"然此"理"字，在先秦诸家终少言。魏晋以至随唐道、释两家，始多言理。宋代理学程、朱一派，乃兼言理气、心性。时代变，思想亦随而变。所用名词及其涵义之纷歧出入，自不可免。自明道言天理，伊川言性即理，朱子以心属气与性属理对举。惟能知者是心非性，而以心与理两分，则却近荀子。

……朱子所讲理之内容，包有修、齐、治、平与仁、义、礼、智，决不是佛家之涅槃空寂。但试问人类灭绝了，那些修齐治平与仁义礼智之理，是否还存在？而且在未有人类之前，那些修齐治平与仁义礼智之理，是否已存在呢？朱子的理气论，若要严格划分看，显见有问题。但若会通浑合看，则并不如后人之所疑。此中应更有阐究。

朱子的宇宙论，像是理气二元，他的人生论，又像是心性二元。宇宙的一切动作，在气不在理。则人生界的一切动作，自然也在心不在性。所以说："心便是官人，性便是合当做的职事，气质便是官人所习尚，或宽或猛，情便是当厅处断事。"（《语类》卷四）作主在此官人，这属于人生界。指派职事的是天，这属于宇宙界。此官人若要尽职，必得向

"理"与"性"上下工夫。先求识职,再能尽职。此识与尽的工夫则在"心"。

……后人都称程、朱为"理学",陆、王为"心学",其实朱子讲心学方面的话是最精彩的。他讲理先于气的本体论上,我们通其全体而观,也可说他讲的是"理气浑合的一元论",也可说其是讲的"性理一元论",与先秦儒之"德性一元论",还是一意相承。只是先秦时代重用一"德"字,朱子重用一"理"字,那是时代演进使然。

三六　陆象山

朱子是宋学的集大成,但即在朱子同时,便有起来反对朱子的,那是陆象山。朱子讲"性即理";象山则讲"心即理"。孟子是象山学脉,自得于心是象山学髓。朱、陆鹅湖之会,争辨异见,未得解决。朱子教人先泛观博览而后归之约,象山欲先发明人之本心而后使之博览。朱子以象山为太简,象山以朱子为支离。象山之学,正在"简"上着精神……象山讲学,也实在只提掇一大纲。若真要细细理会,还得去请教朱子。

象山讲学,一面能指点出人病痛,一面能激发得人志气。象山讲学语,大体不过这些子。然在当时,与朱子平分江汉,后人并称为朱、陆。并谓"宋儒有朱、陆,乃千古不可合之同异,亦千古不可无之同异。"(章实斋语)然朱、陆同异,要到王阳明手里,才始发挥尽致。

三七　王阳明

明代思想,大体承袭宋儒,到王阳明始另辟蹊径。他要发挥孟子、象山来和朱子对垒而提出他的"良知"之学,所以后人称程与陆王。

如何是阳明所说的"良知"呢?阳明说:"知善知恶是良知。"(《传习录》下)"良知是天理之昭明灵觉处,故良知即是天理。"(《传习录》中)象山说"心即理",阳明为他补足,说心有"良知",自能分辨善恶,故人心之良知即天理……阳明所谓天理,主要是指人生界之事理,不在泛讲天地自然。如是则把天理的范围弄狭窄了。阳明说这一种是非的最后标准,根本在人心之好恶……

阳明所谓的"知行合一",不指工夫言,乃指本体言,是说知行本属一体……

阳明把"诚"字来代替"敬"字，此是阳明与程、朱心学工夫上的主要分歧点。此所谓心体之诚，说似容易，得之实难。人自有生以来，即有种种习染，积迭成私欲，如镜上尘埃，如水中渣滓，夹杂在心，把此心体之诚遮掩了。障碍了，隔断了……可见阳明的良知之学，实在可称为是一种心体的实践论。与其说他着重知，毋宁说他更着重行。与其说他着重心，毋宁说他更着重事。

……所谓"致良知"只要叫我们去事上磨练。所谓事上磨练，只要叫我们立诚。所谓立诚，只要叫我们认识此知行合一之原来本体。一切所知的便是所行的。所行的便是所知的。平常往往把知、行划成两截，就内心言，往往潜意识与显意识暗藏着冲突。就人事言，往往心里想的与外面做的并不一致。种种利害的打算，把真性情隐晦了。这些都不是良知，都不是天理。人不须于良知外别求天理，真诚恻怛的性情，便是天理本原。须求自心的潜意识与显意识能融成一片，须求外面所行与内心所想也融成一片，全无障隔，全无渣滓，那便是真诚恻怛，那便是良知，那便是天理，那便是圣人……阳明则只就人文立场来解释，亦只就人文立场来提供办法，他遂创生出他所想象的人人良知畅遂流行的一种理想社会，此即阳明所谓"拔本塞源"之论……

但阳明思想自然也不免有流弊。其最受后人攻击批驳的，是其晚年所讲的"四句教"。即所谓天泉桥问答者是。

宋明理学，本来受禅宗影响极大，阳明更富禅宗味。儒门阳明，极似佛家六祖。但六祖只归宿到清净涅盘，阳明则要建立起理想的人类文化之最高可能境界，这是显然相异处。

三八 清代

融释归儒，是宋明儒在中国思想史上的大贡献……到晚明诸儒起来，激于王学流弊，又受时代刺激，颇想由宋明重返到先秦。他们的思想，显然从个人转向于社会大群，由心性研讨转向到政治经济各问题，由虚转实，由静返动。由个人修养转入群道建立，这是晚明儒思想上一大转变。东林学派是其先驱。惜乎晚明局面，糜烂腐败，不可挽回。经历满洲入关之大变动，学术思想上更受急遽之刺激，更有急遽之转向。一大批晚明遗老，他们成学著书，都已在清代，他们的精神意气，实在想为此后中国学术思想界另辟一新天地。而清代的高压政权，已使这些思想嫩芽，不能舒展长成，而全归夭折了。此后遂完全走入古经籍之考据训诂中作逃避现实之畸形发展，这是最可惋惜的。此下姑举清初王船山、颜习斋，以及乾嘉盛时的戴东原、章实斋四人来述说这一代的思想。

三九 王船山

清代思想，是一种历史的反省，是一种综合的批评。他们对以往思想界，指摘疵病，动中窾要。但他们为时代所限，都是异军突起。除掉古经籍之考证训诂一途外，绝少能递有继承，蔚成风气的。船山思想最为博大精深，但亦及身而绝，没有传人。

船山极推尊横渠与朱子，但船山思想之精深处，在能注重到人文演进之大历程，在能根据个人心性而推演出人文繁变。由"心学"转到"史学"，此是由宋明重归先秦一大节目。他反对形上为道、形下为器之传统见解……船山本此推演，来反对传统的体用观念。宇宙间一切原理，人生间一切法则，据史学、科学立场，应该从当前实有可见之现象，逐渐向前推溯，此即船山所谓"日观化而渐得其原"，亦即所谓"由用以得体"。但照宗教、哲学的思维惯例，则他们总爱凭空先构成一大理论，其实则是一大幻想。船山这一剖辨，是纯粹思想方法上的剖辨。依照船山论点，自能引人更注意到当前的与向后的，而较少注意其开头处与原始处。

以上道器体用之辨，可说是船山之宇宙论。以下再述他的心性论。而论"心"，更为船山思想之精彩处。

……宋明儒因再看重此一切心之用，遂始努力想再建立此心之体，但他们所想建立者，仍不免是一个纯思维的、纯理论的、纯抽象的体。换言之，他们所想建立之体，仍不免是偏于理而忽了事，偏于心而忽了物，如是则仍不免要偏于体而忽了用。船山思想之大贡献，则在直捷承认此宇宙界乃及人生界之事体与物体，而于事体上穷理，物体上识心。他之所谓体，简言之，只是一有，只是一生。

清代思想，大体上都有由宋明返先秦之大趋向。只有船山理论，更圆宏，更深透。惜乎船山思想及身而绝，后无传人，直到晚清，他的著作才始流布。

一九五二年 壬辰 五十八岁

四〇　颜习斋

　　船山思想，就外貌论，是反阳明，尊横渠、朱子的。颜习斋才始正式反对程朱，反对宋儒……习斋谓宋儒大误，在教人静坐与读书。他说"千余年来，率天下入故纸堆中，耗尽身心气力，作弱人、病人、无用人，皆晦庵为之。"又曰："朱子论为学，只是论读书。"（《朱子语类评》）……而习斋所理想中的学习与动之最高范畴，则是儒家之"礼乐"。他的理想境界，是以事物功利为本位，以人生为中心，而以性道为最高标准的一个凝合体。习斋之学，一传为李恕谷，惜乎也更无嗣响。

　　四一　戴东原

　　……宋明儒则再从禅宗进一步，来讲修、齐、治、平。但他们思想的侧重点，则仍在个人心性上。晚明儒，始正式要从个人心性转移到身世事功，船山、习斋可作代表。然那时早已在满洲部族政权高压之下，此派思潮无法畅流，以下便转入博古考据的道路。到乾、嘉时代，算戴东原还能在思想上重申前绪。东原思想，还是与王、颜相似，这是清代思想界一大趋向，无人可以自外。东原思想备见于其所著《原善》、《绪言》、《孟子字义疏证》之三书。

　　东原亦如习斋般力辟程朱，从前程朱说"性即理"，把人性与人欲隔绝了，"性"成为全善的，然亦只是想象的。东原说"欲者性之事"，性只是一些欲与倾向，因有欲，始才有觉。觉是求达所欲的一种能。要其欲而公，觉而明，始是仁且智，始是善。则性不是全善的，但善却由性中生。此说较近先秦古谊……东原思想之更大贡献，在其对"理"字之分析（以上详见文中所引《原善》《绪言》各卷，此略。编者）。直到东原第三部著作《孟子字义疏证》，始对"理"字再提出一新见解……宋儒把天理、人欲过分严格划分，终是一大偏陷。东原始正式对此大肆抨击……东原之意，情欲是一切人文真理之本原。若人无情欲，则根本将无人文之理。但在人群中分别理、欲，亦是人文真理。东原之言，终不免于偏激。东原又本此而力辨古今言理之大别……可见戴东原所谓"自信天理"而其流变为"意见杀人"，在西方思想界觅例证，是最为深切著明的。只有中国思想，其一向的道路与西方不同……朱子之所谓理，（朱子只说到"理先于气"）是最富西方般的哲学气味的，其实朱子思想，并未闯出如上述西方般的"意见杀人"之大祸。只因满洲政权对当时思想界之高压，文字惨狱，焚书酷案，不断兴起。尤其如吕留良、曾静案，雍正颁发《大义觉迷录》于天下学宫，要中国读书人人人阅读。东原有感于此，遂有他《孟子字义疏证》的大声疾呼。而且戴东原之反朱子，亦是反清廷之推尊朱学，奉以为科举考试的标准……可惜东原在当时，是一位最受人崇敬的考据学家，那时经学考据学风正如日方中，而东原言义理三书（即上述《原善》、《绪言》与《孟子字义疏证》），较经学大传统所言，究是太过偏激了，因此并未为其同时及后学所看重。东原在思想史上，也是及身而止，并无传人

四二　章实斋

清代思想的三个代表人，王船山、颜习斋、戴东原，他们都有一共同倾向，即由宋明返先秦，因此连带有一共同态度，即推重古经典。东原同时有章实斋，却对此态度持异议，他自承是阳明良知学传统，主张以史学精神来替代经学（详见文中所引《文史通义·原道上》各篇，于此略。编著者）。

但实斋当时，正是博古尊经，乾、嘉考据学极盛的时代。东原之受推崇，也在其考据，不在其思想。实斋把史学替代经学的意见，更不能为时代所接受。实斋史学，也只可说及身而止，依然没有传人。故清代纵出了几个思想家，但始终形不成风气，创辟不出一条路线。这是政治压力使然……

四三　现代思想

严格言之，近五十年来，中国亦并无所谓思想界。只有孙中山一人，他终身从事革命的实际工作，固不该专以思想家目之。但中山先生实有他独特一套的思想，他不仅堪当这一百年来近代中国唯一的一个思想家，而且无疑地他仍将是此后中国思想新生首先第一个领导人。我们此下将只举中山先生一人，来代表这一时期之中国思想。

四四　孙中山

本篇之着重点，第一在指出中山思想确实在中国思想史之一贯系统里，有其承先启后的很重要、很高卓的地位。第二在指出中山思想确实在近五十年的中国思想界，有其独特的创辟与启示。

近五十年来中国思想界之大毛病，一面是专知剽窃与稗贩西洋的，而配合不上中国之国情与传统；一面是抱残守缺，一鳞片爪地攫摭一些中国旧材料、旧智识，而配合不上世界新潮流与中国之新环境。因此，此双方面同样够不上有领导中国走向新生之时代要求的一番大任务。中山思想实在能有贯通中西、融会古今之大气魄、大眼光……中国将来思想之新生，是否要了解自己，要了解别人，要在此两种了解下调和折衷，自辟新路？若我们真能了解自己，则自己方面必然有值得崇扬处。若我们真能了解别人，则别人方面必然有可以批评处。我们且不论中山思想之具体内容，即就这一个态度上论，他已可作为近五十年来中国唯一伟大的思想家。

首先，该指出的，中山先生的思想，实在能融会旧传统，开创新局面。第二，是他对西方思想不仅能接受，还能批评。他能在自己的思想系统里来接受，来批评。第三，是他的思想态度，实在能承续近代中国思想所必然趋向的客观路向……此下中国思想新生之大路向，这便是中山先生《三民主义》之大体系。

……中山先生的民族主义，一面反对帝国主义，一面亦反对世界主义。正为中国民族主义早已失去，所以晚清末年，像谭嗣同《仁学》、康有为《大同书》一类思想，都滑进世界主义去。中山先生所讲的民族主义，是更着重民族文化精神的。他曾说："主义是先由思想再到信仰，次由信仰生出力量。"（《民族主义》第一讲）反言之，无信仰即无力量。目前的中国人，因对自己民族失却信仰，因此也就失却了力量。不仅道德实践的力量没有了，即智识上开悟与了解的力量亦没有。因此要主张推翻一切旧道德、旧伦理、旧传统、旧文化，来全盘西化……只因近代中国失却了民族精神，所以西洋的无古无今都对，自己的无古无今都不对，那只是一种可耻的无知。

……中国人自义和团以来之五十年，已经不敢自己用思想，不肯自己用思想，也不信还有别个中国人能有思想。在这样的心理状态下，起先是学德、日，其次是学美、法，再其次又想学德、意，又想学英、美，最后则学苏联。民族主义丧失了，又尚未到甘愿做殖民地亡国奴的心地，则必然要转向世界主义……中国如何能不被淘汰？

中山先生的民权主义是他《三民主义》中最用心最精彩的一部分。他确实把握到近代西方民主政治之真意义,再会通之于中国传统文化之真精神,要想切就国情来建设起一个近代中国新民主政治。其思想境界,极广大,极开通,极平实,又极深微,实在值得我们再细研寻……

以下讲到中山先生的民生主义。中山先生说:"我们的《三民主义》,便是很像发财主义。我们为甚么不直接讲发财呢?因为发财不能包括《三民主义》,《三民主义》才可以包括发财。(《民权主义》第二讲)这是中山先生最深入而又最浅出的话。惜乎后来一辈讲《三民主义》的人,从没有从其内心深处真切的想为中国大多数人谋求发财。《三民主义》里包括不进发财主义,那《三民主义》自然失败了。民生主义便是要替人发财,然此话有更深涵义……

可惜中山先生民生主义的讲演稿,是未完成的。他在讲了衣、食、住、行诸问题之后,本来预定要讲育、乐两题,而骤然停了……教育与礼乐,是中国传统思想,尤其是儒家思想,所特别看重的两大题目。想来中山先生若继续讲出此两题,必然有更精湛的发挥。必然要发挥到这两点,才始发挥出历史文化发展是以民生为中心的真实涵义。中山先生之民生主义,必然不仅限于物质生活的,必然对中国的传统人文精神有其甚深的渊源,甚大的创辟。这是发挥中山先生思想的人应该特别留心的。

现在我们可以总括说一句,中山先生的《三民主义》,应该是近代中国新生唯一的启示。若我们把一个人的生命作譬,民族主义是其人之精神与灵魂,民权主义是骨骼,民生主义是血肉,三者不可缺一。

一九五二年　壬辰　五十八岁

一九五三年　癸巳　五十九岁

一　国内大事

"行政院"指令台湾为实施耕者有其田之实施,实施地区及四年经济建设计划。

二月十二日,北京大学文学研究所成立,郑振铎任所长,何其芳任副所长。该所后来改为中国科学院文学研究所。

二月二十五日,"总统"明令废止《中苏友好条约》。

二　事略

先生仍任新亚书院院长。夏,与美国雅礼协会建立合作关系,获得协款。继而获得美国亚洲协会及福特基金会资助。

十月,筹设新亚研究所,兼任所长。是年初秋,胃病又发,后经诊治稍愈。

三　著述

一月,《朱熹学述》,刊于《民主评论》第四卷第一期,收入《宋明理学概述》,二〇〇〇年台北素书楼文教基金会·兰台出版社印行,页一〇五~一二三,其大要如下:

朱熹字符晦,婺源人,学者称晦庵先生。他不仅是南渡一大儒,宋以下的学术思想史,他有莫可与京的地位。后人称之为"致广大,尽精微,综罗百代",他实当之而无愧……三十三岁那年,宋孝宗即位,诏求直言,熹应诏上封事……力言对金有不共之仇,万无可和之理,为南宋第一篇大文字。他又曾创始了"社仓制",又注意到吕大临的《乡约》。

他的著作年月,重要在四十到五十。他自己说:"《大学》、《中庸》、

《论语》、《孟子》诸文字，皆是五十岁以前做了，五十以后，长进的甚不多。"在那期间，他又和吕祖谦、陆九渊兄弟交游，对他学问上也有影响。但鹅湖寺一会，他时年四十六，那时他的学问也大致定型了。

他在宋学上另一大贡献，在其为宋学建立了一个新传统……后人连熹称为濂、洛、关、闽奉为宋学之正统，如是他遂把程氏洛学规模扩大了。周（敦颐）、张（载）宇宙论形上学的部门，与二程（程颢、程颐）的心性修养工夫会合融合，又加上他自己增入的读书法，三流交汇，宋学遂臻于完整。

他在古代学术传统上之更大贡献，则在其退《五经》而进《四子书》。他对古经籍，有一番最创辟的新见解……他一部《近思录》，一部《论孟集注》与《学庸章句》，算把儒家道统，在他手里重新整顿，重新奠定，那真是万古莫俦的大事业。孔子修《六经》，未必有此事，但他却真修了《四子书》与《近思录》，成为他手里的"六经"……他的学问范围，北宋诸儒无一能及。

熹不仅在心性修养、义理玩索上留心，也不仅在书册诵览、文字著作上努力。他对教育也极热忱。他知南康军，重兴白鹿洞书院，并为亲定教条，可与胡瑗《苏湖学规》媲美。他应接四方来学，也较二程规模遥为扩大精实。他身后，门徒各记平日问答，分类纂辑成《语类》一百三十卷，共分五十目。其门类之广博，讨论之精详，也是至可惊人……他的学问，包罗得太广大了。同时江西陆九渊，即持异见，后世称为朱陆之异同，为中国下半期学术思想史大上最大一争端。

此下再简要地叙述他思想之大体。他根据周敦颐《太极图》，又增入二程"理"的观念，而组织成他自己的宇宙论。宇宙只是一"气"所充塞运行而形成，惟气之充塞运行中自有理……这是熹运用二程观点，来融会周（敦颐）、邵（雍）、张（载）三家所得的结论。他要教人注意在事物之实际分殊上，而同时莫忽忘其背后统一的最高原理之一境界。这是他思想体系中，最着精神与最费分疏处……

上面说的是熹在本体论方面的话。说到方法论，工夫论，这便是人生问题了，熹在此方面则全侧重在心……若照他的意见，性是心之体，而理则是性之全。所以说："理者天之体，命者理之用。性是人之所受，情是性之用。"……他不认有所谓心体，他总认为一说心体便落空渺茫了。体只属性与理……心则是工夫的把柄，但又说心统了性情，便不致把工夫与本体划分了。这是他由二程会通到周、邵、张诸家而始有的他在宋学中一种更广大更圆备的思想体系之完成。

一月，《三陆学述》，刊于《民主评论》第四卷第二期，收入同前兰台版《宋明理学概述》页一二四～一四二。其大要如下：

和朱熹闽学同时对立，分主坛坫的，是江西陆九渊。他和其兄九韶、九龄合称三陆，他们是兄弟六人中之后三个。九韶字子美，学者称梭山先生，他主家政，编韵语为训戒辞。九龄字子寿，学者称复斋先生。九韶朴实，九龄却有才气。九韶所讲都切近有补于日用，九龄比较喜欢学术的讨论。他看不起当时学风。九渊字子静，学者称象山先生。他在兄弟中，天分最高。他们是学无师承，关着门做学问；而同时因大家庭生活，使他们对人情事势物理上，都有一番真切的磨练与瞭解，这才形成了江西陆学一种独特的精神。

九渊三十四岁登进士第，时已负盛名。初到临安，慕名从游者极众。九渊一见，便能知其心术之微，言中其情，多至汗下。亦有相去千里，素无雅故，闻其概而尽得其为人。这是他天姿独特处。本来宋学精神，主要在参悟人心。不通心学，便无法了解宋学。九渊在此有特长，无怪他能成为宋学中一显学，而又是宋学中"心学"的大祖师。

他四十六岁，又曾激起热情，讲究武略。常访求智勇之士，与相商榷……五十三岁主荆门军，旧无城壁，九渊以为四战之地，决议筑城，二旬而毕。他常阅武按射，兵伍之外，郡民皆与，射中同赏。朱熹在漳州军，亦有教射故事，那时一辈道学先生，尤其如朱、陆大儒，都没有忽视了武事。后来颜元骂宋儒只坐书房，学女儿态，实是冤枉了。

九渊三十七岁那一年，吕祖谦约九龄、九渊兄弟与熹会于江西广信之鹅湖寺……到了九渊五十岁那年，又和朱熹为了周敦颐《太极图说》，引起一番绝大争议。时熹已五十九岁了。可见他们两人的讲学意见，还是到老未合……当时所争，不仅《太极图说》，还争辩到张载的《西铭》。这一辨，实在也是朱陆异同之根本处……九渊主张"心即理"，熹则主张

"性即理"……我们也可说，朱陆异见，其实只是二程兄弟间异见之引申扩大而达于鲜明化。九渊死了，熹说："可惜死了一告子。"但当时还是有许多人极推重九渊。

现在再约略综述九渊思想之大概。他说："凡欲为学，当先识义利公私之辨。人生天地间，为人自当尽人道。学者所以为学，学为人而已。"这是他的"鞭辟近里"。为学只是尽人道，学为人，如此便把他远离了周、张、邵诸家，而贴近于程颢。当知义利公私之辨，则全辨在自己内心的动机上，只因公私义利，一问自心便知得，所以"不识一字，也可堂堂地做人"。因此他说："万物森然于方寸之间，满心而发，充塞宇宙，无非此理。""宇宙内事，乃己分内事，己分内事，乃宇宙内事。"这并不需从宇宙论形上学讲起，只此心公与义便是。故又曰："东海、南海、西海、北海有圣人出，此心同，此理同。千百世之上、之下有圣人出，此心同，此理同。"此心此理，也是指的公与义。故他说："宇宙不曾限隔人，人自限隔宇宙。"只为私为利，便有了我，便把我自己与宇宙限隔了。如何是公与义，则各人心里都知道。只不在自私自利上专为自我作打算，便即是公与义。此种分辨，人非不知，只是不肯。若要肯，须是立志。

五月，《中国道家思想的开山大师庄周》，刊于《民主评论》第四卷第十期，收入《庄老通辨》，二〇〇〇年台北素书楼文教基金会·兰台出版社印行，页一～一一。其大要如下：

儒家道家，乃中国思想史里两条大主流。儒家宗孔孟，道家祖老庄。《论语》、《孟子》、《老子》、《庄子》四部书，两千年来，为中国知识阶层人人所必读。但就现代人目光，根据种种论证，《庄子》一书实在《老子》五千言之前。庄周以前，是否有老聃这一人，此刻且不论。但《老子》五千言，则决然是战国末期的晚出书。如此说来，道家的鼻祖，从其著书立说，确然成立一家思想系统的功绩言，实该推庄周。

庄周是宋国人……我们该了解当时宋人一般的气质，可以帮助我们了解庄周之为人，及其思想之大本。

庄周是宋之蒙县人，在今河南省商丘附近……直到西汉时，那一带地区，土壤膏腴，水木明秀，风景清和，还是一好区域……汉时梁国在睢阳，即今河南商丘县之南。若没有天时地利物产种种配合，梁孝王不能凭空创出一个为当时文学艺术风流荟萃的中心。庄周的故乡，便在这一地区内，我们却不能把现在那地区的干燥枯瘠来想象这旷代哲人与绝世大文豪的生地呀！……相传老子的家乡，就人文地理言，正当与庄周生地，同属一区域。

庄周曾做过蒙之漆园吏。正如孔子做委吏与乘田……庄周正与梁惠王同时。庄周有一位老友惠施，却是梁惠王最尊信的人，曾在梁国当过长期的宰相。但庄周与惠施，不仅在思想学说上持异，在处世作人的态度上，两人也不相同。庄周近是一个儒家所谓"隐居以求其志"的人。他认为天下是沉浊的、世俗是不堪与相处的。他做一漆园吏，大概他的经济生活勉强可以解决了。他也不再想其它活动。他对世俗的富贵显达，功名事业，真好称是无动于心的。

或许他因惠施的关系，也见过梁惠王。他穿着一身大麻布缝的衣，还已带上补丁了……惠王说："先生！你那样地潦倒呀！"庄周说："人有了道德不能行，那才是潦倒。衣破、履穿，这并不叫潦倒！而且这是我遭遇时代的不幸，叫我处昏君乱相间，又有什么办法呢？"这算当面抢白了梁惠王，惠王也就和他无话可说了。

庄周真是一位旷代的大哲人，同时也是一位绝世的大文豪。你只要读过他的书，他自会说动你的心。他的名字，两千年来常在人心中，他笑尽骂尽了上下古今举世的人，但人们越给他笑骂，越会喜欢他。但也只有他的思想和文章，只有他的笑和骂，真是千古如一日，常留在天壤间。他自己一生的生活，却偷偷地隐藏过去了，再不为后人所详细地知道。只知道有这样一个人，就是了。但庄周的思想和文章，却实在值得我们去注意。据说在他以前的书，他都读遍了。在他以前各家各派的学术和思想，他都窥破了他们的底细了。但他从不肯板着面孔说一句正经话。他认为世人是无法和他们讲正经话的。所以他的话，总像是荒唐的，放浪的，没头没脑的，不着边际的。他对世事，瞧不起，从不肯斜着瞥一眼，他也不来和世俗争辨是和非。他时时遇到惠施，却会痛快地谈一顿……其实惠施和庄周，虽是谈得来，却是谈不拢……

庄周的心情，初看像悲观，其实是乐天的。初看像淡漠，其实是恳切的。初看像荒唐，其实是平实的。初看像恣纵，其实是单纯的。他只有这些话，像一只卮子里流水般，汩汩地尽日流。只为这卮子里水盛得满，尽日汩汩地流也流不完。其实总还是那水。你喝一口是水，喝十口百口还是水。喝这一杯和喝那一杯，还是一样地差不多。他的话，说东说西说不完。他的文章，连连牵牵写不尽。真像一卮水，总是汩汩地在流。其实也总流的是这些水。所以他要自称他的话为"卮言"了。

但庄周毕竟似乎太聪明了些，他那一卮水，几千年来人喝着，太淡了，又像太冽了，总解不了渴。究不知，这两千年来，几个是真解味的？你若不信，何妨也拿他那卮子到口来一尝，看是怎样呢？

八月，《漫谈历史吁衡世局》，刊于一日《星岛日报增刊》，收入《世界局势与中国文化》，二〇〇〇年台北素书楼文教基金会·兰台出版社印行，页一～一一。其大要从略。

十月，《孔子之教与学》，刊于香港《祖国周刊》第四卷第四期，收入《孔子与论语》，二〇〇〇年台北素书楼文教基金会·兰台出版社印行，页一三〇～一四一。其大要如下：

（一）

孔子是中国的大圣人，二千五百年来，备受国人之爱戴与崇重。最近几世纪，欧美学者，诵读有关孔子的书籍，仰慕孔子之为人，称引孔子之言论者，亦日见增加。孔子之道，终必大行于后世……孔子是一个教育家，他曾说："有教无类。"人类只要有教育，不该再有其它一切的类别。理想的教育昌明了，那时世界人类，将不再有国别，有种别，自然更说不上有所谓阶级的分别。那将是一个大同与太平的世界，而这一世界则将由理想的教育达成之。孔子不仅抱有如此伟大教育的理想，而且毕生为此教育理想而努力。

（二）

但孔子平日拿些什么来教人呢？他弟子说："子以四教，文、行、忠、信。""文"指社会人文之一切。孔子是一位人文主义者，他的教育内容也偏重在人文。而人文社会中一切的业绩，其起始莫不由于个人的行为。个人行为最要的发动，又莫不由于人类之天性。因此孔子之教，总是先就个人天性中某几种美善的本质，如"忠"与"信"，来指点出个人行为所应有之道。本于此种人道作基础，再经历了历史演变，而形成社会人文复杂的大综合。孔子之教，本原于人心之忠信，究极于人文之大全，而以人类本身一切现实的行事为中心，这是孔子教育的大规程。

（三）

因于孔子之教，是这样一种现实的身教，即以他当身的实际人生来作教，所以孔子的教训，若在言论上寻求，似乎没有什么一套特别肯定的内容。换言之，孔子没有一套抽象的理论来教人。所以说："子绝四，毋意、毋必、毋固、毋我……孔子向人而学，又向人而教，因此他的所学所教，他自己总括说来，只是一"仁"字。仁，便是人生之大道。仁之本原，在人心之"忠信"。见之于实际的私人生活之谓"行"，成之为人类社会所共有的一切文化现实的大全体之谓"文"。这在孔子本身时代如此，在孔子以前的时代也如此，在孔子以后的时代仍如此。

（四）

孔子之学，针对着全人类而学。孔子之教，也针对着全人类而教。孔子之学与教，其精神，以全人类为对象、为范围。于是孔子乃由于"人"的观念而转进到"天"。全部人类之出生，出生于此大自然；全部人类之生活，亦在此大自然之中。孔子平常所指的天，正指此大自然而言。孔子说："天何言哉？四时行焉，百物生焉。"天无所言说而四时行，百物生。孔子所想学于天的，正想学此无言之行与生。所以孔子教人"默而识之"。

（五）

我想，照孔子自己的意思，他所能留传给后世的，恐怕仍该是他那一番好学不倦的精神了。其实孔子之所学也甚有限，孔子只在学做人，孔子只在从人的方面学做人。惟孔子直向人心的深处学。孔子总认为，人与人是大概相似的。孔子似乎并没有承认他自己高出乎别人，但也没有承认别人高出了他自己。他只从别人身边学得了自己。孔子又常把他自己来教别人。所以孔子有时像是一个个人主义者。好像只想把他自己学成一个人，也只想教人学成一个人。所以说："古之学者为己。"好像一切学，该是只重在自己。但孔子的意思，认为人人都如此般学，却可到达天下太平、世界大同的理想。那即是孔子所谓的"大道之行"的时代了。

六月，《宋明理学概述》，由台北中华文化出版事业委员会初版。一九七六年，先生重加校阅，于明代王学部分略有改定，交台湾学生书局重排印行。台北联经出版公司于一九九七年出版《全集》时，编入第九册，系以学生书局再版本为底本，除已校正若干误植错字外，并增入私名号、书名号，以及酌加引号，以便利读者阅读。二〇〇〇年二月台北素书楼文教基金会·兰台出版社重排，除改正若干误植之错字外，并将各书中若干内容，再与旧版校对。页一～三二四。全书之大要如下：

例　言

（一）宋明理学家，全祖望《宋元学案》，黄宗羲《明儒学案》两书，都称其别号，如周称濂溪，二程称明道、伊川之类。其熟稔者较易知，其疏僻者则称其号往往不知其姓名。本书一律改称姓名。其援引旧说，则概依原文，不复改易。

（二）（三）（四）（五）（略）

（六）求明一代之思想，必当溯源竟流，于全部思想史中迹其师承，踵其衍变，始可以明此一代思想之意义与价值。往年曾著《中国思想史》，虽篇幅有限，而纲宗犄立。读者治此书，必与上书并观，始不为此一代之思想之所囿，亦可明此一代思想之所辟。

（七）前著《中国思想史》，宋明理学主要诸家，均已序列。本书遇与前著重出诸家，取材详略，力避重复。阐发要点，亦求互显。大体虽同，节目各异。读者必就此诸家，合观两书，始较近于诸家之全貌。

（八）旧著《近三百年学术史》，适与本书年代相衔接。读者治此书竟，再阅《近三百年学术史》，于中国近代一千年之学术思想，大体已具，可资识途。

（九）（十）（略）

一　宋学之兴起

中国历史，应该以战国到秦为一大变，战国结束了古代，秦汉开创了中世。应该以唐末五代至宋又为一大变，唐末五代结束了中世，宋开创了近代。晚清末年至今又为一大变，这一大变的历史意义，无疑是结束了近代，而开创了中国以后之新生。我们若要明白近代的中国，先须明白宋。宋代的学术，又为要求明白宋代一至要之项目与关键。南北朝隋唐，是佛学的全盛期。武则天以后，禅宗崛兴。直到唐末五代，佛学几乎全归入禅宗……除却佛学，所剩只是晚唐以来进士轻薄的诗，以及如南唐二主之词，这一类颓废无力的小文艺。在此形势下，时代需要有新的宋学之出现。但新的宋学之出现，还是迟迟其来。需要虽急迫，而产生则艰难。所谓新宋学，须到胡瑗、孙复才像样，所以说宋世学术之盛，安定（胡）、泰山（孙）为之先河，这已在宋兴八十年的时期了。

二 综论北宋初期诸儒

上述北宋初期诸儒（胡瑗与孙复……苏轼、苏辙），其中有教育家，有大师，有政治家，有文学家，有诗人，有史学家，有经学家，有卫道的志士，有社会活动家，有策士，有道士，有居士，有各式各样的人物。五光十色，而又元气淋漓。这是宋学初兴的气象。但他们中间。有一共同趋向之目标，即为重整中国旧传统，再建立人文社会教育之理论中心，把私人生活和群众生活再纽合上一条线。换言之，即是重兴儒学来代替佛教作为人生指导。这可说是远从南北朝隋唐以来学术思想史上一大变动。至其对于唐末五代一段黑暗消沉，学绝道丧的长时期之振奋与挽救，那还是小事。我们必须注意到这一时期那些人物之多方面的努力与探究，才能了解此后宋学之真渊源与真精神。此下我们将继续述及宋学的正宗，即后代所谓理学或道学先生们。这些人，其实还是从初期宋学中转来。不了解宋学的初期，也将不了解他们，而他们和初期宋学间，就各人年代先后论，不免稍有些前后的参差。但就学术风气上大体来划分，则他们中间，实像有一界线之存在。

三 中期宋学

中期宋学之发展，显和初期不同。初期宋学，是在一大目标下形成多方面活动，中期则绚烂之极归于平淡，较之初期，精微有余，博大转逊。初期风气，颇多导源于韩愈，因遂注意于文章。北方如柳开、石介，南方如欧阳修、王安石，更属显见。惟其注意文章，故能发泄情趣。人生必然与文艺结不解缘,而中期则绝少对文章有兴趣。周敦颐先已有"虚车"之讥。韩愈说:"文以载道。"文不载道如虚车。但二程兄弟,讲学多用语录体,直如禅宗祖师们,虽是洁净朴实,但摈弃文学,便减少了活的人生情味,不能不说是一大损失。初期都热心政治,南方如范仲淹、欧阳修、王安石,北方如司马光,都在当时政治舞台上有轰轰烈烈的表现。即如北方孙复、石介,也决非隐士一流,介作《庆历圣德诗》,分别贤奸,直言无忌,掀起了政治上绝大波澜。他死后,几乎剖墓圻棺。中期诸家,虽并不刻意隐沦自晦,但对政治情味是淡了。他们都只当几任小官,尽心称职,不鸣高,不蹈虚。初期诸家如伊尹,中期诸家如柳下惠,他们的政治意态实不同。论其教育事业,初期是在书院与学校中,尤其如胡瑗,是一模范的教育家。中期讲学,则只是师友后进,自由相聚,只能算是私人讨论,并没有正式的教育规模。文章、政治、教育,三大项目之活动,中期都较前期为逊色。即论学术著作,初期诸儒,都有等身卷帙。尤其如欧阳修、王安石、司马光,对于经史文学,都有大著作,堪与古今大儒,颉颃相比。中期诸儒,在此方面亦不如。只邵雍、程颐、张载可算有正式的著作,但分量上少了,性质亦单纯,不如初期诸家,阔大浩博,其它则更差了。然中期诸儒,实在也有他们的大贡献。后世所谓道学家、理学先生,是专指中期诸儒的学术与风格而言的。我们甚至可以说,初期诸儒多方面的大活动,要到中期才有结晶,有归宿。画龙点睛,点在中期。初期画成了一条龙,要待中期诸儒替他们点睛。点上睛,那条龙始全身有活气。

四 南渡宋学

南渡以来,可说是宋学的第三期。南渡后的政治局面,较之北宋,相差是远了。但学术思想上,却并不见逊色。专就朱熹一人而论,已足掩盖北宋两期诸家之长而有余。朱熹在中国下半部学术思想史上的地位,殆可与前半部的孔子相比。没有他,恐怕周、邵、张、程诸家,也不会有那般的光辉与崇重。我们尽可说,正统宋学,完成在他的手里。他对方的陆九渊,又开启了明儒王守仁,那是明代学术思想界唯一中心人物。其它前后诸家,也还各有创辟。南宋在此短暂的偏安中,学术界有此成绩,那是中国历史上少见的一幕。

五　金、元诸儒

两宋诸儒所讲，尽管派别纷歧，但有两点共同的精神：（一）他们都想重新阐明以往中国学术的大传统，来树立一个指导政治和教育的大原则，好凭此来达成他们所理想的新社会与新人生。（二）他们无不深切地注意到一切学问和行事之最后关键都在人的心，所以他们对于人类心理方面的研究和探索，尤特别赋以深厚的兴趣，而在此方面的贡献也甚大。第一种精神比较开展而阔大，第二种精神比较凝敛而谨密。在北宋初期，大家兴趣比较偏在第一点，但经范仲淹、王安石两次政治改革失败，大家兴趣便转向到第二点，他们认为若果在社会下层学术心术基础没有打稳固，急遽要在上层政治图速效，那是无把握的危险事，这是中期宋学的态度。南渡以后，这一方面几乎已发展到尽头处，露出了内部的破绽与裂痕。又兼以政治颓败，国势阽危，逼得他们转移目光，重新注意到第一点，尤其是历史与制度方面之讨究。这一种学风，若上面临制以一种异族政权之统治，无疑的决不能发皇畅遂，而必然会曲折改变其面目，转移其方向，而循致忘失其精神。我们将继此一述金、元两代之学术，便可看出此意味。而回头来使我们更容易对于两宋学术之本质获得一种更恰贴的新了解。

六　初期明学

明代学术，大体沿袭宋。关于学术上之中心问题及最高目标，均未能摆脱宋人，别自创辟。而且明代学术，较之宋代，远为单纯。初期宋学之博大开展，以及南渡后浙东史学之精密细致，明人都没有。他们只沿袭着正统宋学的一脉，但又于正统宋学中剔去了周、邵、张三家。实际明代学术，只好说沿袭着朱、陆异同的一问题。他们对此问题之贡献，可说已超过了朱、陆，但亦仅此而止。明学较之宋学，似乎更精微，但也更单纯。黄宗羲说：

> 有明文章事功，皆不及前代。独于理学，前代所不及。茧丝牛毛，无不辨析，真能发先儒之所未发。程门之辟释氏，其说虽繁，总是在迹上，其弥近理而大乱真者，终是指不出，明儒于毫厘之际，使无遁影。

这是明学之独特处。其实明代学术，只须举王守仁一人作代表，其它有光彩有力量的，也都在守仁后。我们此刻姑把守仁未起以前划为明学之初期，但初期明学绝不能和初期宋学相比拟。那一时期，只是经历过蒙古百年统治之后，一种严霜大雪掩盖下底生机萌芽，却不像初期宋学般元气淋漓，规模阔大。

七　中期明学

初期明学，南方如吴与弼、陈献章，都是隐退人，偏于田野山林。北方如薛瑄，亦仅持守，于义理少发挥。明学要到王守仁，始是光彩毕露。我们姑定守仁时代为明学之中期。与守仁同时，尚有湛若水、罗钦顺。守仁问学于娄谅，若水从游于陈献章，都远从与弼开端。两人相交游，而讲学宗旨不同，一时平分天下之学术。当时学于湛者或卒业于王，学于王者或卒业于湛。王、湛之并立，犹如朱、陆之对抗。而罗钦顺则学无师承，生前既少朋徒之讲习，卒后亦无从学之传述。困心衡虑，为独得之学，而剖析发明，堪与王、湛相鼎足。明学之盛莫踰此。此下则只成为王学之支流与裔，直要到明末才始有大变化。故以王门各派，并附于中期。

八　晚期明学

若我们把中期宋学，认为宋、明学里的正统，则程颢该是中期宋学之正统。由他转出程颐，再由程颐转进到朱熹，那是一条路，却由中期会合到初期。其次由颢到陆九渊，再到王守仁，转出泰州学派而至罗汝芳，那另是一条路。这路到此而尽，如远行人到了家，到了家就无路可跑了。若你不安于家，尽要向外跑，那须得再出门。晚期明学是承接那一条走尽头路，到了家，又想另起身，另具一计划再出门，既不肯随便安居家中，也非无目的出门作闲逛。这不是件简单事，惜乎晚明儒出门行走得不远，扑面遇着暴风雨，阻着路，迷失了，那是明、清之际的大激变。只有临时找一安躲处，但一躲下来又便耽搁了，而且把出门时原兴趣原计划打消了，放弃了，那才有清代乾嘉盛时之古经学考据。我们此刻且把晚明儒初出门时，那一条路向约略指点出，这便是当时东林学派之大概。东林学派与以前王学，显然不同。守仁殁后，浙中、泰州，所在设教，鼓动流俗，意气猖狂，迹近标榜。但东林诸贤却不然。他们虽有一学会，但暗然仅作朋友私人的讲习。后来东林两字扩大到全国，一切忠义气节全归到东林，好像东林成为当时一大党派，甚至后来把明代亡国也说成东林党祸所召致，那该由讨论史学的人来替他们作昭雪。

  九 明末诸遗老

思想史上划时期的大转变，这不是件易于出现的事。宋明理学发展到朱熹与王守仁，可谓已攀登上相反方面之两极峰，把宋明理学家所要窥探的全领域，早已豁露无遗了。再循着两路线前进的，自然会逐渐转成下坡路。但只要继续地向前，必然会踏上新原野，遇见新高峰。这是思想史演进的自然趋势。明末诸遗老，在北方有孙奇逢、有张尔岐、有李颙、有颜元。南方有黄宗羲、有陈确、有顾炎武、有王夫之、有张履祥、有陆世仪、有胡承诺。还有数不尽的在学术思想史上杰出的人物。较之宋初、明初一片荒凉，是天渊相隔了。这便已告诉了我们，宋明七百年理学所积累所蕴蓄的大力量。但他们面貌上虽沿袭前轨，精神上已另辟新蹊。有一部分，我已在二十年前的另一书，《中国近三百年学术史》里叙述过。但那书主要在叙述清代的经学与考据。其实有清一代，承接宋明理学的，还成一伏流，虽不能与经学考据相抗衡，依然有其相当的流量与流力，始终没有断。这又告诉我们，宋明七百年理学，在清代仍有其生命。这是下半部中国思想史里不可磨灭的一番大事业。关于这一部分的材料，我在十年前，避日寇，流寓成都，曾广为搜集，另成一部《清儒学案》，交与国立编译馆。不幸迟迟未出版，而在胜利回都时，此稿抛落在长江里。我手边并未存一底稿，只留序目一篇，还可约略推见此书纂编之大概。但若我们真能了解了宋明两代的理学，有清一代对此方面之造诣，其实则精华已竭，无法再超越宋明了。

六月，《四书释义》，由台北中华文化出版事业委员会出版。收入联经《全集》第二册，二〇〇〇年又收入素书文教基金会·兰台出版社《四书释义》。按是书包括《论语要略》、《孟子要略》及《大学中庸释义》。前二书已于一九二五、一九二六年中摘录其大要了，故于此从略。《大学中庸释义》之大纲如下：

例言；一、宋朱熹大学章句，（附）朱熹大学章句序；二、大学古本，（附一）明王守仁大学古本序，（附二）王守仁大学问；三、朱熹中庸章句，（附）朱熹中庸章句序

例言之内容如下：

一、《大学》、《中庸》二篇，本收《小戴礼记》中，宋儒始表章之。程颢作《中庸解》。至朱子定《大学》为曾子作，著《学》、《庸》章句，取与《论》、《孟》集注相配，称为《四书》。元明两代，咸宗朱子。清代亦相沿不变。朱子《论孟集注》、《学庸章句》，定为科举取士之标准，于是学者家弦户诵。朱子所定《四书》，遂取汉人《五经》之地位而代之。故欲治《学》、《庸》，必取宋明儒者之说而兼治之。学者首当分别《学》、《庸》之本义，与夫宋明儒者所表章之新义，其间或同或异，而不害于本义与新义之各有其价值，未可轻重而偏废也。

二、朱子分《大学》为一经十传，谓经一章，盖孔子之言，而曾子述之。传十章，则曾子之意，而门人记之。清儒戴震幼时，从塾师读《大学章句》，即问："朱子何时人？"师答："南宋。"又问："南宋隔孔子几何时？"师曰："几二千年矣。"又问："然则朱子在二千年后，何知二千年前之事？"其师无以答。《大学》固为曾子与其门人之言与否，今实无可考定。惟其书实似成于晚周战国之末，或秦人一统天下之后。近复有疑其为汉武时人作者。今皆无证可资详说。惟古人著书，往往有不得其主名之人者。如《老子》非老聃作，在近世已成定论。《论语》不知记于谁何诸人之手，孟子殆亦非孟轲亲手一一所撰定。则《大学》虽不出于曾子，亦无害《大学》本身之价值。

三、朱子《大学章句》，分《大学》为一经十传。又于原文多所分析改移，复以己意为之增补，即所谓《大学补传》是也。朱子引程子之说，谓："《大学》乃孔氏之遗书，而初学入德之门。于今可见古人为学次第者，独赖此篇之存，而《论语》、《孟子》次之。学者必由是而学焉，则庶乎其不差。"然《大学》第一步入门工夫，所谓"致知在格物"者，据朱子意，其原文之传已逸，乃取程子之意而补之。故朱子《格物补传》，实为尊信程朱学者之圭臬。今纵谓朱子《补传》无当于《大学》原本之真相，然自朱子以来七百年，此《格物补传》固已与旧本《大学》

凝成一体，已为一尽人必读之经典矣，固不应忽昧而不知。故本书备录朱子《章句》，使学者知宋以来相传之《大学》新本，与夫宋以来学者所以尊信阐述《大学》之用意。

四、顾朱子《大学章句》虽行世已久，然学者间固不绝反对，主复《大学》之旧本者。自明初方孝孺以下，最著者为王守仁。下及清代，主尊古本，殆成学者间之定论。然坊间世俗则惟有朱子《章句》。承学之士，亦有仅知所谓《大学》古本之名，而竟不知《大学》古本之实者。本书爰特仍载《大学》古本，与朱子《章句》本并列，以备学者之对比参究。

五、本子之异同，章节之纷歧，其主要者在于释义之因而相违。宋明儒学界朱、王之对垒，其主要论锋，乃集中于《大学》一书。循致此下对"格物"一语之训释，明清两代，毋虑有数十家之多。故本书既列《大学》古本，并取阳明《大学问》一篇，又附录阳明《大学古本旁释》，藉以见阳明所以阐述《大学》要旨之梗概。学者可以由是以窥朱、王两家之异见。至于详说而深究之，则两家全书具在，固非本篇所获逮也。

六、朱子定《大学》为曾子作，其说固无据。至谓《中庸》作于子思，此语远有本末。然夷考其实，《中庸》为晚出书之证甚显，其决非出于子思，亦无疑问。然其书为历代所重，别出单行而专为之作注者，其事亦不始于宋。相传此书分三十三篇，早见于《汉书·艺文志》。至程子始改定为三十七节。及朱子为《章句》，仍定为三十三章，然亦颇多以己意新定。至旧传分篇之可考者，惟郑玄《小戴礼记注》一种而已。郑氏分篇，既多可议；朱子所定章节，亦非无可非难。故后儒又多为之复位章节者。今仍一本朱子《章句》，而分别注明郑氏旧分篇次。庶学者有所比观，而自见其是非得失之所以然。

七、《中庸》虽晚出书，然陈义甚高，其为历代学者推重，固非偶然。然朱子句句而解，字字而说，必求其无一不与《论语》、《孟子》要旨相吻合，则亦不免时有失者，宋明儒学所陈精义，往往追溯《中庸》。今无论其为本书原义与否，而自经宋明儒学之揭示，则确有别开生面，为承学之士所不可忽者。本书爰仍一本朱《注》，偶删其枝节，而全录其大体。学者既可藉此以进窥《中庸》之原旨，亦可由此而旁及宋学之渊微。苟善为体究，未尝不可一举而两得之。至于朱《注》之果得《中庸》原书本旨与否，则转成余事，可勿深辨，篇中除朱《注》外，并杂引郑玄旧《注》，亦欲使学者相互比观，藉此以识汉、宋学术之分途。殊非为古人翘异同，争短长也。至于古今诸家，众说纷纭，则有待于学者之继此而深涉之，此概不及。

八、朱子定《四书》，论其时序先后，则孔、曾、思、孟；当以《论语》为首，《大学》次之，《中庸》又次之，而《孟子》为殿。顾朱子之意，《大学》既为开示学者为次第，故首当先诵。次《论语》，次《孟子》，最后始及《中庸》。以其陈义深远，天人性命之渊微，非初学所能骤解也。然坊本传刻，则以《大学》、《中庸》篇幅单薄，合为一册，幼童初入学塾，即先诵读；然后以次再及于《论语》、《孟子》。故不期以《大学》、《中庸》两篇连类并及焉。自今论之，《论语》、《孟子》为考究孔孟思想之必要参考书，固然异论。至《大学》、《中庸》两篇，其作者与成书年代，既在不可考知之列。又其书简短，语义或难确指，不若《论语》、《孟子》之可即就本书，比类引申而求。故治古学、究儒术者，最先必当重《论语》、《孟子》，然后再旁及于《大学》、《中庸》。本书亦会合《大学》、《中庸》自为一编，其用意则与从来坊刻仅就篇幅厚薄、字数多寡而联合刊之者不同，特此附识。（以上见页二八〇～二八三）

《大学》《中庸》释义，详见原书，此略。

一九五三年　癸巳　五十九岁

一九五四年　甲午　六十岁

一　国内大事

五月二十日，蒋介石、陈诚宣誓就任"中华民国第二任总统、副总统"。"立法院"同意"总统"提名俞鸿钧继任"行政院"院长。"行政院"通过任命严家淦为台湾省政府主席。

六月二十八日，中印两国总理联合声明，规定了关于和平共处的五项原则。

十月二十三日，"行政院"会议通过：（1）实施耕者有其田方案，（2）公营事业移转民营辅导办法。

十二月三日，"《中美共同防御条约》"在美国华府签字。

二　事略

是年，新亚研究所成立。暑期，先生又去台北。是年，为先生的六十岁寿辰，台北学人特设有一宴席，在座的人分别献杯，先生素不能饮，由台湾大学校长钱思亮代为饮酒酬答。又应蒋经国之邀在青潭青年救国团作连续讲演，每周一次，前后凡四讲，讲题为"中国思想通俗讲话"。为在台北作有系统讲演之第四次。讲稿是在前一天下午于碧潭一小茶楼撰写的。

三　著述

一月，《孔子与春秋》，刊于《港大东方文化》第一卷第一期，收入联经《全集》第八册《两汉经学今古文平议》页二六三～三一七。其大要如下：

孔子平日言论行事，见之于《论语》的，如论仁、论智、论礼乐、论学、论君子，头绪多，门类广，在中小学阶段的人，骤然不易把捉到要领。反不如《孝经》，专一讲为道，又简易，又扼要，自天子至于庶人，都可学，都可行。所以就小学言，《孝经》更适合；为大学言，为要真研究孔子平日之微言大义言，则非《春秋》而莫属。

其次阐述孔子《春秋》大义微言的，要轮到西汉董仲舒。司马迁《太史公自序篇》里说：

> 余闻董生曰："我欲载之空言，不如见之行事之深切着明也。"夫《春秋》，上明三王之道，下辨人事之纪，别嫌疑，明是非，定犹豫，善善恶恶，贤贤贱不肖，存亡国，继绝世，补敝起废，王道之大者也。拨乱世，反之正，莫近于《春秋》。

孔子《春秋》只是遵着周公之遗制。下至清儒章学诚，乃有"《六经》皆史"之创论。但章氏之所谓"史"，并不即指所谓"历史"言。章氏之意，乃谓古代《六经》即当时政府之"官书"，犹之后世衙门之"档案"。章氏《文史通义》特有《史释篇》，即是专释他"《六经》皆史"的"史"字之特有的涵义。侪于一经的理由？而杜预此说，实大背于西汉《公羊》学派的意见……据《汉书·艺文志》，当时所认为学术大分野者，乃属"《六艺》"与"诸子"之两大类。

但汉代的《公羊》家，却有一种和杜预绝大不同的说法。《公羊》家说孔子《春秋》微言大义，最要者有"三科九旨"说。又说为"存三统"、"张三世"与"异内外"。他们认为三王之前有五帝，五帝之前有九皇，九皇之前有六十四民。三王只如近人所谓"近代史"。五帝，略如所谓"中世史"。九皇，则如所"上古史"。六十四民，则好如"史前史"。《春秋》褒贬，乃是孔子心中一个理想的新王朝出现以后所应有的褒贬。

可见仲尼素王，《春秋》立法，不仅当时《公羊》家言之，即壶遂、贾逵、郑玄诸人亦言之。既是素王立法，则决然是一种王官学，而非私家言。换言之，孔子《春秋》，应该与尧、舜、禹、汤、文、武、周公之创制立法，定为一朝王官之学者有同类平等的地位，而不该下与墨翟、老聃那许多仅属社会的私家言者为伍。故《汉书·艺文志》终以孔子《春秋》上列《六经》，不下媲诸子也……"孔子《春秋》为汉制法"之说，正合时代之需要。因此汉武帝听受了董仲舒意见，兴太学，立博士，尽罢诸子百家，而专主《五经》。《五经》成为汉代之王官学；而汉代的《五经》，又必以孔子《春秋》为之主。

孔子作《春秋》在古代学术史上，其人其书，同时实具两资格，亦涵两意义。一则是由私家而擅自依仿着写官书，于是孔子《春秋》，遂俨然像是当时一种经典，即是由私家所写作的官书了。而孔子之第二资格，则为此后战国新兴家学之开山。故孔子与《春秋》，一面是承接王官学之旧传统，另一面则是开创了百家言之新风气。孔子《春秋》尚是旧官学，而孔子《论语》，才是新家言。

古代旧王官学之总汇在"太史"，而秦代新王官学之总汇在"博士"。《诗》《书》《六艺》，是古代的旧王官学，而战国新兴诸子百家言，则成为秦代的新王官学了。因此秦始皇朝廷上的博士官，实在是当时秦廷有意网罗社会新兴百家来牢笼统制，选择会通，而定为它一朝之新王官学的。"《春秋》上不及五帝，不下及三王，述齐桓、晋文之小善，鲁之十二公，至今之为政，足以知败之效，何必于三王？"此亦当时一种"法后王"之见。法《春秋》便可不必法三王。司马迁也说："战国之权变，亦有可颇采者，何必上古？秦取天下多暴，然世异变，成功大。《传》曰：'法后王'，何也？以其近己而俗变相类，议卑而易行也。"这正与陆贾略同义。

直到董仲舒，才开始提出一番"改制更化"的大理论，说动了汉武帝，把沿袭秦廷的百家博士都废了，而改立"《五经》博士"代表汉王一朝之新官学。因此汉廷《五经》博士，一面是革秦之旧，排除了百家，一面是复古之统，专尊了《六艺》，专尊了古王官学，而同时又是汉代新王之创法，与古王官学性质又不同。但实际则只有孔子《春秋》，是新创者，其书才始不是旧官学，而是为汉立制的新官学。因此汉廷《五经》博士，无形中便让《公羊春秋》占了主脑与领袖的地位。

根据孔子《春秋》来判断是非，创制立法的实际事例，实在也不少。其荦荦大者都见于《两汉书》，若逐一列举，总不下数十处，我们在这里则不想再列举。即如东汉王充的《论衡》也如此说……但孔子为汉制法，固替汉廷建立了制度，引生了光荣，而同时也为汉代带来了麻烦，横添了纠纷。纵是最忠心汉室的刘向也说过：

> 王者必通三统，明天命所授者博，非独一姓。

这是孔子《春秋》在当时的大影响。但问题又来了……"汉家自有制度，本以霸王杂用之，奈何纯任德教用周政"之说，也变成了光武以下之国是。于是博士官学仅成为利禄之途，失却其从来王官学地位的真尊严，而十四博士也终于要"倚席不讲"了。这一变，却是中国史上一绝大的大变，惜乎后来人渐渐忘失了这一大变之内涵的真意义……（这里另有一点该述及的，则为《史记》、《汉书》所特立的《儒林传》，当知这些该名为"王官儒"，与战国"百家儒"不同。若不分别出古代"王官学"与"百家言"之分野，则《儒林传》之另成一流，便难明白其所以。《宋史·道学传》中人物，其实亦多是"百家儒"也。）

所谓西汉《公羊》学精神，应该包括两要点：一是战国新兴百家言精神，二是古代相传王官学精神。而把此两要点连结起，尊奉一家言，把来悬为王官学，这样便成了孔子《春秋》为新王创制立法的《公羊》学。就儒学史之演变言，北朝诸儒近莽、歆，而王通则似董仲舒。惟董仲舒尊奉孔子《春秋》为一家言，而王通则要模拟孔子自己成为新起的一家，此为两人之所异。

惟其西汉经学，到东汉以后渐渐变成像史学，所以当时人说孔子，便联想到周公，南北朝儒家，更常见是"周孔"并称了。到唐代的学校里，也尊周公为"先圣"，孔子为"先师"。这正告诉我们，唐代人心中，已不懂古代所谓家学的精神。《六经》不复是孔子一家言，《诗》《书》《礼》《乐》都传自周公，《春秋》仅占《六经》之一部，亦属周公之旧典，而且其书价值可以远逊于《左传》。汉、唐儒意见相异，关键正在这上面。汉人推崇家言而尊奉一家来定为王官学，所以特别提高了孔子的地位。唐人用史学眼光来看古经籍，则孔子还是渊源于周公，而且周公德位俱尊，孔子则有德而无位，于是周公为先圣，而孔子似乎仅该为先师了。

章学诚《文史通义》也看到了这一点，后代诗文集部便是古代子学变相之遗传。古代的家精神衰微了，社会私家不再有自创一家之言来改革当代政教的气魄与力量，自然会把聪明气力转移到诗文集部上面去。古代家言的精神失却了，于是亦遂不见有王官学的理想之要求……从学术史立场论，唐代也是古今一大变，所变便在更没有"王官学"与"百家言"之大分野，而代替以"经"、"史"分类的观点。

南北朝迄隋唐，中国学术史上又有一新波澜，此即印度佛学之传入……由汉儒言之，孔子是新王，他的《六经》定为汉代之王官学，孔子和尧、舜、禹、汤、文、武、周公各代表着一代之礼乐与制度，而教化则包括在礼乐制度之内了。但韩愈则在尧、舜以下一线相承之道统中有孔子，而接着有孟子。"《六艺》"与"儒家"之辨，"王官学"与"百家言"之辨，在韩愈观念下，此种分别都泯灭了。

章氏《文史通义》所论古代学术分野之大体，最多也只懂得了一半。而且是辨其细而遗其大，他只知《六艺》为王官学，但他误认王官学为必出于在位之王者……章氏仅知有"王官学"而不知有"百家言"。若就后代学术观念言，章氏仅懂得史学实事，而不懂得经学之大义。

章实斋想把史学来代替当时正盛的经学，但他的史学，也只从《尚书》直讲到左丘明与司马迁，把孔子《春秋》放弃了。龚定庵则承接当时经学家传统，而且号称为是道、咸以后《公羊》今文学之先驱者，但他的见解，实仍和章实斋一鼻孔出气。龚定庵之持论，实是抄袭依傍于章实斋。

此后的中国学术界，不幸是沿续了康氏的意见和路径。他们总也提及到孔子，但不幸的是不仅把孔子和其以前的历史传统分开了，又且把孔子和其以后的历史关联也忽略了。在近代中国学术界心中，似乎把孔子个人抽离了全部中国史，乃至全部中国学术史，而仅把孔子悬空孤立似的，当作古代一哲人或思想家看。而他们之所以求了解和衡量孔子哲学与孔子思想的立场，也并不站在中国史或中国学术史的全体系立场来求了解和衡量。如此般的了解和衡量，好像孔子之所以成其为孔子，则只为他有此一套哲学或思想，却不问他这一套哲学和思想之在其以前的实际渊源，和在其以后的实际影响。另有人则只是站在世界史和世界哲学史，实际则是站在西洋史和西洋哲学史的立场，来求了解和衡量。近代中国学术界的态度，与其说较近于汉唐，不如说较近于宋明；而在近代人心中，却又看不起宋明，这就自相违戾，不成条贯了。正因近代中国人对孔子评价之意态与途径有不同，因此研讨孔子思想的，也专重了《论语》，偏忽了《春秋》。

汉以前儒者尊孔子，重王道；唐、宋以下儒者尊孔子，重圣德。于是"性"与"天道"遂为宋儒所喜言，而孔子《春秋》的微言大义，反而在后代成为不可得而闻……"流落人间者，泰山一毫芒"，孔子与门弟子当时所讲论，决不能一一尽见于《论语》，而所见于《论语》中者，如上所引之诸条，即足证西汉《公羊》家言也自有他们的来历。如是，则舍弃了《春秋》，专治《论语》，决不足以见孔子之学之全，与其所志之真，也就可以想见了。

如戴望般，专据《春秋》来讲《论语》，但我们若以《论语》、《孟子》来讲《春秋》，则《春秋》显然并不尽如杜预、章学诚诸人的想法。《春秋》还是一部亦经亦史的一家言。而儒学传统，自然也不能尽如宋儒程、朱之所说。汉、唐诸儒，从事实际政治的，自然也是儒学之一支。天下永远是无道，若我们真要议天下，似乎孔子《春秋》精神，所谓其深切而著明处，我们还得继续讲。我们必须上承周公，下接孟子，会通汉、宋，才始能了解得孔子论学全部的精神啊！

六月，《程朱与孔孟》，六月六日香港新亚书院文化讲座演讲。刊载于《人生杂志》六月第八卷第三期，又收入《新亚文化讲座录》。此篇为讲稿之全文改写。一九九七年收入联经《全集》第二十册《中国学术思想史论丛》（五），收入又二〇〇〇年台北素书楼文教基金会·兰台出版社《中国学术思想史论集》（五），页二八四～二九二。其大要如下：

中国思想之主流在儒家，前有孔、孟，后有程、朱，影响最大。究竟所讲是同是异，此是大问题。陆象山、王阳明说程、朱异于孔、孟。颜习斋、戴东原更谓双方大异。习斋并谓："必破一分程、朱，始入一分孔、孟。"细究之，孔、孟、程、朱确有不同，但同处更多于陆、王、颜、戴，此层不可不辨。中国人常连说"道理"二字，亦可说：此乃全部中国思想史上所讨论之主题。亦可说：二字涵义不同。孔、孟所讲主要在"道"，程、朱所讲主要在"理"。今天中国，则已把双方主要混合一起了。庄、老所讲，主要亦都在"道"。整个先秦乃至两汉，亦都讲"道"。但自魏晋南北朝下迄隋唐而至宋，便转而多讲"理"。

凡天地间一切形器，皆有变化，此变化即是道。形器可捉摸，故说形而下。变化不可捉摸，故说形而上。亦可说："理"乃规定形器者，"道"则完成形器者。故理是一而道则多。理属静定，存在而不变；道属变动，不居故常。故理属可知，而道则不可知，待人之行为一步步形成。道不可知，故天亦不可知，故《易传》以道为形而上。宋儒言"天理"，理可知，则天亦可知，形而上亦可知，形上、形下无大分别，此即周濂溪之"无极而太极"也……其实孔、孟言性命，自宋儒言之，亦即天理。惟孔、孟从性命向下言到道，便把物的一部分忽略了。宋儒从性命向上言到理，则物的位置便显。横渠《西铭》言："民吾同胞，物吾与也。"大抵孔、孟注重前一语，不注重后一语。《易系传》言形而下，亦举器不举物。此亦是先秦儒与宋儒不同处。惟《中庸》多言物，故宋儒言孔、孟，必兼阐及于《中庸》。

孔子曰："五十而知天命"，朱注："即天道之流行而赋于物者，乃事物所以当然之故也。"命为天道，可谓是孔子意；但谓其"赋于物"，似与孔子意不同。孟子言性，亦仅言人性，《中庸》始兼及物性。孔、孟及《中庸》，所言亦递有变，则何害于程、朱之续有变。抑且孔、孟言命，或是命其为此，或是不许其为彼，似乎"命"是一种外在的力量；今朱子言事物所以当然之故，则命赋于物，即在物内，命在物之自身而不在外，即亦无命可言。故宋儒颇不重言"命"字。张横渠言："为天地立心，为生民立命。为往圣继绝学，为万世开太平。"孔子言"知命"，而横渠乃言"立命"。此即濂溪所谓"主静立人极"也。

孔、孟不言阴阳，程、朱言阴阳，后人遂谓程、朱接受了阴阳家言。此亦不然。程、朱只言此一气之化曰阴阳，更不于阴阳之上有上帝与五天帝，此即程、朱与阴阳家言之绝大相异处。故朱子只教人格物穷理，即凡天下之物，莫不因其已知之理而益穷之，以求至乎其极。至于用力之久，而一旦豁然贯通焉。读书亦格物之一端也。因于孔、孟、《学》、《庸》已知之理而益加穷格，此则程、朱之所用力也……程、朱穷理之教，可谓于孟子、《中庸》教人"尽性"之上续有引申。程、朱在宇宙论上较孔、孟为开发，其于人生论上亦不能不于孔、孟有变动。

　　人之一切为学制行，彻前彻后，此心必具此体段，是曰敬。敬即人心自然之理。纵使心中无一事，亦不能无此敬。敬不仅即是一种人生态度，实即是整个的人生体段，人生本质也。后人疑程、朱言敬，只是一种道德修养规律，实则仍是一种极深沉的宗教信仰、宗教情绪也。故程、朱思想在当时，终能排拒释、老，而使孔、孟旧统重增光明，使后人之尊仰孔、孟，乃益增于两汉、隋、唐之世。此非程、朱之教敬不为功。而岂仅气耶理耶，心耶性耶，一番言辨空论之所能跻此乎……依上所述，程、朱所言，有与孔、孟异，而无不从孔、孟来。后之学者，研程、朱，必上溯孔、孟，乃不失程、朱之所宗。若遗弃孔、孟，一尊程、朱，则如水无源，如木无根，亦只见其枯竭之不待终日矣。

　　五月，《在现时代怎样做一个大学生》，刊载于《大学生活》创刊号，收入联经《全集》第四十二册《历史与文化论丛》页四〇三～四一〇。（兹略）

　　七月，《新亚五年》，刊载于《新亚校刊》第五期，收入联经《全集》第五十册《新亚遗铎》页三八～四三。（兹略）

　　《道与命》收入联经《全集》第三十九册《人生十论》，又收入二〇〇〇年素书楼文教基金会·兰台出版社《人生十论》，页一一七～一二一，其大要如下：

　　孔子的形上学，则备见于《论语》所讲之"道"与"命"。道，亦称为天道。命，亦称为天命。所以必称为"天道"与"天命"者，正见其已深入于一种形上的境界……但孔子所指之道，既不限于某一时，亦不限于某一人或某一群人。孔子所意想中之道，乃一种超越于时代与人群，普泛于时时与世世。换言之，孔子所意想中之道，乃包举古往今来

一九五四年　甲午　六十岁

全人类历史长程所当通行之大道。既是包举全人类，亦即是一大自然。故此所谓道，虽曰"人道"，同时亦即是大自然之道，因此亦可谓之为"天道"……然孔子亦必曰："天生德于予。"于是遂由道而牵连及于"命"。因孔子亦深信其所悟之道之大，则决非可以出于其本身之力而获有此悟。子畏于匡，曰："文王既没，文不在兹乎？天之将丧斯文也，后死者不得与于斯文也。天之未丧斯文也，匡人其如予何。"斯文犹言斯道……在孔子言之，此乃天意之未欲丧斯文。此即是天命此。故子贡称孔子，亦曰"乃天命之将圣"，"将圣"即大圣……道与命之合一，即天与人之合一也，亦即圣人"知命""行道""天人合一"之学之最高之所诣。

一九五五年　乙未　六十一岁

一　国内大事

十二月十三日,"总统"核定一九五六年起常备兵役期一律依"兵役法"办理:陆军为期二年,海空为期三年。

我首席代表蒋廷黻在联合国安全理事会否决外蒙古进入联合国。

十二月十四日,日环蚀,台湾全岛可见,美国专家来台观测。

七月二十七日,"《中美合作研究原子能和平用途协定》"正式签字。

二　事略

新亚研究所正式成立。先生应政府邀请赴台代表"教育部"访问日本于京都、东京等大学演讲。

"教育部"颁赠学术奖章。是年,香港大学授予先生名誉博士学位。

三　著述

论　文

一月,《道理》,刊于《民主评论》六卷二期,收入一九九七年联经《全集》第二十四册《中国思想通俗讲话》第一讲,又收入二〇〇〇年素书楼文教基金会·兰台出版社《中国思想通俗讲话》第一讲,页四~二二。其大要如下:

一、……则"道"与"理"二字,本属两义,该分别研讨,分别认识。大体言之,中国古代思想重视"道",中国后代思想则重视"理"。大抵东汉以前重讲"道",而东汉以后则逐渐重讲"理"。今天我们通俗讲话,则把此两字联结起来,混成为一观念。

二、……唐代韩愈在《原道篇》里说:"由是而之焉之谓道。"可见道应有一个向往的理想与目标，并加上人类的行为与活动，来到达完成此项理想与目标者始谓之道。因此道，必由我们之理想而确定，必又由我们之行动而完成。因此道，实乃是人生欲望所在，必然是前进的，是活动的，又必然有其内在之目的与理想的。

三、开始特别提出一"理"字，成为中国思想史上一突出观念，成为中国思想史上一重要讨论的题目者，其事始于三国时王弼。王弼注《易经》，说："物无妄然，必有其理。"这是说宇宙间一切万物，绝不是随便而成其为这样的，宇宙万物，必有其一个所以然之"理"。天地间任何一事物，必有其所以然，而绝不是妄然的。

……从前人只说求道明道，而竺道生则转移重点来说悟理。他在佛法中惊天动地的"顿悟"之说，原来是根据于"理不可分"的观点上。而后来在唐代的华严宗，又演变出"事理无碍，事事无碍"的理论来。既是宇宙间每一事物之后面各有一个理，而那些理又是可以统宗会元，合一不分的，则自然可见事理无碍，甚至于事事无碍了。既是事理无碍，事事无碍，则何必有形上形下之分，又何必有入世出世之别？于是佛法便渐转成世法，而开启出后代宋的理学来。

四、……理先在，一成不变。道创生，变动不居。这是道与理之间一很大的不同点。再言之，理是规定一切的，道是完成一切的。求完成，不限于一方法、一路线，所以道属于多，可以变。而规定一切的理，则是唯一的、绝对的、不变的。

五、六（略）

七、……照中国人看法，即是照中国思想史来讲，宇宙本可有此两种的看法。从某一角度看，此宇宙是动的，能创造，许人插手作主的。另从某一角度看，此宇宙是定的，被规定了，不许人插手作主的。宇宙如此，人生也如此。再换言之，此一宇宙，有些是可知的；而有些则终极不可知。

我想中国人所讲宇宙人生的大道理，应该是如上所述的，因此我们若要问，这一个世界，照中国人看法，究竟是道的世界呢？抑还是理的世界？则不如说这一世界乃是"道理合一相成"的世界。不过古代中国人，在"道"字的观念上，多用了些思想。而后代中国人，则在"理"

字的观念上，多用了些思想。因此，王弼、郭象虽与庄、老立说有异，而毕竟是大处仍相通。程颐、朱熹虽与孔、孟立说有异，而毕竟也是大处仍相通。而孔、孟与庄、老，也仍有其大处之相通，这便成其为中国思想之共通性。

八、（略）

二月，《性命》，刊载于《民主评论》六卷三期，收入联经《全集》第二十四册《中国思想通俗讲话》第二讲，又收入素书楼文教基金会·兰台出版社《中国思想通俗讲话》第二讲，页二七~五二。其大要如下：

一、……后代的中国人，大体都接受孟子此意见，故不肯言生命，而都改口说性命。三国时，诸葛亮《出师表》："苟全性命于乱世，不求闻达于诸侯。"当知此所谓苟全性命，绝不是苟全生命之义。若求苟全生命，则北走魏，东奔吴，在曹操、孙权处求闻达，一样可以全生命。可见诸葛孔明高卧南阳，苟全性命，实有甚深意义，极大节操，此乃诸葛孔明高出一世之所在。他所用"性命"二字，乃是儒家传统思想所特别重视的性命，绝不仅指几十年的生命言。

……孟子之所谓"性"，究竟是什么意义呢？概括来说，中国人"性"字，涵有两种意义，一是生之本质，一是生之可能。而古代人用性字，则"可能"义更重于"本质"义……人为要自表示其生命之与其它禽兽草木一切生命之不同。故牵连着说性命。因此，中国人通常俗语用性命二字来代替生命，其实已包涵了极深的思想结晶。

二、（略）

三、……天既把此性给予人，此性为人所有，故我们得称之为"人性"。但此性禀赋自天，故我们亦得称之为"天性"。中国思想中所谓"天人相应"、"天人合一"，其主要把柄，即在此一"性"字上。故《中庸》又说："率性之谓道。"这是说：率循此性而行者便是道。根据上一讲，道有天道、人道之别，而此处所谓率性之道，则即天道，亦即人道。因天命之性是天人合一之性，故率性之道，亦是天人合一之道。此一性，既是人人所有；此一道，亦是人人能行。

……我今率性而行，这是我在后天而奉天时，这又是我们人类最高绝大的规范。人人不该违犯此规模，同时也即是人人获得了最高绝大的自由。因此天人合一，同时也即是人生规范与人生自由之合一。此即道的世界与理的世界之合一。我们由此参入，又可明白得性命与道理之合一了。

四、……所以说："聪明正直之谓神。"这并不是说，宇宙间，在人类之外另有神的存在，这乃是即人而为神，即人之聪明面成为神。人只须率性而行，尽其性，极视听之能事，达于聪明之极，无邪无枉，正正直直地向这条路发展前进，便即是尽了人的可能，而人即成为神……所谓践形者，人之一身，具一形，必具一性。人能将此天所赋与之形，一一实践，而尽量发展出它的最高可能性来，此即是践形，也即是尽性了。

五、……当知人之耳目手足，五官百骸，综会起来，则集成了一个"心"。心固是形之主，但心亦不在形之外。禽兽动物，都有身有形，但不一定有心。纵说它有心，也绝不如人心之灵。所以孟子说"践形"，又要说"尽心"。其实尽心仍得从践形上做工夫。践形工夫做到综合高明处，便是尽心工夫了。目能视，须正视。耳能听，须正听。在视听上做工夫，是践形，同时亦即是尽心……换言之，人心之灵，这即是人心内在自有之天性。所以中国俗语常说性灵，又说灵性，这只是说心之灵即心之性。因此孟子才又开始发挥他的性善论。"性之善"、"心之灵"，此是中国人对人生之两大认识，亦可说是两大信仰。而此两大认识与两大信仰，在孔子实已完全把它揭露了。孔子《论语》常提到"仁"字，此乃孔门教义中最重要的一个字，其实仁字已包括了心灵与性善之两义。

六、七（略）

八、中国古代思想中所谓"命"，可含有两义。一是"命在我"，使我不得不如此做。一是"命在外"，使我如此做了却不一定做得通。孔子所以"知其不可而为之"，此乃孔子之知命……孔、孟与庄周，同样是乐天知命，而孔、孟更积极。孔子说："不怨天，不尤人，下学而上达，知我者其天乎！"……这是孔子的一番乐天知命之学，这正代表着东方中国人一种最崇高的宗教精神呀！

九、上面所讲，算是把古代中国人对于"性""命"两字的涵义，约略都说出了。性命即是人生，上面已说过了，因中国古人看人生，不专从其所赋得的生命看，而进一步从所赋得的生命之内在本质及其应有可能看。换言之，即从生命之内涵意义与其可有价值方面看。而且不仅从自己一面努力与奋斗进程看，还从其奋进历程之沿途遭遇及四周环境看。这是古代中国人的性命观，而它已包有了全部的人生观。

……后代中国人对性命两字的看法，也连带有些处和古代中国人不同。在古代中国人意见，命有一部分可知，一部分不可知。可知者在己，在内。不可知者在天、在外。人应遵依其所知而行向于不可知。人人反身而求，则各有其一分自己可知的出发点。人生如行黑暗大旷野，只有随身一线灯光，但凭此一线灯光所照，四周黑暗则尽成为光明。行人则可秉此勇敢向前。行到那里，光明即随到那里，四周黑暗都驱散了。而此一线光明，则人人皆具，因此人人尽可有光明。但若要驱散此大旷野中全部黑暗，则无一人可能。此是性命之古义。但人总想多驱散些四周黑暗，于是不向自身求光明，而转向外面去求光明。后代中国思想，便逐渐有些转移到这一面。

宋儒说："性即理"，此语与"天命为性"、"率性为道"有不同。显然一面注重在道世界，一面注重在理世界。人当自尽己性来明道，此是中国古代人观点。人当穷格物理来明性，此是中国后代人观点。他们"性即理"，此理字包括了一切物理，如柴胡性寒；附子性热，一切药理便即是药性，理即前定，则性亦前定……

然则人间何以有种种的不合理事出现呢？后代中国人则归罪于人身附带了许多"欲"……人生即是百欲之集合体。宋儒称此为"气质之性"，气质之性是落在身体物质之内以后的性。在其未落到身体物质之内之前，他们认为这才始是"天地之性"。换言之，理先在故性亦先在，他们认为只有天地之性才始是至善，待其一堕落到气质中，便不免有善又有恶。在其未落实到气质以前，此宇宙如一光明琉璃世界，竟体通明，是一大至善。一切恶则在气质上，在人身上。人身自阻碍了此光明。外面光明给阻塞了透露不过这身，人身则如一团漆黑，毛病则生在人身之有许多欲，故须变化气质，把气质之性反上去，再反到天地之性之至善境界去。这一说，把"天理"与"人欲"对立起来，似乎带有更严肃的宗教气。但宋儒重于讲天理，天理是先在的，而且是可知的。伊川说：

"理者天之体，命者理之用"，如是则把古代中国人天命观念全变换了……理是一个大全体，是公的，所以称"天理"。欲则发于各个体，是私的，所以称"人欲"。但天地间一切气质，推原究竟，仍还是出于理，理亦仍还附随于气质而呈现，为何一落气质便成为有善有恶，而走失了纯理的原样呢？这一层，在宋儒没有妥适的解答，所以要招来后儒之抗议。

十、……古儒家从人性可能来讲人性本质，而宋儒则倒转来从人性本质来讲人性可能。此一转向间，情味精神都不同了。周濂溪提出"主静立人极"的主张，为此后理学家所承袭。如是则人生中，缺少了人自身的活动，于是激出陆、王一派，要重把人自身成分加重。因此陆、王讲学，都必推尊到孟子。

十一、……近代西方科学是"明理以达欲"，它的终极精神是动进的。而宋儒格物穷理是"明理以克欲"，它的终极精神是静退的。近代西方科学精神，用来供人生之驱遣，其毛病则出在如宋儒所指出的人欲上。他们无法对人欲施以节制与规范，而只想用科学来满足人欲。不幸而人欲到底有无可满足之一境。最近西方思想界，正想再回头到耶教教理上来补救此缺陷。但在西方思想中，科学与宗教，显然是分道扬镳，各不相顾的。能否重振耶教教理来补救此科学世界中之人欲横流的现象呢？此在近代西方思想界，正是一该努力探讨的大问题。若马克思一派所谓科学的历史观，他们也想把自然科学界所发明之一切律令来律令人生界人生是唯理的，是一切前定的，因此人生只许有公，即群众与阶级，而不许有私，即个人与小社团。公的便是理，私的便是欲。把公来克制私，把理来克制欲，这是宋儒所最郑重提出的……

我们根据上述的分析，因此说，后代中国人思想，虽和古代中国人思想有不同，但还不失其有传统上的一贯性。还是在尊重人性，还是在主张个人之自性自行之最高自由。这一层，是宋儒程、朱所以仍不失为古代儒家孔、孟传统之所在。

二月，《德行》，刊载于《民主评论》六卷四期，收入联经《全集》第二十四册《中国思想通俗讲话》第三讲，二〇〇〇年二月又收入素书楼文教基金会·兰台出版社《中国思想通俗讲话》，页五三~七九。其大要如下：

一、二（略）

三、"德"是什么呢？中国古书训诂都说："德，得也。"得之谓德，得些什么呢？后汉朱穆说："得其天性谓之德。"郭象也说："德者，得其性者也。"（皇侃《论语义疏》引）所以中国人常说"德性"，因为德，正指是得其性。

……为何中国人不能自创一宗教？为何宗教在中国社会，终不能盛大风行呢？为何一切宗教教理，不能深入中国人心中呢？正为中国人看人生，却认为人生终是有所得。就普通俗情看，说中国人是一种现实主义者，但深一层讲却并不然。中国人心中之所认为人生可以有所得，也不是指如上述的一切现实言。而中国人心中则另有一事物，认其可为人生之所得。这一事件，也可说它是现实，也可说它非现实。

四、……宗教家讲灵魂，讲上帝，讲天堂，讲西方极乐世界，讲涅槃，这些在真实人生中，并不曾实现，并不能实有诸己，更如何去求充实。凡各派宗教所讲，只要确能在真实人生中兑现者，中国人则无不乐于接受。但遇不能证明，不能兑现处，中国人便不肯轻信。宗教必需得信仰，但都是信其在我之外者。而中国人则求其能真实在我之内，真实有诸己，才说是可信。因此中国人讲人生真理，不大喜欢讲"信仰"，而最喜讲"体验"。体验是实有之己，当下可证可验，要不信而不可得。然后再在这些可证可验的事物上求充实，求满足，求推扩，求进步……人能在德性上发出光辉，才始是"大人"。但德性并不是神奇事，人人具有，人人生活中皆具见有德性。

五、……大人生活，则把身来贡献与人社会。把身来贡献给人社会，遂于此见德性，于此发光辉……若使人人如此，便见人生之伟大，便达人生之圣境，也可希望人生之神化了，到那时，人生界已不啻是天堂，是极乐世界，是神仙下凡。既是人皆可以为尧舜，便是人皆可以成神。只由人生实践，一步一步达到了近是神，这岂不是人生还是终极有得吗？只是其所得则绝不在生命外，而在由于其生命过程中所完成的德性上。

六、……天赋人以性，因有此性始成其为人，亦始成其为我。由性始有德，故中国人常连称"德性"。如人有孝性，便有孝德。人有至善之性，便有至善之德。德又称"品德"，品有分类义，又有分等义……只有具公心公德的人，才是充实了生命，才可供给别人作榜样，我们称他是一个像样的人，即有品有德的人。只要有人类生存，只要那人生大圈存在，那些像样的人、有品有德的人，永远把他那样子即"品德"留在人心与人世间。

七、……我们便可明白春秋时叔孙豹所谓人生之"三不朽"。"不朽"即如今宗教家所讲的永生。惟宗教上之永生指死后之灵魂言，中国人所谓不朽，乃指人生前之德性与功业及其思想与教训言。但此三不朽，主要还在"德性"上。德性是以"身"教，以"生命"教……因此在中国思想之德的观念下，尧、舜、禹、汤、文、武、周、孔，固然是传统相承，诸圣同德。即东海、西海、南海、北海有圣人，又何尝不是诸圣同德呢？此诸圣，在人文大圈内，则一齐融化了。各有品，各有德，集此各品各德，放大光辉，此之谓"人文"，此之谓"文化"。人生所得，便是得了此文化。得了此人文之大化。而其基础，则在各人所得之一品一德上。

八、（略）

九、中国人重"德"，因此更重"行"……人生毕竟重在行、重在德。仅是知，包括不了全人生……西方思想，正为好从一条线引申推演到尽头处……不论宗教家和哲学家，都好在此等处用心思，尽推演，尽引申，未尝不言之成理，持之有故，自成了一套理论，但与实际人生则越离而越远。而且那一套，又是有头有尾，竟体完密，若说它错了，竟可是通体错。于是只可说："吾爱吾师，吾尤爱真理。"不得不从头另再来一套。于是真理是真理，人生是人生。这一派是这一派，那一家是那一家。我们读西洋哲学史，真可说是上天下地，无奇不搜。极斑斓，但也极驳杂。极齐整，但也极破碎。若仅是一哲学家，著书立说，托之空言，还不打紧。若认真要把此某一家所发现主张的真理来确实表现到人生，来强人以必从，又或凭借政治力量来推行实现此真理，这总不免会出大毛病。即如柏拉图的理想国，幸而在当时，没有人切实去推行。近代如马克思，他的唯物史观，岂不也首尾完具，自成一套吗？不幸是真有人来凭借力量，想推行实现此一套，于是便闯出了大乱子。其病则在从纯思辨纯理智的路上来求真理,真理只在思索上,只在言辨上。不知一切思索言辨,本从人生实际来,而人生实际,则并不从思索与言辨来。纯思维纯理智的路,越走越远,只能说人生中可有此一境,但此一境则走偏了,绝不是人生之大全,而且也不是人生主要的中心。

十、（略）

八月,《王弼郭象注易老庄用理字条录》,刊载于《新亚学报》一卷一期。一九五七年收入《庄老通辨》时又有增添。一九九七年收入联经《全集》第七册《庄老通辨》,页四五七~四九九。其大要如下:

一、……然考先秦古籍"理"字,多作分理、条理、文理解,亦或作治理言,实未尝赋有一种玄远的抽象观念,有形上学之涵义;如宋儒所云云也。清儒戴东原《孟子字义疏证》,辨此甚详尽……此戴氏谓"理"字在中国思想界,赋与以一种形上学之最高抽象涵义,其事实始于宋人也。窃谓戴氏之说是已;然其间实有一段甚长之演变,固亦非直至宋儒,乃始重视此"理"字。且宋儒所提此理字之涵义,亦非前无所承,全由特创也。窃谓"理"字观念之重要提出,其事实始于道家。庄子与孟子同时,其书亦曾用"理"字。

二、……按王弼言"理",或以"事""理"对举,或以"情""理"连称;其《周易略例》首《明象》,即专言"理",次《明爻通变》,即专言"情"。一切人事,"情""理"二字足以尽之,此弼注《易》之大旨。清儒戴震、焦循颇喜言"情理",章学诚则转言"事理";其实弼之注《易》,已兼举之。

三、……大率言之,唐以前人多言"道",宋以后人多言"理";以"理"的观念代替出"道"的观念,此在中国思想史上为一大转变。

四、（略）

五、……董仲舒始言物有"使然之理",此为儒家义;郭象言物物各有"自然之理",更无使之然者,为道家义……按《易说卦传》言:"穷理尽性以至于命",象之此条近之。王、郭盖皆求以《老》、《庄》会通之于儒说者,宋儒乃不期而与之近……《大宗师》:"人生而静,天之性也。感物而动,性之欲也。物之感人无穷,人之逐欲无节,则天理灭矣。"此条原本《乐记》，而《乐记》此语特为宋儒所乐引；又可证王、郭之与程朱，实自有其相近可通处也。又："本至而理尽矣。"此乃"统之有宗，会之有元"义。惟孔孟统会之于"天"，老庄统会之于"道"，王、郭则统会之于"理"。而郭象则尤主以一己性分之内者为本。程朱则可谓又自王、郭而求重反之孔孟。后世尊程朱，斥王、郭，是为未脱门户之见，实未足以与语夫思想演进之条贯也……又："尽死生之理，应内外之宜者，动而以天行，非知之匹也。"按此条近宋儒"德性之知"与"闻见之知"之辨。又："天下之物，未必皆自成也。自然之理，亦有须冶锻而为器者。"此条有深趣，船山最喜于此等处深说之。

六、……按外杂篇郭《注》用"理"字者如上举，共七十六条。其正文本见"理"字者，已随条备列，较之注文，比数不足十一；此外则皆郭《注》所横增也。此外《庄子》外杂篇本文。尚有言及"理"字处，然非王、郭及宋儒言"理"之主要义，此不备引。顾后人独知宋儒以"理"说孔孟，却不知王、郭以"理"说《易》、《老》、《庄》，何也？今若谓提出此"理"字之一概念，在中国思想史上有其不可磨灭之价值，则王、郭两家，实先于宋儒，而又为其前所未逮；此功实不可没。

八月，《中国思想史中之鬼神观》，刊于《新亚学报》一卷一期，收入联经《全集》第四十六册《灵魂与心》，又收入素书楼文教基金会·兰台出版社《灵魂与心》，页六一～一一四。其大纲如下：

上篇

本文分上下两篇。上篇专述自春秋战国时代迄于佛教东来为止，下篇专述佛教盛极以后之中国传统思想复兴，以宋明儒为主。

一、郑子产吴季札之魂魄论

二、孔子以下儒家之鬼神论

三、先秦儒家之祭祀义

四、道家思想与儒家之关系

五、荀子的神形论

六、两汉以降的鬼神观

七、佛教传入以后与中国传统鬼神观之争辨

八、儒道两家对于宇宙论之终极相异处

下篇

本文上篇，叙述春秋以下迄于佛法东来，在此一段期间中国思想史中之鬼神观。佛法主张有三世轮回，与中国传统思想中之鬼神观，显然不合。下篇则略述宋明儒对于鬼神观之新发挥，大体为承袭以前传统旧观点，对佛法轮回之说，加以抨击。以视汉儒以下经典注疏，殆可谓无甚多之创辟。然亦有义趣宏深，卓然超出于前人所获之上者。罗而述之，并可对宋明儒之整个宇宙论及人生论，多添一番了解也。

九、周濂溪太极图说中之宇宙观

十、二程的鬼神论

十一、张横渠的鬼神论

十二、朱子的鬼神论

十三、朱子的祭祀论

十四、朱子的魂魄论

十五、黄干的祭祀论

十六、王船山的鬼神论

十一月，《袁宏政论与史学》，刊于《民主评论》六卷二十二期，收入联经《全集》第十九册《中国学术思想史论丛》（三），二〇〇〇年又收入素书楼文教基金会·兰台出版社《中国学术思想史论丛》（三），页一一四～一三四。其大要如下：

一、袁宏，字彦伯，东晋人，与桓温、谢安同时；《晋书》入《文苑传》，以文章名世，而史学尤卓绝……盖宏乃一儒、道兼融之学者，而确然可谓其承续儒家之大统。兹粗为撮述其思想如次，亦足代表晋代学风之一格也。宏文最为后世传诵者，厥为《三国名臣颂》。其开始即曰："夫百姓不能自牧，故立君以治之。明君不能独治，则为臣以佐之。"此乃中国儒家传统之政治职分论……宏之论史，其大体精神，亦由此引端。惟宏乃一衰世人物，又沉浸于当时清谈学派之氛围中，故其思想，多融会庄老道家，而究不失为以儒术为思想体系之主干。如云："……岂非天怀发中，而名教束物者乎？"……是即仁义发于天怀，名教本之性真也……

二、……故宏之自表见,仅在文史,而用心尤至者,则为其《后汉纪》。至其对于当世臧否,则无可得而深论也。

三、宏之《后汉纪》,特多论赞,可以备见其论史之宗旨。扼要言之,厥有两端:一曰名教,二曰性理。"名教"二字,近起于晋,乐广所谓"名教中自有乐地"也。宏之论史,于名教尤所重视。其《后汉纪自序》有云:(略)则宏之重视名教之意可见。宏又称名教为"义教",名即义也……宏又说之曰……此节最可注意者有两语:一曰"名者心志之标榜",可见一切人文社会名义之建立,推求本原,皆出于人类心志之自然,即所谓"天怀发中"也。其次,宏谓"太上遵理以修实,理着而名流",则"理"者,即是天怀发中之本。中庸曰:"天命之谓性,率性之谓道,修道之谓教。"魏晋以下,喜用"理"字,而宏此处"理"字所指,即犹是"天命"与"性"。故遵理在前,流名在后。如"博爱之谓仁",博爱即人之天性,亦即是天之所命,是即理也。遵此博爱之理,见之实事实行,乃因实立名,始谓之仁。则理即自然,名亦自然。仁义既出于自然之性理,仁义亦何害?魏晋时人思想,大体颇求参酌庄老,而汇归之于孔孟。宏之此说,正见当时风气。惟宏之所造诣,较之同时,特尤见为深美耳。

四、观于上引,阐述宏意,可由"名教"而贯通于"性理"。盖性理即名教之本,亦义教所归也……

五、(略)

六、宏乃继此而言为治立法之大义……宏意谓一切法制,皆当顺人情,通分理。所谓"分理"者,即是人之才性各异,情趣分别,职业多歧。若能本此立法,则法固可以济乱,可以安众。是则非法不当重,乃逆情违理之法之不可有也。宏既论法,又论刑,其言曰……魏晋学者,精言刑法,宏之此论,弥见粹深。昔司马迁谓:"申韩卑卑,循名责实,原于庄老。"若如宏所指,先之以礼教,而德、刑参用,则何致流于申韩之惨酷乎?宏亦深通庄老道家精神,乃能挽而会通之于儒术,则其识超出于韩非之徒远矣。宏又本此旨而言礼……宏又本此以言乐……然则礼乐皆出于自然,皆本乎情性,为言治化者所不可忽。

七、宏又本礼乐而言风俗，别华夷……宏又进而言政治上之物质建设，仪文节制之事……宏又进而论治道之不能以无主……宏既主众建诸侯，因亦主"弗勤远略"。然此实非老子"小国寡民"之说，乃儒家传统"内中国而外夷狄"之遗旨也……

八、宏又论君权转移，深阐禅让与革命之皆出于自然……又论举贤……又论任贤……又论选善……

九、宏又综论上古以迄季汉历代政治风俗之利弊得失，而具陈其理想……庄老言自然，其所贵者有二：首在"顺安性命之情"，次则"因应时会之变"。此二义者，虽悬百世，莫可与易。宏之论政，大率本此两义。顺性之说，前引具详。其论因时随变，亦有卓识……后世特以宏书有纪无传，不获预于正史之列，遂忽而轻之。然此乃著书体制，非关史识也……爰就宏言，粗为部勒。欲治中国政治思想史、中国史学史者，皆可取材。至于尚论魏晋学术思想，此尤卓然成一家之言，不当忽而不顾也。

专　书

三月，《中国思想通俗讲话》，香港，自印。是书共分"道理"、"性命"、"德行"、"气运"四题。一九九〇年将补篇增入，由台北东大图书公司重版。收入联经《全集》第二十四册《中国思想通俗讲话》，二〇〇〇年又收入素书楼文教基金会·兰台出版社《中国思想通俗讲话》，页七一～九四。是书前三题已于前面摘录其大要。关于其自序及"气运"之大要如下：

自　序

……凡属大思想出现，必然是吸收了大多数人思想而形成，又必散播到大多数人心中去，成为大多数人的思想，而始完成其使命。此少数之思想家，正所谓先知先觉，先得众心之所同然。然后以先知觉后知，以先觉觉后觉，以彼少数思想家之心灵，发掘出多数心灵之内蕴，使其显豁呈露，而辟出一多数心灵之新境界。某一时代思想或学派思想，其影响力最大者，即其吸收多数人之思想者越深，而其散播成为多数人思想者越广，因此遂成其为大思想……

前言（略）

第四讲　气运

　　中国人从古到今都讲到那"气"字，气究竟是指的什么呢？我想中国思想里的气字，至少该含有两要义。一是"极微的"，二是"能动的"。若把宇宙间一切物质，分析到最后，应该是极微相似。惟其极微，即分析到最后不可再分析时，便必然成为相似了。若不相似，应该仍不是极微，仍属可分。乃宇宙万物之共同原始，中国人则称此为"气"，因此亦常以"气质"连言……因此气数是一种"变动"，但同时又是一种"必然"。

　　学术思想，绝没有历久不变的，只是慢慢地变，变得比女子服装更要慢得多。到了汉代，发生了一大变，人们都说，两汉学术思想，和先秦时代不同了。魏、晋、南北朝、隋、唐时代，又不同了。宋、元、明时代，又不同了。清代两百六十年，又不同了。我们此刻，和清代学风又不同了。那些变化，其实仍还是气数，仍还是在一大化中引生出万变，仍还如女子服装般，依着同样的律则在转动……而且最先此一创风气者，彼言人之所不言，为人之所不为，在旧风气中，彼乃一孤立者，彼乃一独见者，彼乃一叛逆者，彼乃一强固树异者。彼之一段精神，一番见识，必然因于其处境孤危，而历练奋斗出格外的光彩来。

　　我们先得能看破此世界，识透此世界，才能来运转此世界，改造此世界。我们得从极微处，人人不注意，不着眼处，在暗地里用力。人家看不见，但惊天动地的大事业、大变化，全从此看不见处开始。

　　中国人讲气，必连讲数。因气是指的一种极微而能动的，但它须等待积聚到一相当的数量，然后能发生大变化大作用。"命"是指的一种局面，较大而较固定，故讲命必兼讲"运"，运则能转动，能把此较大而较固定的局面松动了，化解了。而中国人讲气数，又必连带讲命运。这里面，斟酌配合，铢两权衡，必更迭互看活看，才看得出天地之化机来……但命的过程里还有运，五年一小运，十年一大运，命是其人之性格，运是其人之遭遇。性格虽前定，但遭遇则随时而有变。因此好命可以有坏运，坏命可以有好运，这里的变化便复杂了。让我们回忆上次"性命"一讲，人性本由天命来，由儒家演化出阴阳家，他们便种下了中国几千年来社会种种迷信之根苗。

……当知气由积而运，气虽极微，但积至某程度、某数量，则可以发生一种大运动。而此种运动之力量，其大无比，无可遏逆。故气虽易动，却必待于数之积。命虽有定，却可待于运之转……所以说："天行健，君子以自强不息。"

五月，《人生十论》，香港人生杂志社出版。一九八二年先生将全书文字亲加修订，并增加《人生三步骤》、《中国人生哲学》两文，交由台北东大图书公司再版发行。一九九七年收入联经《全集》第三十九册《人生十论》时，又增入四篇。二〇〇〇年收入素书楼文教基金会·兰台出版社《人生十论》，全书共十六篇文章，其中"九、《如何获得我们的自由》"于是年一月刊载于《人生杂志》九卷四期，其它诸篇已摘录于写成之年；此文于是书中页一〇四～一一六，其大要如下：

如何获得我们的自由

一、但什么是自由呢？就中国字义解释，由我作主的是自由，不由我作主的便是不自由。但若事事要由我们作主，那样的人生，在外面形势上，实也不许可。可知人生不获自由是苦痛，而尽要自由，又成为罪恶，然则那样的自由，才是我们所该要求的，而又是我们所能获得的呢？……美国心理学家詹姆士，曾把人之所自认为我者，分析为三类。第一类：詹姆士称之为"肉体我"，但此我，却是颇不自由的。生老病死，一切不由我作主。第二类：詹姆士称之为"社会我"。人生便加进了社会，便和社会发生种种的关系。如他是我父，她是我母，我是他和她之子或女。这一种关系，都不由我做主。对我这般深切而重大的关系，又何尝经我自己选择，自己决定，自己作主呢？因此那一我，也可说是颇不自由的。第三类：詹姆士称之为"精神我"。所谓精神我者，这即是心理上的我。此我若论自由，该算得最自由了。

二、以上根据詹姆士"三我"说，来指述我之自由，应向心我即精神之我求，不该向身我与社会我那边求。欧洲教育家裴斯泰洛齐曾分人生为"三情状"。其说可与詹姆士之"三我"分类之说相发明……首先是生存在"自然情状",或说是"动物情状"中。此诸情状,乃由自然律则所规定,人与其它动物,同样得接受服从此种自然之律则。在此情状中生活之我,即是詹姆士之所谓肉身我……转到第二情状,则为"社会情状",又称"政治情状"。在此一情状下生活之我,则是詹姆士之所谓社会我。自从人有了社会政治生活之后,人的生活却变得复杂了。生活其中的人,谁也不得有自由。于是人在自然生活的不自由之外,又另增了在政治社会生活中的不自由……再说到近代西方为争取人权自由而掀起革命,这当然因于他们深感到当时政治社会种种现存情况之阻碍了自由……现在我们依次说到裴斯泰洛齐所说的人类生活之第三级,即最高一级的生活情状,他称之为"道德情状"。此乃人类之德性。在裴斯泰洛齐所认为不再有一我,而只是一种德性者,此种"德性",实则犹如詹姆士之所谓"精神我"。

三、上述裴斯泰洛齐这番话,颇可与中国儒家思想相发明。孟子说:"由仁义行,非行仁义。"因在社会关系中,规定有仁与义,我依随社会之所规定而行仁义,则此种行为实出于社会关系,而并非出于我。只有由我"自性行",因我自性中本具有仁义,故我由自性行,即成为"由仁义行"。此乃我行为之最高自由,此乃我内在自有之一种德性,因于我之有此德性而发展出此行为,此行为才是我自由的行为。

四、以上所说,或许是人人走向自由的一条正确大道。而中国儒家思想,则正是标悬出这一条大道来领导人的发踪指示者……因于此一大道之指点,人不该藐视由自然所给予的身我,因此儒家说"明哲保身",又说"安身立命"。命则是自然所与而绝不自由者,但人能立命,则把不自由的自然所与转成为自我的绝对自由,而此一转变,则正需建立在自然所与上,因此儒家讲"安身",又讲"知命",再循次而达于"立命"……又因此而儒家心目中之道德精神,必然会由人类之实践此项道德精神而表现出为社会种种关系之最后决定者。如是则修身、齐家、治国、平天下,凡属种种社会关系,皆将使之道德化、精神化,即最高的自由理想化……然则在中国儒家思想所用术语中,虽不见有近代西方思想史所特别重视的"自由"一名词,其实则儒家种种心性论道德论,正与近代西方思想之重视自由、寻求自由的精神，可说一致而百虑，异途而同归。

五、无论如何，人类要寻求自由，必该在"人性"之自觉与夫"人心"之自决上觅取……此乃中国儒家精神之最可宝贵处。而由唯物史观、历史必然论，所发展出来的共产政治，则只知人有第一我身我，第二我社会我，而不知人有第三我精神我。只许人生活在第一情状即自然情状，与第二情状即政治情状社会情状中，而不许人生活在第三情状即道德情状中。在此环境中之更不能有丝毫自由可言，即是无丝毫人性可言，亦就不烦再说了。

一九五六年　丙申　六十二岁

一　国内大事

一月十二日,"行政院"通过《实施都市平均地权条例台湾省施行细则》,由台省政府公布实施。

五月二十二日,"内政部"发表声明,郑重宣示南沙群岛为我领土。驻菲律宾大使奉"外交部"令,向菲表示严正立场。

七月七日,台湾东西横贯公路开工。

十月一日,"《国军战士授田条例》"公布实施。

十月三十一日,"行政院"户口普查处公布:台闽地区户口普查初步统计,台闽地区现在人口总数为九八六三二六四人,接受普查者,为一六八六三五七户。

二　事略

一月三十日,先生与胡美琦女史在九龙缔婚。暑期后,新亚书院在九龙农圃道校舍落成,为自有校舍之始。

三　著述

论　文

二月,《中国古代北方农作物考》,刊载于《新亚学报》一卷二期,收入联经《全集》第十八册《中国学术思想史论丛》(一),二〇〇〇年又收入素书楼文教基金会·兰台出版社《中国学术思想史论丛》(一),页一~二八。其大要如下:

一、中国与埃及、巴比伦、印度,见推为世界四大文明发源地。此四大文明之发生,则莫非受农业之影响。而此四大区域之农业,群认为皆因河流灌溉之便利而引起。因此中国古代北方之黄河，遂若与埃及之尼罗河，巴比伦之两河，印度之印度河与恒河，在世界人类最早农业文明之产生，有其相似之地位。而夷考其实，则颇不然。

首当注意者，厥为中国北方黄河平原，其所处纬度较高，显然与埃、巴、印三国有别。此平原之土壤性质，既自有其特点，而此区域之气候与雨量，亦不能与埃、巴、印三区域相提并论。中国史家，因于误认古代黄河流域之农事，应与埃、巴、印三区域大体相类，遂疑古代河域，其气候温度，当远较后代为高。又疑此区域中之雨量，亦较后代为富。其实此项推想，殊无坚明之证据。其在未有文字记载之前，真况若何，史料缺乏，尚难详论。惟就其见于中国古籍之文字材料，综合推考，则实未见中国古代河域，其气候雨量，有与后世甚相违异之迹象。关于此层，已零星散见于本文作者其它著述中，在此不再详引。

此文之注重点，乃在考论中国古代北方农作物之大概情况，而藉以映显出中国古代北方农事之特征。由于指陈出中国古代北方农事之特征，而再映显出中国文化渊源之特征。其所由以异于印、巴、埃三区域者何在，其影响于中国文化之传统性者又何在，皆可由此窥其一斑。此乃本文微旨所寄，而本文所着眼讨论者，则尽于农作物之一项。其引申推究，则非本文范围所欲论，读者自可循此阐究也。

中国古籍，述及古代农作物，其主要者称"五谷"，或称"九谷"。五谷、九谷究何指，从来讨论者颇不乏。然多注重于某名之当为某物，专在名实上作考释，而本文作意，则转更 眼于历史时代之演进。自远古迄于先秦，此一经历，实甚遥远。即据文字记载，已达两千年左右之长时期。中国古代农业，在此遥远之历程中，必有几番演进，不当混并一视，此不烦深论而可知者。本文作者，于农事常识，昧无所知，其能力所及，则仅限于根据古代典籍遗文，参之前人对于五谷、九谷之讨论成绩，而另从历史上分期推寻之新眼光，加进一时代演进之新观点，而试将若干史料，加以排比调整；而其所发现，则颇有道前人之所未道者。至其粗略未能成为定论，则固作者所自承也。

二、兹首当论及者，厥为关于中国远古之农事传说，大率皆指山耕，而此项传说，屡见于先秦典籍，实不可谓无可信之价值也。在中国古史上，有一番洪水之传说，洪水之后，人民大率山居……故《史记》云："舜耕历山，渔雷泽。"此明言舜之山耕也。神农氏为中国遥古发明农事传说中之第一人，而神农氏又称烈山氏，"烈山"者，即焚山而耕也。中国历史上发明农事传说之第二人，神农以外，是为后稷。《国语》之《鲁语》有之曰："稷勤百谷而山死……"

三、今既承认中国古代农业之多属于山耕，则请进而推论及于山耕之作物。弃称"后稷"，此即弃之教民稼穑，以"稷"为其时之主要农作物之明证也……古人所以尊稷，特以稷为主要食品，即无异谓稷乃古代农作物之主要者也。然古今人说此事，似乎尚有陷于同一之病者，即误认为古代农事初兴，遽然五谷全备，而特于五谷中择稷而尊之。余之此文所欲陈述者，则谓中国古代农事初兴，遽然五谷全备，而特于五谷中择稷而尊之。余之此文所欲陈述者，则谓中国古代农事初兴，尚不能五谷遽备，其最先之主要农作物仅为稷，故古人之尊稷，实因稷为当时仅有之农作物。越后五谷渐备，而尊稷之风，则沿袭自古，遵而不改，此所谓大辂之椎轮也。故古人既以之为祭祀之粢盛，又尊之为五谷之长，又常并称"社稷"，社为土神，稷为谷神，皆其义也。

四、中国古代最先农作物，当以稷为主，其义证略如上举，至其次于稷者则当为黍。故古人言农事，又常以"黍稷"连称。可知黍亦为中国古代主要农作物之一，惟其地位，在最先或犹稍次于稷……近代殷墟出土甲文，多有"求黍"、"求黍年"诸语，则若其时黍之为物，在农业上之地位，犹更重要于稷。此或由于西土周人较重稷，东土殷人较重黍。或以黍之为品美于稷（论证详下），农事演进，后来居上，故稷之贵重较在前，因其先种黍之事尚未盛，而黍之贵重较在后，因其较稷为美。或者上述两义，可以会合说之。要之中国古代，殷代盘庚以下，北方农业，已是黍稷并重，则典籍可证，无足疑者……故丰年之诗又曰："丰年多黍多稌"。诗人颂丰年而举多黍，此即黍之贵于稷也。故知古人并言黍稷，以其同为当时之主要农作物；其有单言黍者，则贵之为美品，然亦仅是较美于稷耳。待其后农业日进，嘉种嗣兴，稻、梁、麦诸品并盛，其为食皆美于黍，而黍之为食，遂亦不见为美品。然其事当在孔子前后，已及春秋之中晚期。若论春秋初年以前，则中国古代农业，固只以黍稷为主，实并无五谷并茂之事也。

五、……此显见在战国时，黍在五谷中，已不目为贵品。惟《孟子》记葛伯仇饷事则曰："要其有酒食黍稻者夺之。有童子以黍肉饷，杀而夺之。"此则以黍稻、黍肉连文。然此或是孟子引述古事，在殷汤时，黍固为美食，并非谓至战国时，黍尚为贵品也。故战国时人常言"粱肉"，又言"膏粱"，则粱之为食，显美于黍可知。

六、继此请续言粱。《豳风·七月》之诗曰："黍稷重穋，禾麻菽麦，嗟我农夫，我稼既同……"又按：《豳风·七月》，详言农事。其曰"三之日于耜，四之日举趾"，此当夏正一月二月，疑即指种稷与高粱言。其于春日，则具陈蚕桑。八月而绩。夏月多言葵菽瓜壶之属。十月获稻，为此春酒。又曰："十月纳禾稼，黍稷重穋，禾麻菽麦。"禾指粱言，以与麻菽麦为伍，则此等实皆农业上之副产品，亦犹后世所谓杂粮之类耳。若言农作物之主要者，则显见为黍稷。此又证粱之被视为中国古代重要农作物之一，其事尚属后起，在《豳风·七月》成诗之时，固未见其然也。

七、其次再言稻。稻之为物，较之黍稷粱麦，更须雨水之润泽与灌溉。然在中国古代，稻之得占农作物中主要之地位，其事亦最迟。殷墟甲文中，固不见有稻之正字，或释甲字輦字为稻，然诗有"实覃实吁"，则輦乃米粒之大者，不必指稻言。认輦作稻，纯出推想，非是定论。稻作物之在商代，其情况究何若，其事犹待史料之继续发现，始可详论，本篇不拟妄测。惟专就其见于西周以下之诗篇言之，则稻之不为中国古代之主要农作物者，其事已甚显……

八、黍、稷、稻、粱之外，五谷尚有麦。《诗·思文》："贻我来牟，帝命率育。"《诗·臣工》："于皇年牟，将受厥明。"牟即麦也。是麦之为种，亦为周人重视，殆亦较黍稷为贵品，故《吕氏春秋》谓其"始盖后稷受之于天"也。然麦之普遍种植，其事亦必视黍稷为后起。相传箕子过殷故墟，作《伤殷操》，其辞曰："麦秀渐渐兮，禾黍油油……"

若以《禹贡》此文合之《职方》，涂泥下田，可以种稻、荆、扬是也。土壤黄白，上中之田，可以种黍稷粱菽、雍、冀是也。坟垆黏埴，田杂三品，可以种麦，如并、青、兖、豫是也。中国北方河域，包今山东、西、河南、北，及陕、甘六省，而以河南为中心，其西部多山，东部平旷，故陕、甘、晋、豫大抵为黄土区，而燕、齐及豫之一部分则为冲积层，皆非涂泥之地，其宜于水田者特少。古今地宜，谅无大变。故知中国古代北方农业，特以高地旱作物为主，稻作绝属后起。虽《周官》之书盛言沟洫，即《论语》亦已有"尽力平沟洫"之言，然水利与农作之关系，古代中国实绝不当与古埃及、巴比伦、印度三土相拟。由于农作业之艰难，乃及农产品之粗贱，故古代中国北方文化发源，所获益于天时地利物产之相助者，较之印、巴、埃三土，实远为不如。而中国文化之由于我中国民族远古先人之刻苦努力，忧深虑远，而始能获有此更伟大更悠久之成果者，亦较之古代印、巴、埃三土之文化绩业，实更有值得有志研治世界人类文化历史学者之郑重探究也。

九、今再扼要综述，以终吾篇。大抵中国古代农业，其最先主要者，在山耕与旱作物。最早最普遍种植者当为稷，黍次之，粱又次之，麦、稻更次之。其为古代中国主要之民食者，西周以前，决然为黍稷。则中国远古时代之农业文化初启，固不妨特定一名号，称之为"黍稷文化"，以见其特性之所在。而自春秋以下至于战国，农作物之主要者，渐自黍稷转而为粟麦，故此时期之中国文化，又可特称之为"粟麦文化"。若至于"稻米文化"之在中国，则其兴起更在后。《史记》、《汉书》以下，历代史籍，所载中国各地稻米区域之继续开发，其事尚可依年代顺序历历勾绘而出之。惟此非本文所欲详。本文所欲论者，厥为河流灌溉，对于中国古代农业文化开发之关系，其事绝不当与古埃及、巴比伦、印度三区相提并论之一端。

八月，《释道家精神义》，刊载于香港《新亚学报》二卷一期，收入联经《全集》第七册《庄老通辨》页二二五～三〇七，其大要如下：

"精神"二字，自先秦沿用迄于近代，成为中国一惯常习用语。近人至谓中国为精神文明，欧西为物质文明。盖分"精神"与"物质"为对立之两观念，在中国思想界，确有渊源，非出晚近世而始有也。本文特就"精""神"二字，考究其来历，分别阐释其最先之涵义，又约略踪迹其演变，此亦中国思想史上一特有观念，为治中国思想者所必当注意也。

考使用"精神"二字,其事实始于道家,而犹晚出于庄周与老聃书考之,则最先"精""神"二字,乃分别使用之,其涵义亦不同。兹仍鄙见,先庄周,次老子,惟《庄》书则仅据内篇七篇言。

一、《庄子》内篇言精字义……然就《庄子》原文言,"精"即指用心之专一,故《庄》书所谓"劳精",亦犹孟子所谓"劳心"耳……此所谓"天地之大,万物之多,而帷蜩翼之知"者,即荀子所谓"辟耳目之欲,远蚊虻之声",亦指其用心之专一也。用心专一,即是用心之精,惟其用心精,乃得"凝于神"。此"神"字亦指心知作用言;凝于神,即是使心知凝聚,则仍谓是用心专一也。用心专一,使心知凝聚,而人心功用乃可达至于一种最高境界,此即谓之"神"矣。故《荀子·解蔽篇》亦曰:"心者,神明之主也。"下至宋儒,常喜言"敬",其实"敬"亦是用心专一耳。

二、《庄子》内篇言神字义……故神人者,即用志不分,而得心知凝聚,故曰"其神凝",故谓之为"神人"也。亦惟其心知凝聚,即其神之凝,故外物莫之能伤。甚至大浸不溺,大旱不热,乃至于无需食五谷,仅吸风饮露而已得养其生。后世神仙思想,皆从庄子此等意见来……

三、《庄子》书言精神二字与儒家言齐圣二字之比较义。而余考《庄子》书言"精""神"二字义,有可与儒家古经典之言"齐""圣"二字义,比较阐说者……盖"圣"有通义,有明义,古训"心智通明"为"圣";惟其能用心齐一,故能使其心智达于通明之境……"齐"者先祭儒之名,亦指当祭之时。凡人遇祭,必用心专一,乃可当神意,乃可与神通。凡此所言"齐""敬"与"圣",亦可谓皆指一种诚敬明通之心境言也……

四、《老子》书精字义……凡以上所引诸"精"字,皆本原于《老子》书,故皆指"精气"言,皆非《庄子》内篇所有。而所谓"精"者,乃指一种"太始混元之气",为万化之所本,亦可据文而自显矣。

五、《老子》书言神字义……今再继续述及《老子》书中之"神"字。今按:《庄子》内篇言"精",仅旧谊,仅常训,而其言"神"字义,则多庄子所新创。至老子则正相反。《老子》书中言"精"字,皆新创,非旧义。而《老子》书中言"神"字,则转属旧谊,均是旧传"鬼神"之常解。故在其书中，并不见鬼神义之重要……要之，《老子》书中"神"字，绝不指心知言，而特以指精气言；天地间惟此最先之混元一气，最为神变无方，可以化生万物，故谓之为"神"也……

六、《庄子》外杂篇中精字神字及精神字连用义……上论《庄子》外杂诸篇言"精""神"字，有两义当特别提示者：一为"精神"两字之连用。此在《庄子》内篇与《老子》书皆无有；《庄》、《老》书中，"精""神"两字，义各有指，不混并合用也。二则为"精""神"两字之所指，始益引而向外，渐以指天地外在之自然界。此在《老子》书已开其端，而外杂篇则尤显，至《庄子》内篇则并无此义。故就"精""神"两字之使用言，即可知《庄子》内篇成书最在前，《老子》较晚出，而《庄子》外杂篇更晚出，思想演变之条贯，决当如此说之，更无可疑也。

七、《管子》书内业心术言精神义……宋儒黄震有言："《管子》书，似不出一人之手；《心术》《内业》等篇，皆影附道家。"黄氏此辨，其识卓矣。或以《白心篇》与《心术》《内业》齐称并举，则非其伦也。大抵《内业》最粹美，《心术》上下次之，而《白心》最下；语多歧杂，不足深究……此以"鬼神"为天地间之精气，与《小戴记》《中庸》诸篇陈义略同。其曰"藏于胸中谓之圣人"，则仍近庄子义……此处尚是"精""神"分言。人生由于禀怀此天地之精气，此承《老子》义，故曰"世人之所职者精也"。"职"，守也；得而守之之谓也。由精见独，由独生明，则明达神，此皆庄周内篇义。是此条"精"字义可两歧：一指精气言，一指精心言。要之，则精在先，神在后；精属天，神属人。沿及后世，尚言"精明""神明"，可见所谓"精神"者，皆言人心之明知。而心神之用本由形体而立，形体则由精气而生；《心术篇》此条，可谓会通老庄，犹未失道家本义也。

八、《吕氏春秋》言精神义……晚周之季，吕不韦入秦，招宾客著书，荟萃百家，故其书亦多道家精义。其《知人篇》有曰："无以害其天，则知精。知精则知神。知神之谓得一。凡彼万形，得一后成。"此亦以"精"属天，"神"属人。凡人能无害其天，则知其精矣。此处"知精"，犹如庄子之所谓"见独"。是"精"字亦可谓属人。凡此皆混并老庄，故有歧义存在也。"知精"然后"知神"；"知神"者，心知神明，亦犹庄子之所谓"朝彻"也。朝彻而见独则得一；"一"指"道"言，万形得道以成也。吕氏又特有《精通》《精谕》两篇，其言"精"字，皆袭道家义……

九、《淮南王书》言精神义……此实非先秦老庄言"道"之本义也。后汉许慎用心《淮南王书》，特为作训注，而其所著《说文解字》，遂谓："神，天神；引出万物者也。"此一训释，不仅先秦道家无之，即先秦儒家初亦无此说。必求其原始，则《淮南王书》要为其显然之根据矣。此实考论中国古代思想演进史一极关重大之题目，所当深细研讨者，故特备明先后，而详引之如此。近人遂谓中国为精神文明，不悟其说之无异于为专据《淮南》也……

十、司马谈刘向言精神义……兹粗举《淮南王书》之影响，如司马谈《论六家要旨》云："凡人所生者，神也；所托者，形也。神大用则竭，形大劳则弊，形神离则死。由是观之，神者，生之本也；形者，生之具也。"此与《荀子天论》所谓"形具而神生"，恰成先后倒置。人必先具形，后生神，此先秦旧谊也……

十一、《春秋繁露》《白虎通》言精神义……然此亦非谓西汉人皆已昧失先秦"精神"二字之原义也。即如董仲舒《春秋繁露》，其书用"精神"字，领承庄老旧谊，异乎二刘、司马之说。兹再略引，以申上文之所释。《立元神》云："天积众精以自刚……序日月星辰以自光……天所以刚者，非一精之力……故天道务盛其精……盛其精而一其阳……然后可以致其神……阴道尚形而露情，阳道无端而贵神。"此以精属天，积精盛而后可以致其神，则精先神后矣……

十二、王充《论衡》言精神义……《春秋繁露》与《白虎通》二书，皆出儒家，然言"精""神"字，尚与先秦道家本谊无大违失，而王充著《论衡》，其立论号为一本道家，乃其书中言及"精""神"字，转移歧义。兹再略举其要，《论衡·论死篇》有云："人之所以生者，精气也……能为精气者，血脉也。人死，血脉竭，竭而精气灭……人死，精神升天，骨骸归土，故谓之鬼。鬼者，归也……或说：鬼神，阴阳之名也，阴阳逆物而归，故谓之鬼；阳气导物而生，故谓之神。神者，伸也；

申复无已，终而复始。人用神气生，其死复归神气……气之生人，犹水之为冰也。水凝为冰，气凝为人，冰释为水，人死复神。其名为神也，犹冰释更名水也。人见名异，则谓有知，能为形而害人，无据以论之也。人见鬼若生人之形……故知非死人之精也。"充之此论，殆可谓甚近淮南，非先秦庄老道家言"精""神"之本义矣。凡充之所加驳正，正见其时人多已如此云云也。而凡此云云，则显从淮南来，不从老庄来。凡后世言"精神"字，其义显近《淮南》、《论衡》，而与老庄远歧，然则吾人读充之所驳正，正可见淮南新说之影响于当时后世者为何如矣……

十三、附辨道家言神与儒家言心之区别……继此有当附辨者。上文释先秦道家言"神"字，谓其多指一种心知状态或心知作用言，此乃辜略言之则然耳。若深细辨之，则道家言"神"，实与孔孟言"心"有区别……

八月，《本论语论孔学》，刊载于香港《新亚学报》二卷一期，收入联经《全集》第四册《孔子与论语》，二〇〇〇年又收入素书楼文教基金会·兰台出版社《孔子与论语》，页一六三～一九三。其大要如下：

《论语》二十篇，首篇第一章，即曰"学而时习之，不亦说乎"，最先提出一"学"字。但当时孔门，究竟所学是何？又该如何学？历来儒者，自汉迄清，为此"学"字作解，争议纷纭，莫衷一是。本文仍就《论语》，专择其明显提及"学"字诸章，会通阐说，求能为当时孔学粗略描绘一轮廓。并亦于历代诸儒意见，略有取舍评骘。自知末学浅测，未必遽当，亦聊以备一得之愚，以待明哲之论定。固未敢进退先贤，标一己之独是也。

一　学于艺，即"游于艺"之学

达巷党人曰："大哉孔子，博学而无所成名。"子闻之，谓门弟子曰："吾何执，执御乎？执射乎？吾执御矣。"（《子罕》）

此章虽孔子谦辞，然孔子遍习六艺，御、射皆其所学。《论语》首章"学而时习之"，如《王制》云："春夏学诗、乐，秋冬学书、礼。"《内则》云:"六年教之数与方名。七年男女不同席。八年始教之让。九年教之数日。十年学书计。十三年学乐、诵诗、舞《勺》。十五年,成童舞《象》。二十始学礼,舞《大夏》,博学不教。"此皆古人之所谓"时习",其所学则皆是六艺。则孔子始学,亦必是此等六艺之学可知……以上言孔门之学,首重通习技艺时务,读书博古。此乃古今为学通谊,即孔门为学,亦无以异也。

二　学于仁,即"依于仁"之学

孔子曰:"我非斯人之徒与而谁与。"既为人,学人道。学于仁,即是学人道,即是学为人也。后儒释《论语》"仁"字,多不免于深求。孟子曰:"仁,人心也。"则仁道者,即人道也。郑玄以"相人偶"释仁,是"依于仁"以为学,即依于人与人相处之道,即依于相人偶之道以为学也。

子曰:"三人行,必有吾师焉,择其善者而从之,其不善者而改之。"(《述而》)

此即孔子"依于仁"之学,亦即孔子之学为人,乃即于人而学为人,故曰"三人行,必有吾师"也……且上所谓游艺、依仁之学,通而言之,亦实是一事。学为人,固必通于艺。世无不习一艺之人,习艺亦人道处世一大端也。"不学《诗》,无以言","不学礼,无以立",以言、以立,亦即学为人之条件。是学文亦即所以学为人,亦即是"依于仁"之学矣。又曰:"诗,可以兴,可以观,可以群,可以怨,迩之事父,远之事君。"兴、观、群、怨,事父事君,独非学为人道与?然则读书学文,固亦通于学为人之道。故游艺、博文,皆所以学为人,皆即是"依于仁"之学。若必鄙斥艺文,高论人道,是人道将不免陷于孤狭,殆非所以相人偶,而转近乎不仁之归矣。故欲"依于仁",学人道,亦无有不兼涉于游艺学文之事者。此亦古今相同,无大违越也……

三　学于德,即"据于德"之学

上述两项,游艺、依仁,乃古今言学之通谊。下两项,据德、志道,乃孔门论学之渊旨。然下两项亦本于上两项而学,特循此而益进耳;非谓舍于上两项而别有下两项之学也。

子曰："学而时习之，不亦说乎？有朋自远方来，不亦乐乎？人不知而不愠，不亦君子乎？"（《学而》）

此章"学而时习之"，即前述上两项之学。同声相应，同气相求，人至中年，学成名闻，有朋友同道，远来讲习，故可乐也。及乎其所学益进，所造益深，至乎人无知者，而其内心有所自得自信，虽欲罢而不能焉，此又何愠之有？则此诚学人之盛德，非学之深而养之粹，未易臻此。此即由游艺、依仁而深入于"据德"之境矣。且悦乐亦已在内心，此已是内心之自得。故学而时习，有朋远来，虽曰习艺学文，主于学为人，而固已见其即为"据德"之学矣。故游艺、依仁之与据德，虽若层累之三级，实亦会通于一贯……朱子曰："学不可以一事名，德行、言语、政事、文学，皆学也。今专以德行为学，误矣。"陈澧《东塾读书记》申之曰："此论四科之不可偏废。且专以德行为学，朱子犹以为误，则专以言语、政事、文学为学，尤误可知矣。专学一科，不误也。专以己所学之一科乃谓之学，而以己所未学之三科不得谓之学，则误也。"今按：朱、陈之说允矣，而未尽。论孔门之学者，必明其层累而递进，与夫一贯之相通，而后可以窥孔门之学之渊微而广大。否则，如颜回者，岂真专学夫"德行"一科乎？是知学之必博，而博之必能反于约，而为己、据德之学之亦不可舍乎游艺、博文以为学矣。

四　学于道，即"志于道"之学

学必有标的，有对象。如"游于艺"之学，乃以事与物为学之对象。"依于仁"之学，乃以人与事为学之对象。"据于德"之学，则以一己之心性内德为学之对象。而孔门论学之最高阶段，则为"志于道"。"志于道"之学，乃以兼通并包以上之三学，以物与事与人与己之心性之德之会通合一，融凝成体，为学之对象。物与事与人与己之会通合一，融凝成体，此即所谓"道"也。故志道之学，实以会通合一为对象。会通合一之至，达于以"天"为对象之至高一境，此乃孔学之所以为高极而不可骤企也。

子曰："可与共学，未可与适道。可与适道，未可与立。可与立，未可与权。"（《子罕》）

观此章，则其人知向学，未必即已知"适道"；向学、适道，其间尚有阶序。然则其人虽不知志道，固不可即谓其不知好学，特非好学之至耳。必如此言学，乃始可与人共学。若必求能志道者而始与共学，则"可与共学"之途狭矣。"可与共学"之途狭，亦非"依于仁"之学也。宋明儒论学，必以有志适道者始谓之学，故若于游艺、博文之学，皆摈之于学术之墙外。甚至自汉唐诸大儒，如董仲舒、郑玄、王通、韩愈，几皆摈不得预夫学术之大统，一若不可与共学焉。此绝非孔门论学宗旨。且如学于仁，如孝悌之类，世亦多有随俗为人，其人非不孝悌，然亦未可即谓其"志于道"。有子曰："孝悌也者，其为仁之本与？本立而道生。"若只平实就事言之，亦可谓孝悌只是做人根本，再从此根本上生出道。则志道之学，应该自有其境界，自有其工夫矣。故孔门言学，亦放游艺、依仁、据德三者之外，别有"志道"一目也。

专 书

十二月，《王阳明先生〈传习录〉及〈大学问〉节本》，原刊于台北《学术季刊》五卷二期，香港《人生杂志》出版单行本。收入联经《全集》第二十一册《中国学术思想史论集》（七），二〇〇〇年又收入素书楼文教基金会·兰台出版社《中国学术思想史论集》（七），页一〇二~一三五。其大意如下：

一　阳明先生《传习录》节本

《传习录》节本小目一至十八，明代大儒王阳明先生，提倡良知之学，那真是一种人人易知易行，虽愚夫愚妇，不识字人，也可了解，也可奉行的学说。而循此上达，则人人可以完成一最高理想的人格，即中国传统所谓的"圣人"，而社会也可达到一最高理想的社会，如阳明先生《拔本塞源论》中所指示。

（一）立志

阳明先生教人，最先第一步，常重"立志"二字。人若不先立志，则下面所引阳明先生的一切话，也将一无入门了。所谓立志，即是立一个必为圣人之志，即是立志要完成一个最高理想的人格，立志要做天地间第一等的人。此志好像甚高甚大，但若能照阳明先生话躬行实践，却又是甚简甚易，并不困难呀！

（二）立志贵专一

种树者必培其根，种德者必养其心。欲树之长，必于始生时删其繁枝，欲德之盛，必于始学时去夫外好。如外好诗文，则精神日渐漏泄在诗文上去。凡百外好皆然。

（三）立志在渐进（略）

（四）立志是学问本原（略）

（五）立志是彻始彻终之事

按：人只要能立志，则自能知善知恶，自能充善遏恶，故说是"天聪明"。可见阳明先生所讲良知与知行合一，亦须自立志参入。

（六）诚意与立诚

阳明先生教人，首言"立志"，次言"诚意"，其实两语只是一语，"立志"与"诚意"还是一件事……"人若真实切己用功不已，则于此心天理之精微，日见一日。私欲之细微，亦日见一日。若不用克己工夫，终日只是说话而已。天理终不自见，私欲亦终不自见。如人走路一般，走得一段，方认得一段。走到歧路处，有疑便问，问了又走，方渐能到得欲到之处。今人于已知之天理不肯存，已知之人欲不肯去，且只发愁不能尽知，只管闲讲，何益之有？且待克得自己无私可克，方愁不能尽知，亦未迟在。"

（七）诚便是良知（略）

（八）良知

"良知"二字，始见于孟子，而发挥良知精义，组成一套既简易又亲切而完整的学说者，则其事始于阳明。

（九）心即理　良知即天理

"心即理"之说，始于宋儒陆象山，而阳明承之，始曰"良知即天理"。

（十）存天理去人欲

惟其"良知即天理"，因此阳明先生的良知之学，主要便在去人欲、存天理。

（十一）知行合一

"心即理"乃承袭象山，"知行合一"则是阳明新创。凡欲了解阳明先生之良知学说者，必须深究其知行合一的说法。今按：朱子言格物穷理，似是偏在"知"一边。阳明言知行合一，则格物穷理须参加进"行"的工夫才得。而且朱子所云格物穷理，似是理偏在先定而现成的一边；阳明所认之天理，欲包涵有生机，转向到能前进的、开展的、活动的一面。因此后来王学，要说即流行即本体。此处有甚深义趣，学者须深辨。

（十二）致良知

阳明先生三十八岁，在龙场驿，始论知行合一。五十岁在江西，始揭"致良知"之教，此是阳明学成后之第二变。所以他说："近来信得致良知三字，真圣门正法眼藏。往日尚疑未尽，今日多事以来，只此良知，无不具足。譬之操舟得舵，平澜浅濑，无不如意，虽遇颠风逆浪，舵柄在手，可免沉溺之患矣。"

（十三）事上磨练

阳明先生"致良知"的"致"字，像把一件东西致送到外面交付给人。因此讲"致良知"，便要继续讲到"事上磨练"。

（十四）心物一体　万物一体

阳明先生良知，一面是说"知行合一"，另一面又说"心物一体"。我们该从"知行合一"来透悟心即理，从"心物一体"来透悟心即天……按：目是能视，色是所视，能所一体，即是心物一体。天地万物感应之是非便是理，此处便是心与理一，心即理，心与理一体……按：阳明此条，畅阐一切天理从人心发端之义，极重要，当细玩。

（十五）心身一体

阳明既主心物一体，自主心身一体。学者必由此参入，始可透悟阳明良知学之精义。

（十六）圣人　理想人格之完成

阳明良知之学，其主要用意，即在教人各自到达其可能完成的一种理想的人格。此种人格即所谓"圣人"。故良知之学亦即是圣学。

（十七）异端

按：阳明先生良知之学，主张人皆可以为尧、舜，愚夫愚妇皆有良知，皆可为圣人。故与愚夫愚妇异者便成为"异端"了。

（十八）拔本塞源论　理想社会之完成

阳明先生良知之学，若使大明于天下，则虽愚夫愚妇，不识一字，亦得修心上达，跻于圣人之域。若使人人为圣人，则此社会便成一理想的新社会。《传习录》卷中阳明先生《答顾东桥书》，篇末有一大段提出他所谓"拔本塞源"之论，专为此理想的新社会，作了一番详细的描述，并指出到达此新社会的一条最简易、最直捷的路径。

二　阳明先生《大学问》节本

《大学问》节本小目：明明德，亲民，止至善，定静安虑得，修身，正心，诚意，致知，格物。《大学问》为阳明先生晚年手笔……

按：阳明先生《大学问》阐发《大学》三纲领，可谓已括尽了他自己讲学宗旨，学者最当细阐。至其分别解说格、致、诚、正诸条目，尤其关于诚意、格物两项，王学后起极多异解，莫衷一是。学者当从此文看阳明先生自己意见，用与《传习录》相证。至其是否即《大学》本文原义，此属另一问题，治王学者，可暂置勿重也。

一九五七年　丁酉　六十三岁

一　国内大事

台湾省政府主席严家淦辞职，由周至柔继任。
"国立中央研究院"代理院长朱家骅辞职，胡适出任院长。
杨振宁、李政道获诺贝尔物理学奖金。

二　事略

新亚书院增设艺术专修科。先生续任院长。

三　著述

二月，《论春秋时代人之道德精神》，刊于《新亚学报》二卷二期。收入联经《全集》第十八册《中国学术思想史论丛》（一），二〇〇〇年又收入素书楼文教基金会·兰台出版社《中国学术思想史论丛》（一），页二二三~二七二。摘要如下：

（上）

道德乃纯属一种人生行为之实践，必由内发，其唯一最要特征，可谓是自求其人一己内心之所安。能人我兼顾，主客并照。中国传统文化，特重于道德精神。而中国人所谓"圣人"之主要涵义，正在此种道德精神上。以下依时代先后，逐一引据《左传》，以发明上述之旨趣。（略）

根据上列《论语》所载孔子及其门弟子之所讲所教，重道德，一死生，视人生之有死，直如朝之有夕，日之有夜，一若其事固然，无足厝怀虑间。惟计如何求仁，如何求道，如何得为完人耳。此种精神，得谓其犹非一种最高之道德精神乎？

（下）

春秋时代人之道德精神，亦可谓是一种礼教精神。礼贵让，不贵争。至于能让国、让天下，此真人情所难，诚可谓是一种道德精神之至高表现也。兹再逐事列举之如下。（略）

尝试论之，中国人之道德精神，就其表显于外者言，固可谓是一种"礼教"之精神。礼既贵"让"不贵"争"，故国人传统风俗，临事每易主于退让，退让之极即为"隐"。故余论次春秋时代之道德精神，先之以杀身成仁，次之以让国让禄，而连带及于终身隐沦自晦之士，亦本此义而论次之也。

三月，《儒释耶回诸家关于神灵魂魄之见解》，刊于《学术季刊》五卷三期。收入联经《全集》第四十六册《灵魂与心》，二〇〇〇年又收素书楼文教基金会·兰台出版社《灵魂与心》。摘要略。

九月，《庄老通辨自序》，刊于《民主评论》八卷十七期。收入联经《全集》第七册《庄老通辨》，页五～一七。摘要如下：

《老子》为晚出书，汪容甫已启其疑。梁任公推汪氏意，始疑及《老子》本书；然梁氏亦复限于清儒旧有途辙，未能豁户牖而开新境。且《老子》书晚出于《论语》，其说易定。而其书之著作年代，究属何世？庄老孰先孰后？则其谳难立。余之此书，继踵汪、梁，惟主《老子》书犹当出庄子、惠施、公孙龙之后，则昔人颇未论及。

《老子》书开宗明义，即曰："道可道，非常道；名可名，非常名。"先秦诸子著书，必各有其书所特创专用之新字与新语，此正为一家思想独特精神所寄。以近代语说之，此即某一家思想所特用之专门术语也。老子书中所用"道""名"二字，不惟其涵义与《论》《孟》有别，并亦与《庄子》内篇七篇所用"道""名"二字涵义有不同，此正庄老两家之所以各成其为一家言也。

然则"名"字之在老子书，其重要涵义，乃指一种物状之形容，因于有状而始立。"状"字在《老子》书，又特称曰"象"。然则就《老子》书释《老子》，名当有两种：一为物体之名，一为象状之名。物之为物，若驰若骤，终不可久，故"其名不去"者，实是一种象状之名，而非"名""实"之名也。故曰《老子》书中"名"字，乃与《庄子》书中"名"字涵义所指有大别也。老子言道演化而生万物，其间有"象"之一境，此亦老子所特创之新说，为《庄子》书所未及；故"象"之一字，亦《老子》书所特用之新名也。

老子谓天地间惟有此较可常者，故人之知识乃有所凭以为知。故曰："不出户，知天下；不窥牖，见天道。"庄子认为天道不可知，而老子则转认为可知。试问其何由知？老子亦已明言之，曰："执大象，天下往。"以天地万物一切演化之脊无逃于此"大象"也。故曰："吾何以知众甫之状哉？以此。"此乃《老子》书中所特别提出之一种甚深新义，所由异于庄周。居今而知此两家持论之异，则亦惟有凭于考据训诂以为知耳。

考论一书之著作年代，方法不外两途：一曰求其书之时代背景，一曰论其书之思想线索。前者为事较易，如见《管子》书有西施，即知其语之晚出等。余定《老子》书出庄周后，其根据于《老子》书之时代背景以为断者。然就方法言，则仍是昔人所用之方法也。惟余论《老子》书之思想线索，则事若新创，昔人之运用此方法者尚鲜，爰再约略申说之。

余特就思想史之以往陈迹言，而知当时之思想条贯，即探寻其书中之思想线索是也。每一家之思想，则必前有承而后有继；其所承所继，即其思想线索也。探求一书之思想线索，必先有一已知之线索存在。然后可据以为推。就其确然已知者，曰孔、墨、孟、庄、惠、公孙、荀、韩、吕，综此诸家，会通而观，思想线索，亦既秩然不可乱。今更就此诸家为基准，而比定老子思想之出世年代，细辨其必在某家之后，必在某家之前。此一方法，即是一种新的考据方法也。如《论语》重言"仁"，而老子曰："失道而后德，失德而后仁。"又曰："天地不仁。"此即老子思想当晚出于《论语》之证也。《墨子》书有《尚贤篇》，而老子曰："不尚贤，使民不争。"此又老子思想当晚出于墨子之证也。

循以推之，庄、惠两家，皆言万物一体，庄子本于"道"以为说，惠施本于"名"以立论。今《老子》书开宗明义，"道""名"兼举并重，故知老子思想又当晚出于庄、惠两家也。然则先秦道家，当始于庄周，名家当始于惠施，不得谓老子乃道、名两家共同之始祖。老子特综汇此两家，而别创一新义耳。此种思想线索之比定，则较为深隐而难知。

然更有其深隐难知者。如老子曰："视之不见，名曰夷；听之不闻，名曰希；搏之不得，名曰微。此三者不可致诘，故混而为一。"此一条立论甚新奇，遍求之先秦诸家思想，乃甚少同持此意见者。有之，惟公孙龙之坚白论。公孙龙主"坚""白"可以外于"石"而相离，故曰："拊石得坚而不得白，视石得白而不得坚，故"坚""白""石"可二不可三。"循公孙龙之意，岂不象状之名，可以脱离于物之实体而独立自在乎？《老子》书正持此义，似不认此说，乃谓所视、所听、所拊，本皆相离，各别存在，乃由于"不可致诘、故遂混而为一"焉。此非其立论之有与公孙龙相似乎？

详老子之意，天地最先，惟有一物混成，是即所谓"道"也。"道"之衍变，先有象状，再成具体。如此言之，则抽象之通名当在先，个别之物名当在后。故《庄子》书屡言"物"，而《老子》书屡言"名"，屡言"象"，更不言"物"。此两书之显然异致也。盖庄子虽屡言于物，然庄子实主未始有物。既谓"未始有物"，故老子承之，乃改就一切象状之可名者以为说。此庄老思想大体之不同，亦可以由此而推也。

《老子》亦非一世之书；其书固不伪，而说之者多伪。以有伪说，遂成伪书。《老子》至今亦逾二千岁矣，至于余而始为此辨，窃亦有意自比于欧阳。则余说之成为定论，岂能不远有待于后人乎？

是年春，《秦汉史》一书初版，香港自印发行。一九八五年交台北东大图书公司印行第四版。一九九七年编入联经《全集》第二十六册。摘要如下：

序

一九三一年秋，余膺国立北京大学史学系讲座，开始撰写讲义两种。一为《近三百年学术史》，一为《秦汉史》。越一年，《秦汉史》写至王莽，《近三百年学术史》写至李穆堂，皆未完编。一九三七年，奔亡湘滇，《秦汉史》讲义旧稿亦未携带。一九四九年，再度奔亡来香港，越年冬，去台北，北大旧同学张君基瑞来谒。谈次，袖出《秦汉史》油印讲义一册，曰：此书于流离中常置行箧，迄今且二十年，吾师殆已忘弃。愿为题数字，聊作纪念。因率题数行归之。

一九五一年冬，重去台北。越年春，清华旧同学陶君元珍来谒。谈次，复及此稿。谓亦存有此讲义，并云师曷不刊而布之，以惠学者？余曰：此稿未终编。即西汉一代，亦尚多重要节目，须续写东汉时再牵连补及。陶君曰：不然。师此稿，实多创见。越日，持讲义来，曰：以此相赠。师返港，可即付梓人也。秋返港，此稿插书架，未暇理会。友人某君见之，暂借一读，云不日归还。事隔有年，浑忘借者何人，遍询相知，皆曰未借，则此稿固已杳如黄鹤矣。

一九五六年夏，重去台北，偶于北大旧同学数人谈此事。或曰：张君基瑞有此稿，当嘱其送来。越日，张君果携来。赫然见旧题，乃顿忆前事。余笑曰：余于此稿，初不自珍惜。今重获此本，真是自由天壤间唯一孤本矣。此亦二十五年前一番心血所注也。子当以相赠，吾归，必亟刊行之。秋返港，乃始开卷细读，恍如晤对二十余年前故人，纵谈秦汉间事。因遂校其讹文，稍稍补申其语气未足，而一仍其内容旧贯，以付梓人焉。

第一章 秦人一统之局

第一节 春秋以下政治社会学术之剧变

中国自春秋以来，迄于战国，举凡政治、社会、学术思想诸端，均走上一急剧变动之状态。此一时代潮流中剧变之尤堪注目者，则厥为社会学术之勃兴。王官之学散而为诸子，其后著录于《汉书·艺文志》之书籍，凡七十九家，一千二百四十三篇，而词赋、兵法之类不与焉，可想其著述之富。

第二节 文化之西渐

秦人僻居西土，就文化言，较东方远为落后。故秦之措施，大抵袭自东方；其任用以见功者，亦率东土之士也。例如：一、商鞅及张仪范雎诸人。二、吕不韦及其宾客。三、韩非尉缭李斯。

第三节　秦始皇帝之政治措施

一、废封建行郡县。二、寝兵政策之实施。三、新首都之建设。四、郡邑巡行与驰道建筑。五、制度文字风俗之统整。六、边境之开拓与防御。

第四节　秦代之文化政策

一、焚书。二、坑儒。三、博士官之设立。四、儒生及方士之采用。五、秦代著述。六、同书文字之制。

第五节　秦政府之覆亡

一、封建心理之反动。二、民族之向外发展。

第二章　汉初之治

第一节　汉高孝惠之与民休息

一、汉初之民间状况：汉兴，社会显著之变象，厥为户口之耗减，及经济之困竭。天下既定，民无盖藏。将相或乘牛车。天子不能具钧驷。动力大疲，民心知倦。与以休息，因得长久。二、汉廷之开国设施。三、在野学者之意见。

第二节　文景时代国内外之情势

汉初之与民休息，历高帝、孝惠、高后，前后二十三年，而社会顿呈活气。以民间种种事态之向上与改变，使汉廷政治，亦不能不一变其宽简安静之初制，以与社会情态相因应。乃成所谓"文景之治"。而同时边患之侵逼，亦助成汉廷改制机运。

一、民间经济之复苏。二、诸侯王之骄纵。三、外患之凌逼。

第三节　文景两朝之政治

汉孝文为中国史上有数之贤君，其最为后人称颂者，厥为其自奉之俭约。史称孝文即位，"躬修玄默。劝趣农桑，减省租赋。而将相皆旧功臣，少文多质，惩恶亡秦之政，论议务在宽厚，耻言人之过失。化行天下,告讦之俗易。吏安其官,民乐其业,畜积岁增,户口寖息。风流笃厚,禁网疏阔。刑罚大省,至于断狱四百,有刑措之风。"景帝虽遵业,慈祥之性,不能如其父。为之谋臣者,如晁错,又以深刻,主促七国之变。大难虽平,错亦见诛。然自高祖以来,功臣、外戚、同姓三系纷纭之争,至此告一结束。而中央政府一统之权能,遂以确立。

第三章 西汉之全盛

第一节 学术之复兴

一、汉初之学术残影:自秦焚书令下,至孝惠四年,初除挟书律,前后共二十三年。自孝惠以后,民间重得流传书籍之自由,而学术新芽,遂以再茁。然考汉初诸臣,亦多通文学,习诗书,不尽未受教育之徒也。二、文、景两朝之博士:赵岐《孟子题辞》云:"孝文欲广游学之路,《论语》、《孝经》、《孟子》、《尔雅》皆置博士。"孝景时博士可考者:辕固,齐人,以治诗为博士。母生、董仲舒等,均以治《公羊春秋》为博士。文、景两帝共踰四十年,计其时先后为博士者应踰百数。三、王国对于学术之提倡:如淮南王、河间王。

第二节 武帝之政治

武帝自以雄才大略,乘时奋发。寻其事迹,千端万绪,而有可以一义为之说明者,则厥为其稽古之遥情是已。表章《六艺》,高慕尧舜,处处以希古法先为务。置《五经》博士,设博士弟子员,造历推德,外攘四夷。

一、武帝一朝之学术:甲、外廷之博士。乙、内朝之侍从。二、武帝一朝之政治:甲、董仲舒公孙弘之对策。乙、武帝时之郊祀封禅巡狩及改制。

第三节 武帝之武功

一、对外之扩张。二、汉武拓边之动机。三、汉廷拓边之经济背景。四、汉初之兵制及民风。

第四章　西汉之中衰

第一节　武帝一朝之财政

武帝内兴礼乐，外勤征伐，费用浩繁。举高、惠、文、景七十余载之积蓄，一朝尽罄，遂成汉室第一次之衰象。在位五十四年，而国力大屈，几不可支。当时以用度不足，多方罗拙，其事颇足记。

一、盐铁官卖。二、算缗。三、均输。四、铸钱币。五、增口赋。六、鬻爵。七、汉武一朝各项财政制度之得失。

第五章　照宣以后之儒术

第一节　汉之中兴

昭帝，始元、元凤之间，百姓益富。而宣帝兴于闾阎，知民事之艰难，以为太守吏民之本，数变易则民不安。故二千石有治理效，辄玺书勉励，增秩赐金，或爵至关内侯。公卿缺，则选诸所表，以次用之。故汉世良吏，于是为盛，称中兴焉。（《汉书·循吏传》）

第二节　儒术与吏治

汉廷用儒术，其先盖与吏治相接。如公孙弘习文法吏事，缘饰以儒术，为汉武丞相。儿宽为廷尉奏谳掾，以古法义决疑狱，遂见重等。其后汉廷议政论事，往往攀援经义以自坚，而经术遂益为朝廷所重。朴属不学者无以伸其意。而公卿彬彬，多向文学矣。自昭、宣以下，而汉廷公卿，一异于昔。盖儒者渐当路，至于元、成、哀三朝，为相者皆一时大儒。儒术既盛，吏治亦重，一时贤士多出吏道，遂儒术、吏治相引为长。

第三节　博士之增立

一、石渠阁议奏。二、博士家法之兴起。三、齐学与鲁学。

第四节 照宣以下之学风

汉代学术,迄于武帝时而汇集于中朝。其时也,学术界有三分野:一为儒生,一为方士,又一为文学辞赋家言。汉武之殁,学术随世运而变,而儒术遂一枝独秀。汉宣中兴,亦欲追模武帝旧范,重招文学辞赋之士,集之内廷,而风气终不再盛。自此以往,辞赋退处文学之一隅,乃不为政治动力所在。而方士益荒唐,更不为时流所重。其说惟附会于儒家言者始获留存,而其持论中心亦复变,则为儒家之言灾异,此汉武以后学术运变一大趋也。

一、汉儒论灾异。二、汉儒论禅让。三、汉儒论礼制。四、汉儒治章句。

第六章 西汉一代之政制

第一节 西汉之封建

一、诸王封国之演变:汉高初兴,异姓诸侯王者凡九国。及汉高十一年而皆诛灭,惟长沙、闽越、南粤得存。是为汉初第一期之封建。继是乃大封同姓,是为第二期之封建。嗣武帝用主父偃谋,令诸侯以私恩自裂地,分其子弟;而汉为定制封号,辄别属汉郡;而诸侯地乃自分析弱小。从此汉之诸侯,遂永不为患。此诚分解封建势力一至微妙之方法也。又王国员职,皆朝廷为署,不得自置。然后中央集权之基础乃大定。此可谓汉廷封建之第三期。夫一帝临朝,必封其诸子为王;而所封诸子,又必各自于其封内分封其诸子。即此一端,已足使封建之制绝不可久。盖西周封建,其事等于武装之移植,而汉则特为国土之分配。则子孙之繁衍无极,而土地之分割有尽;不至于地尽而各为庶人,不止也。此乃后世政理、心理之变,终不得重返于古昔旧局之一端也。二、诸侯封邑之演变。

第二节 西汉之郡县

一、秦分三十六郡及以后之增置。二、汉郡及十三部刺史之设置。

第三节　西汉之中央官制

汉官大率沿袭秦旧。中央官最高者为三公。曰丞相,掌丞天子助理万机。曰太尉,为武官长。曰御史大夫,掌副丞相。其次为九卿。一、太常。二、光禄勋。三、卫尉。四、太仆。五、廷尉。六、大鸿胪。七、宗正。八、大司农。九、少府。

第四节　西汉之地方官制

一、郡太守及都尉:汉之地方官,最要者为太守。常得召见,或赐玺书。朝廷于太守极尊礼,太守禄位略当九卿。郡守之于朝廷,堂陛之间不甚阔绝。而太守在郡,亦得自申其意为治。得自辟掾属,一也。得专莅政事,二也。得主理财政,三也。得绾军权,四也。二、县之令与长:太守下为县令、长。县令、长之于太守,虽称属吏,亦往往得自行其意,不为上官所夺。三、少吏:少吏之职,其要者约有四。一用以征调军旅,一用以知户口赋税,一用以察奸弭盗。一用为官役。(均详俞氏《少吏考》)四、西汉之刺史:汉代地方行政之权,全在一郡之太守,无异于往古封建之诸侯。而中央朝廷,则特设官以监察之。《百官表》:"武帝元封五年,初置部刺吏,掌奉诏条察州。"刺史统辖一州,其所辖州中郡国守相,皆为属官,得弹劾。秩仅六百石,每岁以秋分行部,岁尽,诣京都奏事,依故事,居部九岁,乃得迁相。

第五节　西汉之封爵（略）

第七章　王莽之新政

第一节　王莽之篡汉

秦并六国,创统一之新局。不二十年而汉兴,开后世以征诛得天下之始。汉室传世二百载,而王莽篡位,开后世以禅让得天下之始。王莽锐意复古,然亦不二十年而覆亡。惟秦祚虽移,而秦之政制仍行于汉。新室既败,而新廷所欲建树者均灭。然其当时措施之意,则亦治史者所不可不考而知也。

一、外戚地位之凭借:汉之初兴,一时握权柄者,尽属军伍同起之功臣；在外则为封王，在朝则为卿宰。及高祖夷灭异姓诸王而代以刘氏，于是内朝为功臣，而外封为宗室。高后之崩，功臣、宗室相依而铲诸吕、外戚一系遂断。故自武帝时而汉之为汉者乃定，而中央帝室之尊严始确立。政治既上轨道，民生乐业，四裔无事，兵革不起，即功臣一系亦渐灭。天下之重，帝皇孤立于上，则必有与共者。于是昭、宣以来，朝廷大权遂无意中仍流入外戚一系之手。故君主政体之演进，当宗室封建、功臣世袭两途衰绝，乃折而入于外戚之代兴；此亦趋势之自然，有所必至也。而王氏自成帝时，王凤以元舅为大司马大将军秉政，诸舅谭、商、立、根、逢时同日封侯。子弟分据势要，郡国守、相、刺史皆出门下。哀帝在位仅六年，二十三岁而崩，无子。太皇太后仍诏莽为大司马，迎立平帝，而王氏遂重握朝柄。莽之篡汉，其凭借于外戚之势者，至厚至重。此其所由以默移汉祚，而使人心相安于不自觉也。二、王莽自身之名誉。三、王莽居摄前政治上之措施。四、禅让论之实现。

第二节　王莽始建国后之政治

王莽既受禅，始建国元年，即下令禁置卖田宅奴婢。此诏用意本甚是，然非常之事，黎民所惧。社会经济，有其自然生长之过程，亦有其相当合理之背景。今欲以在上者一纸之诏令，一旦为之改弦而更张，其势所不能。是以始建国四年，莽遂下书重令民得买卖田宅及奴婢。自是均田、废奴之制卒不行。其用意相类者，尚有六莞之令。事在始建国二年。所谓六莞者：一盐，二酒，三铁，四名山大泽，五钱布铜冶，六五均赊贷是也。"五均"殆以征收一切地税为主。盖自耕稼以外之凡据地以为利者，胥由五均主之也。其田不耕，宅不树艺，民浮游无事，此虽不生利，而亦不能无占地，故亦征其税；乃是寓禁于征之意矣。

莽政关涉民生最切者，公田、废奴之外，厥为币制。始建国二年，又造宝货五品。此盖最为莽之秕政矣。夫龟、贝、布货，已成刍狗，岂得仍与钱币同行！莽徒知慕古，不通物情，迂愚如此。盖莽之所禁行，如井田、奴婢、山泽、六莞诸端，皆关涉社会民生之全部。以当时境土之广，人民之众，一政府高高在上；于此诸端，苟能精心密虑，推行以渐，犹惧不可济；今莽徒以志在民生，事慕古昔，遂谓可以一意孤行，企足而待效，则宜乎其种天下之大乱也。

盖尝论之，汉儒论灾异，而发明天下非一姓之私，当择贤而让位。汉儒论礼制，一切当以社会民生为归，在上者贵以制节谨度；抑兼并、齐众庶为务。然前者为说，往往失之荒诞。后者之立论，又往往失之拘泥。莽之为人，荒诞、拘泥，兼而有之。竟以是得天下，而亦竟以是失之。不幸而莽以一书生，不达政情，又无贤辅，徒以文字议论为政治，坐召天下之大乱。而新莽一朝井田、奴婢、山泽、六筦诸政，遂亦烟消火灭，一烬不再燃。

十月，《庄老通辨》一书，由香港新亚研究所出版。一九九一年交由台北东大图书公司第三次印行。一九九八年收入联经《全集》第七册。摘要大略见本年《庄老通辨自序》，兹略。